広島修道大学学術選書64

eラーニングは教育を変えるか
Moodleを中心としたLMSの導入から評価まで

大澤真也・中西大輔　編

KAIBUNDO

執筆者一覧

第1章　大澤 真也　（広島修道大学人文学部 教授）
第2章　大澤 真也
第3章　大澤 真也
第4章　大澤 真也
　　　　岡田 あずさ（広島修道大学経済科学部 教授）
　　　　竹井 光子　（広島修道大学法学部 教授）
　　　　大和 知史　（神戸大学 大学教育推進機構 准教授）
　　　　山内 真理　（千葉商科大学商経学部 准教授）
　　　　三宅 ひろ子（昭和女子大学総合教育センター 講師）
　　　　浦野 研　　（北海学園大学経営学部 教授）
　　　　神谷 健一　（大阪工業大学知的財産学部 講師）
　　　　住 政二郎　（関西学院大学理工学部 准教授）
　　　　記谷 康之　（広島修道大学経済科学部 講師）
　　　　脇谷 直子　（広島修道大学経済科学部 教授）
　　　　中西 大輔　（広島修道大学人文学部 教授）
　　　　矢田部 順二（広島修道大学法学部 教授）
第5章　中西 大輔
第6章　水本 篤　　（関西大学外国語学部 准教授）
　　　　前田 啓朗　（広島大学外国語教育センター 准教授）
　　　　大澤 真也
第7章　中西 大輔

はじめに

　本書を書く契機になったのは，筆者の勤務校（広島修道大学）から提供された学内調査研究費「修道力を涵養する e ラーニング・コミュニティーの形成 ―アクション・リサーチに基づいた教育力向上の試み―（2011-2013年度）」です（研究プロジェクトの歩みは第 3 章にまとめてあります）。この研究プロジェクトがスタートする前にも，学内有志教職員で Moodle に関する勉強会を定期的に開催していました。その勉強会の名称は，当時熊本大学で教員をされていた某 K 先生の命名で，「BKK（べんきょうかい）」でした。今思い出すと何ともいえないおかしなネーミングですが，忙しい時間の合間を縫ってコーヒーを飲みながらお酒を飲みながらあれこれ語り合ったのは，とても良い想い出です。

　筆者の勤務校で e ラーニングの活用が注目を集めたのは 2007 年頃のことでした。当時から商用の e ラーニングシステムが導入されていましたが，それを授業で活用しているのは，ほんの一部の教員に過ぎませんでした。2010 年度にはオープンソースである Moodle も導入し，学内で LMS（Leaning Management System）を普及させるための活動を数多く行ってきました。これらの活動のお陰もあってか，LMS を利用する教員の数は増加しましたが，それでもまだ十分に活用されているとはいえません。多くの大学教員（特にいわゆる文系と呼ばれる人たち）にとっては，まだまだ LMS は遠い存在です。LMS なんて訳のわからないものを無理して使わなくたって，そこにホワイトボードとマーカーさえあれば何とかなるのです。

　筆者は学内では，「Mac と Moodle が好きな変な教員」という嬉しいような悲しいような称号を与えられている気がします。その証拠に，Mac の話を聞かれるのが多いのはまだよいのですが，学内を歩いているといまだに「noodle っ

てどうなの？」と笑顔で聞かれることがあります。そんな時は，相手の突っ込んで欲しいというプレッシャーを軽くかわしつつ，「いいですよ Moodle。1 回使い始めると便利すぎて止められなくなります」と答えることにしています。LMS を経験したことのない多くの教員にとって，Moodle は所詮ダジャレを言いやすい固有名詞に過ぎないのです。もちろん，そのような質問を投げかけてくる教員が Moodle を使い始めることはまずありません。

　筆者は，Moodle がベストの LMS だとは思っていません。でも莫大なお金をかけて環境だけを整備して，LMS をはじめとした e ラーニングを活用するためのサポートをする気がないのであれば，無料で使える Moodle でよいと思うのです。LMS ということばが示す通り，LMS は学習を管理することができます。単純な使い方であれば授業で用いる提示資料を置いておくだけでもかまいませんし，少し時間に余裕が出てきたら学生が授業外で学習できるような教材や小テストを作成してみるとよいでしょう。そして，このようなツールを利用することの最大のメリットは，すべてが記録に残るということです。どんなに整理整頓が苦手な人でも，Moodle にログインさえすれば，そこに授業に関するすべての記録が残っています。たとえば，語学の授業だと学期末試験だけではなく，授業内での活動をいわゆる「平常点」としてカウントして総合的に評価した方がよい場合があると思います。このような時でも，オフライン・オンラインを問わず活動を評価し点数を付けておくだけで，教員と学生はいつでもその学習履歴を見直すことができます。従来の対面式の授業であればわかりにくい「平常点」が可視化されるというのは，とても素晴らしいことだと思います。これだけでも，Moodle のような LMS を利用する価値はあると思うのですが，多くの人たちは，いまだにその便利さがわかっていないようです。

　本書で実現したかったこと及び主張したかったことを簡潔にまとめると，次の 3 点になります。

① LMS の導入を成功させるためには，環境面の整備だけではなく，人的なサポートが欠かせない。

② LMSを使ってみたくても使い方がわからない人がいる。LMSを活用した実践例の蓄積をしていく必要がある。
③ LMSは万能薬ではない。利用しっぱなしにするのではなく，その効果を適切な手法を用いて検証すべきである。

Moodleに限らずLMSを好きな人の中には，無条件にシステムを賞賛してしまう人がいます。けれども，無理してLMSを使わなければいけないのであれば，それは本末転倒です。たとえば対面式の授業で，紙を使えばできるのに，わざわざLMSを使って操作を複雑にしてしまっていないでしょうか。あくまでも状況と場面に適したLMSの活用を考えればよいだけで，必要がなければ使わなければよいのです。そして使うのであれば，その効果を何かしらの形で検証した方がよいのはいうまでもないでしょう。

このように，本書は既存の類似本では扱われてこなかった話題を取り上げることを心がけています。この本が一冊あれば，明日にでもMoodleをインストールして授業を構築することができてしまうかもしれません。特に，今までLMSに興味を持っていたけれど始めるきっかけがつかめなかった人たちが，本書を読むことによってやってみようと思ってくれるのであれば，これ以上の喜びはありません。

以下は，各章の概要です。流れを意識して構成していますが，どの章から読み始めてもかまいません。

第1章　eラーニングの現状
既存の文献（書籍・論文など）をもとに，日本国内におけるeラーニングの現状を概観しています。

第2章　LMSの活用
筆者がメンバーとして参加してきた研究プロジェクトチームで開発に携わった，LMSで利用できるツールを紹介しています。また番外編として，Moodle以外のLMSも紹介しています。

第 3 章　高等教育機関における LMS 導入事例

　筆者の勤務校である広島修道大学で，Moodle 導入に至った経緯及び導入後に行ってきた取り組みを紹介しています。

第 4 章　LMS 実践事例集

　全国各地の大学で，Moodle を活用した実践を行っている先生方の実践例を紹介しています。

第 5 章　LMS を利用した教育効果測定の試み

　広島修道大学で Moodle を利用して行った授業を対象に，その教育効果の測定の試みを紹介しています。

第 6 章　LMS を利用した実践における効果の測定に向けて

　LMS を利用した実践を行い，その効果を測定・評価する際に，重要なことについて解説しています。

第 7 章　ゼロからはじめる Moodle

　この章さえ読んでしまえば，明日からでも Moodle 環境を構築することができるかもしれません。Mahara との連携についても解説しています。

　最後になりますが，本書の執筆にあたっては，学内のみならず学外の多くの先生方に寄稿していただきました。特に，第 4 章「LMS 実践事例集」と第 6 章「LMS を利用した実践における効果の測定に向けて」は，かなり読み応えがあると思います。また本書の出版にあたり，どうしても原稿をいただきたかったのが広島大学の前田啓朗先生でしたが，お忙しい中，また体調もあまりすぐれない中，原稿依頼をご快諾いただきました。原稿をいただいたのが 2014 年 9 月 8 日，その後 10 月 10 日にお亡くなりになられたため，残念ながら校正をしていただくことができなかったのが残念でなりません。その代わりと言っては何ですが，広島大学外国語教育センターの森田光宏先生をはじめとした先生方が，校正作業を快く引き受けてくださいました。この場を借りて厚くお礼申し上げます。また，広島修道大学の西野泰代先生，宮崎大学の久保田真一郎先生，本学卒業生の藤崎さくらさんには原稿を読んでいただき，非常に

有益なコメントをいただきました。感謝申し上げます。

　なお，本書に記載しているシステム開発の一部は，JSPS 科研費 24531222 の助成を受けて行われました。

2015 年 7 月

広島修道大学教授

編者代表　　大澤 真也

目　次

執筆者一覧　ii
はじめに　iii

第 1 章　e ラーニングの現状　　1

1.1　e ラーニングとは？　*1*
1.2　日本国内における e ラーニングの現状　*3*
1.3　日本国内における e ラーニング活用に向けての支援　*6*
1.4　海外との比較を通して見る高等教育機関における
　　　e ラーニングの未来　*7*

第 2 章　LMS の活用　　9

2.1　Moodle について　*9*
2.2　e 問つく朗　*11*
2.3　一筆柿右衛門　*19*
2.4　Culture Swap　*26*
2.5　Mahara　*30*
2.6　番外編：その他の LMS　*32*
　　2.6.1　TIES　*32*
　　2.6.2　CEAS　*33*
　　2.6.3　CFIVE　*37*
　　2.6.4　CANVAS　*38*
　　2.6.5　LAMS　*41*

第 3 章　高等教育機関における LMS 導入事例　43

- 3.1　Moodle の導入に至るまで　43
- 3.2　Moodle 普及に向けての活動　45
- 3.3　Moodle の更なる活用に向けて　46
- 3.4　Moodle 活用における課題　50
- 3.5　導入における障壁　54
- 3.6　e ラーニング・ユーザとしての教員を対象とした調査　55

第 4 章　LMS 実践事例集　59

- 4.1　英語教育における LMS 実践　59
  - 事例①　Moodle を利用して学習内容を可視化する　59
    大澤真也（広島修道大学）
  - 事例②　映画を通して行う英語学習　65
    岡田 あずさ（広島修道大学）
  - 事例③　Moodle の活動／リソースを活用した授業展開　71
    竹井光子（広島修道大学）
  - 事例④　予習・授業・復習のサイクルをきちんと作る授業　76
    大和知史（神戸大学）
  - 事例⑤　Moodle を利用した異文化交流プロジェクト　84
    山内真理（千葉商科大学）
  - 事例⑥　Moodle を部分的に活用した対面授業 ―活動のアナログ化とデジタル化を意識して　90
    三宅ひろ子（昭和女子大学）
  - 事例⑦　PoodLL を利用した教室外スピーキング活動　96
    浦野研（北海学園大学）
  - 事例⑧　4 択問題の多目的利用 ―LMS だけのために問題データを入力しないで済む方法　101

　　　　　　神谷健一（大阪工業大学）
　　　事例⑨　Moodleを活用した英語学習支援：プレイスメント・テストから到達度テストまで　*109*
　　　　　　住政二郎（関西学院大学）
　4.2　その他の分野における実践　*114*
　　　事例⑩　初年次情報リテラシー科目における実践例　*114*
　　　　　　記谷康之（広島修道大学）
　　　事例⑪　授業形態や学生の学習環境に応じたMoodleの活用　*119*
　　　　　　脇谷直子（広島修道大学）
　　　事例⑫　心理学専攻におけるMoodleを利用した実践　*124*
　　　　　　中西大輔（広島修道大学）
　　　事例⑬　Moodleによるeラーニング教材の提供
　　　　　　──国際関係史の場合──　*129*
　　　　　　矢田部順二（広島修道大学）

第5章　LMSを利用した教育効果測定の試み　*135*

　5.1　教育効果の測定　*135*
　5.2　2012年度の2つの授業データから見るLMS（Moodle）利用による教育効果　*136*
　5.3　複数授業の分析　*140*
　5.4　授業の分析結果　*142*
　5.5　授業ごとの分析結果　*146*
　5.6　教育実験の必要性　*154*
　5.7　「目の輝き」は測定できるか　*158*
　5.8　実験を行う際の倫理的問題をどうクリアするか　*159*
　5.9　教育効果を測定する変数　*161*
　5.10　おわりに　*163*

第 6 章　LMS を利用した実践における効果の測定に向けて　　165

- 6.1　目的に応じた研究手法の選択のために　*165*
  水本篤（関西大学）
  - 6.1.1　研究手法の選択　*165*
  - 6.1.2　量的アプローチで教育効果の測定を行うときの注意点　*170*
  - 6.1.3　教育効果の測定にふさわしい研究デザインと分析方法　*172*
  - 6.1.4　テストの使用目的と分析方法の一致　*177*
- 6.2　LMS を利用した教育における成果の測定及びその評価　*179*
  前田啓朗（広島大学）
  - 6.2.1　測定する目的や場面の計画　*179*
  - 6.2.2　3 つの評価　*179*
  - 6.2.3　その他の目的の評価　*181*
  - 6.2.4　測定するための道具　*182*
  - 6.2.5　LMS のログ　*183*
  - 6.2.6　測定における実務的な制約　*184*
  - 6.2.7　ある実践の例　*185*
- 6.3　LMS を利用した実践の効果の測定・評価に関する参考文献　*188*
  大澤真也（広島修道大学）

第 7 章　ゼロからはじめる Moodle　　191

- 7.1　Moodle 導入の形態　*192*
  - 7.1.1　業者への委託　*192*
  - 7.1.2　研究室サーバとしての運用　*192*
  - 7.1.3　VPS サービスの利用　*193*
- 7.2　VPS を利用した Moodle サーバ構築　*194*
  - 7.2.1　契約　*194*
  - 7.2.2　ドメイン名の取得　*194*

7.2.3 サーバの設定　*195*

7.2.4 セキュリティ設定　*198*

7.2.5 AMP 環境の構築　*201*

7.2.6 cron の設定　*207*

7.2.7 メール送信の設定　*208*

7.2.8 Moodle のインストール　*209*

7.2.9 付録　*231*

7.3 発展編：Mahara を Moodle と連携させる　*233*

7.3.1 Moodle と Mahara の違い　*233*

7.3.2 Moodle を Mahara と連携する意義　*235*

7.3.3 Moodle と Mahara をどう使い分けるか？　*240*

7.3.4 Moodle を Mahara と連携するためには？　*241*

参考文献　*247*

索引　*254*

第1章 eラーニングの現状

　私たちはeラーニングということばを当然のように使っていますが，eラーニングということばの定義は非常に幅広く，そのことばの意味を理解していない人も多くいます。現在はeラーニングに代わる新しいことばも生まれてきているので，まずはeラーニングについて整理しておくことが必要でしょう。本章では，まずeラーニングについて概観した後，日本国内の大学におけるeラーニング活用の状況について整理します。そして，eラーニングの未来を見据えて考えておかなければならないことについて述べます。

1.1　eラーニングとは？

　高等教育機関におけるeラーニングは，導入や利用の状況が異なりはするものの，確実に広まりつつあります。それにともなって，eラーニングに関する多くの書籍が出版されています[1][2]。ここでは，まずeラーニングについて簡潔に定義しておきます。

　eラーニングのeは，当然のことながら，electronic（電子的な）を表しており，電子的なものを利用した学習全般を意味します。『Key Issues in e-Learning: Research and Practice』[3]によれば，eラーニングはオンライン学習（Online Learning）やCBT（Computer-Based Training），WBT（Web-Based Training）と同義に使われることもあり，ウェブなどを利用した技術によってサポートされている学習のことをいいます。広義にいえば，使われる技術も幅広く，コンピュータだけではなく，デジタルカメラやモバイル機器，仮想学習環境など，電子的

なものを利用した学習はすべて e ラーニングという範疇に含まれることもあります。狭義のものとしては，『e ラーニング白書 2008/2009 年版』[4] にあるように，いわゆる WBT と呼ばれ，インターネットやイントラネットを利用して教材の配信を行うものをいいます。『e ラーニングの理論と実践』[1] は e ラーニングおよび e ラーニングを利用した学習形態について整理していますが，対面授業や自習の割合，また，非同期・同期によって，様々な e ラーニングを利用した教育の形が考えられます（図 1-1，図 1-2 参照）。

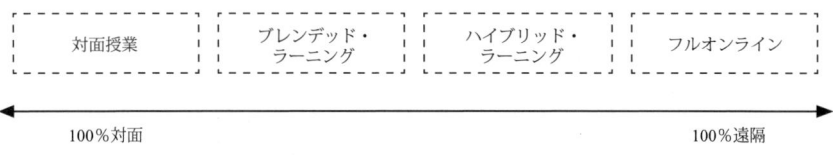

図 1-1　e ラーニングの分類（対面授業の割合）
（『e ラーニングの理論と実践』（青木久美子著，放送大学教育振興会）より引用）

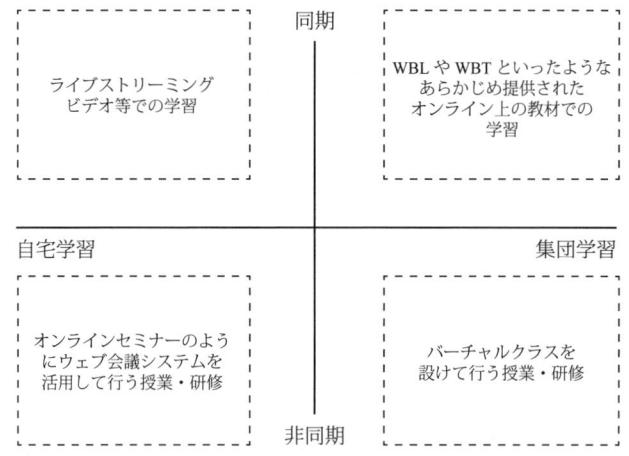

図 1-2　e ラーニングの学習形態の分類
（『e ラーニングの理論と実践』（青木久美子著，放送大学教育振興会）より引用）

本書で扱うのは狭義の意味でのeラーニングであり，その中でも，特にLMS（Learning Management System）あるいはCMS（Course Management System）と呼ばれるプラットフォームを利用した学習に限定して話を進めていきます。LMSやCMSというのは，名前が表す通り，プラットフォーム上に学習用のコンテンツをアップロードし，学習やコースのコンテンツを管理するためのシステムのことです。

近年では，technology-enhanced learningやe-learning 2.0などのことばも使われるようになり，eラーニングを利用するユーザが主体的に参加し，いかに学習の効果を高めるかについて，関心が集まりつつあります。そのような流れの中でいえば，LMSやCMSというのは，あまり目新しい技術ではないのですが，日本国内や海外における多くの高等教育機関で利用されているという現状もあり，その利用法や活用法について議論をすることは，非常に重要なことだと思われます。

1.2　日本国内におけるeラーニングの現状

LMSの話に入る前に，まずは日本国内における状況についてまとめておきます。日本国内におけるeラーニングの状況を調査した代表的なものとしては，『eラーニング白書2008/2009年版』[4]を挙げることができます。これは日本イーラーニングコンソシアムによるもので，2001年から継続して行っている調査として評価ができます。調査は2007年6月に高等教育機関1200機関を対象に実施され，910機関（回収率93.8％）からの回答を得ています。その結果を概観してみると，調査当時，ICT活用教育を導入している機関は690（75.8％）で，導入を予定・検討している機関を加えると，80％以上の機関が活用に前向きであることがわかります。次に，コンピュータやインターネット，モバイル端末を利用したeラーニングの実施について見てみると，51.1％の機関が実施しています。次に，ICT活用教育を導入しているにもかかわらず，eラーニングを実施しない理由についてたずねた質問項目では，「学内のインフラが整備されていないから」が最も多く（23.9％），ついで，「学内でeラーニングに

対する関心が薄いから」「eラーニング導入のノウハウがないから」「導入にあたっての予算が不足しているから」などの理由が選ばれています。その他，授業形態に関する質問項目では，「対面授業とeラーニングのブレンディッド型」（79.6％），「自習用」（72.0％），「eラーニングによる履修のみで終了できる講義，授業がある」（24.7％）となっており，国内においては，ブレンディッド型の実践が多いことがわかります。そして，これら学習効果の把握については，「アンケートを実施している」（50.7％），「試験を実施している」（49.4％），「単位の取得状況から把握している」（33.3％），「学習管理システムから得る情報により把握している」（33.2％）となっており，「特に把握を行っていない」（13.8％）という回答も目立ちます。ちなみに，把握基準としては，「アンケート・レポート等による評価」（53.2％），「試験の点数」（47.8％），「学習到達状況」（35.7％），「受講回数，学習時間数」（35.1％），「基準は設けず」（22.8％）の順になっています。

　残念ながら，『eラーニング白書』[4]は2008年以降出版されていませんが，同様の調査としては，2009，2010年度に文部科学省先導的大学改革推進委託事業として行われた「ICT活用教育の推進に関する調査研究」[5]，2013年度に行われた「高等教育機関等におけるICTの利活用に関する調査研究」[6]が参考になるでしょう。『eラーニング白書』[4]とは質問項目等が異なるため，単純に比較することはできませんが，いくつかの興味深い結果が見られます。まずはLMSの利用状況について見てみると，2009，2010年度においては高等専門学校が73.2％という高い割合で利用しているのをはじめとして，大学でも40.2％が利用していることがわかります。2013年度になるとその傾向は加速し，大学では57.2％まで上昇します。

　ちなみに，LMSとして利用しているものを多いものから順に並べると表1-1のようになり，Moodleが約4割の大学で採用されていることがわかります。

　その一方で，学習効果の把握について見てみると，大学では2009，2010年度，そして2013年度に行われた調査のいずれにおいても，50％以上の大学が「行っていない」と回答しています。行っている場合には，学生アンケートが

一番多く，2009年度39.1％，2010年度42.5％，2013年度には減少して32.5％となっています。2013年度に減少している理由は，2013年度の調査において質問項目が細分化されているためだと思われます。追加された項目について見てみると，「小テストや学期末テストなどを利用している」が20.1％，「LMSで得られる学習データを利用している」が14.1％となっています。これらの結果を単純比較はできませんが，LMSを活用した教育は広まりつつあるものの，その効果の測定については，まだ改善の余地があるといえるのではないでしょうか。

表 1-1　大学で利用されているLMS一覧
（「高等教育機関等におけるICTの利活用に関する調査研究」
（京都大学高等教育研究開発推進センター）をもとに作成）

導入されているLMS	割合（括弧内は機関数）
Moodle	40.7％ (116)
独自開発システム	21.1％ (60)
WebClass	11.2％ (32)
manaba	10.2％ (29)
Blackboard Learn	5.6％ (16)
dotCampus	4.2％ (11)
TIES	1.8％ (5)
Internet Navigware	1.4％ (4)
Sakai	1.4％ (4)
CEAS	1.3％ (3)
Blackboard Learning System (WebCT)	1.1％ (3)
CFIVE	0.4％ (1)
Blackboard Classic	0％ (0)
CANVAS LMS	0％ (0)
LAMS	0％ (0)
その他	29.1％ (83)

1.3　日本国内におけるeラーニング活用に向けての支援

引き続き,「ICT活用教育の推進に関する調査研究」[5],「高等教育機関等におけるICTの利活用に関する調査研究」[6] をもとに,eラーニングの支援状況について見てみましょう。eラーニングやICTを活用した教育を推進する組織の有無については,大学共通の組織があると答えた機関は2009年度で45.0％,2010年度で48.4％となっています。その他,教員のグループについては2009年度の8.2％から2010年度の11.4％に,教員個人レベルについては2009年度の8.8％から2010年度の15.0％へと変化しています。存在していないと回答した機関も,2009年度で20.3％,2010年度で18.1％あります。次に,人材について見てみると,学内兼任者と答えた機関が最も多く,2009年度には59.4％だったものが2010年度には60.1％になっています。一方で,学内専任者と答えた機関も2009年度で24.4％,2010年度で25.8％ほどあります。確保されていないと回答した機関も2009年度で32.6％,2010年度で32.1％ありました。

同様の項目を2013年度に行われた調査で見てみると,大学共通の組織があると答えた機関は50.2％,教員のグループは8.2％,教員個人レベルは15.3％となっており,あまり状況は改善していないようです。人材については,学内兼任者が52.8％,学内専任者が32.8％となっており,学内専任者の割合が上昇したという意味では改善しているように思われますが,確保されていないと回答した大学が依然として23.5％もあります。eラーニングを活用するためにはそれなりの専門知識が必要にもかかわらず,多くの大学ではそれをサポートする組織がないというのが現状です。また,組織があると回答した機関の中にも,システムの保守管理をするだけに留まり,ユーザとしての教員と学生へのサポートは行わないという機関もあるのではないかと推測されます。人材の確保も含めて,頭の痛い問題です。

1.4　海外との比較を通して見る高等教育機関における e ラーニングの未来

　ここまで，日本国内の現状について，過去に行われた調査結果をもとに概観してきました。では，海外における状況はどうなのでしょうか。詳細については，少し前のものではありますが，「e ラーニング 遠隔教育メディアの変遷と今後の課題」[7] や「高等教育における e ラーニング —現状と課題—」[8]，あるいは，『高等教育における e ラーニング—国際事例の評価と戦略』[9] などの文献があるので，そちらを参照していただければと思います。ここでは，日本とアメリカの違いについてざっくりとまとめますが，日米間の e ラーニングの利用形態における大きな違いの 1 つは，遠隔教育に活用するかどうかです。日本国内においても遠隔教育によって単位の認定を行うことは可能であり，八洲学園大学やサイバー大学など，すべての科目をインターネット上で受講することにより学位などの取得が可能な大学をはじめとして，一部にインターネットでの授業を取り入れている大学は数多くあります。けれども，多くの大学において e ラーニングの利用は，限定的なものです。近年であれば，MOOC（Massive Open Online Course）の流行が見られ，日本国内でも，2013 年 10 月に日本オープンオンライン教育推進協議会（JMOOC）が設立され，いくつかのコースが開設されています。とはいえ，まだ利用法は限定的で，発展途上といわざるを得ません。それに比べると，アメリカでは地理的な条件もあるのでしょうが，e ラーニングを遠隔教育で利用する場合が多く見られます。つまり，日本国内における e ラーニングの利用は，通信教育なども含めて対面で行う従来の教育を補完する目的で用いられていることが多いといえるでしょう。

　筆者らは，高等教育機関での e ラーニングの現状を知るために，2012 年の 2 月に佐賀大学と熊本大学に視察に行きました。佐賀大学は 2002 年よりビデオオンデマンド型のインターネット授業を開講しており，ビデオの視聴により単位を取得することができます。学内にある e ラーニングスタジオでは，e ラーニングのコンテンツ作成に携わることができる人材の育成に取り組むとともに，

eラーニングコンテンツ作成や作成の補助なども積極的に行っています。熊本大学では 2007 年 4 月に e ラーニング推進機構を立ち上げ，コンテンツの開発支援や LMS へのサポートを行っています。また，熊本大学大学院社会文化科学研究科の教授システム学専攻では，e ラーニングを活用し，ほとんどの科目を通学することなく履修することができるなど，非常に面白い試みを行っています。

　これら 2 つの大学をはじめとして，日本国内で e ラーニングを積極的に活用する大学は増えてきました。しかしながら，先述したように e ラーニングを利用する目的は限定的なものであり，効果の検証も十分に行われていません。また，e ラーニングに対するサポートを組織的に行っている機関もそう多くはありません。教育において e ラーニングを活用することが当然のことになりつつある中で，このような課題は，個人レベルはもちろんのこと，組織レベルにおいても克服していく必要があるでしょう。

第2章 LMSの活用

　LMSをはじめとしたeラーニング環境を導入するまでは大変ですが，いざ導入したとしても，教員や学生が積極的に利用してくれるかどうかはわかりません。というのも，LMSはあくまでもプラットフォームであり，実際にどのようなコンテンツを作成し，どのような活用をするかは個々の教員次第だからです。実際，筆者の勤務校においても，LMSであるMoodleを導入してから数年経過しましたが，新たにMoodleを利用してみようと考える教員の数は，そこまで伸びていません。そこで，積極的な活用を推進していくためには，更なる環境の整備が必要だと考えました。本章では，筆者の勤務校である広島修道大学で行った取り組みについて紹介します。まずは，代表的なLMSであるMoodleについて簡潔にまとめます。その次に，Moodle小テスト作成モジュールe問つく朗，Mahara（Moodleと同じくオープンソースで公開されているeポートフォリオシステム）を意識して開発されたページ作成ブロックである一筆柿右衛門，Moodleをはじめとしてオンラインで利用することを想定したアニメ英語教材Culture Swapについて，操作方法も含めて紹介します。そして最後にMahara，番外編として，オープンソースで無料で公開されているLMSについて紹介します。なお，ここで紹介しているものはすべて無料であるというのがポイントです。

2.1　Moodleについて

　Moodleは，オーストラリアのMartin Dougiamas氏によって開発されたLMS

です。第 1 章でも簡潔に説明しましたが，LMS というのは学習を管理するためのプラットフォームです。システムをインストール後，そのプラットフォーム上にユーザである教員や学生を登録すれば，文書やウェブへのリンクなどの情報にとどまらず，小テストやアンケートなど，ユーザ参加型の活動を提供することができます。また，ユーザのアクセスログや成績などを管理できるのも特徴の 1 つです。Moodle の公式ウェブサイトである moodle.org の情報によれば，最初にダウンロードできるようになったのが 2001 年，Moodle 1.0 がダウンロードできるようになったのが 2002 年のことです。その後，日本国内でも Moodle の名前を聞くことが増えてきました。2009 年には Moodle ユーザの集まりである第 1 回 MoodleMoot が開催され，その後 2011 年 2 月に日本 Moodle 協会が設立され，Moodle にかかわる情報共有を目的とした会合が定期的に開催されています。

　日本国内における Moodle の認知度は，オープンソースということもあり，高まりつつあります。日本語で書かれた書籍も増えてきました[1][2]。導入する機関が増えているのはもちろんですが，知識さえあれば個人でもインストールできる手軽さもあり，個人で導入して活用している人が多いのも特徴の 1 つです。Moodle.org によれば，2015 年 3 月現在で登録されているウェブサイトは 50,000 以上（日本国内では約 500），225 カ国で利用されており，利用ユーザ数は約 7000 万人，英語や日本語はもちろんのこと 100 カ国語以上の言語に対応する世界でも有数の LMS です。日本国内の機関における利用状況について知るには，鈴鹿工業高等専門学校の白井達也氏の作成したデータベース（https://www.suzuka-ct.ac.jp/mech/moodle2/mod/data/view.php?id=2156）が便利です。このデータベースを見ると，学内外のサーバを利用して，かなりの数の大学が何かしらの形で Moodle を利用していることがわかります。

　Moodle.org によれば，Moodle のデザインや開発は社会構築主義に基づいているとされています。これは簡潔にまとめれば，知識は一方通行ではなく，他者を含めた環境との相互作用によって構築されるという考え方です。そのため，学習者が中心となって行う活動がシステムに多く取り込まれているのも，

Moodle の特徴の1つといえるでしょう。ただし，必ずしもそのスタイルで利用する必要はありません（https://docs.moodle.org/27/en/Philosophy）。また，オープンソースであることから多くの人々が開発に参加しており，標準のシステムに満足できない場合は，多くのプラグインやアドオンを追加してカスタマイズすることもできます。Moodle.org のプラグインのページ（https://moodle.org/plugins）には，数多くのプラグインが掲載されていますが，ここにないものも含めれば，かなりの数になると思われます。本書の第4章でも，PoodLLや Online Audio Recording などを利用した実践事例がありますので，参考にしてみてください。なお，Moodle の操作方法などの詳細については，筆者らが執筆して無料公開中の『Moodle 事始めマニュアル』他，様々なマニュアルがオンラインで公開されていますので，そちらをご覧ください。

　次の2.2からは，筆者の勤務校内で結成した研究グループが，学内調査研究費や科学研究費補助金を利用して開発した Moodle で利用できるツールや教材を紹介します。

2.2　e 問つく朗（2.x 対応版は2012年3月より公開）

　Moodle は，1つのプラットフォーム上で多様なことを実現できる素晴らしいシステムです。学生がユーザとして使うには申し分ないのですが，残念ながらインターフェースが洗練されているとはいいがたく，コースを作成する側である教員が苦労をすることも多々あります。その1つが，小テストの作成でしょう。他の活動やリソースについてはある程度直感的に作成できるものの，小テストの作成に苦労する人も多いと思います。特に Cloze（穴埋め問題）は，コードを書かなければ作成することができません。そこで筆者らは，システム開発会社に依頼して，小テスト作成プラグインを開発することを思いつきました。プラグインは無償で，https://github.com/VERSION2-Inc/moodle-blocks_emon よりダウンロードできます。

　ダウンロード後，コースに入り編集モードを開始して，「ブロックを追加する」より「e 問つく朗 2.x」を選択します（図2-1）。

図 2-1　ブロックの追加

　すると，ブロックが追加されます。「e 問つく朗クイズ作成」ボタンをクリックして開始して，小テストの作成をスタートします。なお，操作方法の概要については，ボタンの下に表示されている「教材作成マニュアル」のリンクから参照できます（図 2-2）。

図 2-2　e 問つく朗ブロック

　ボタンをクリックすると，図 2-3 のような画面が表示されます。わかりやすいように設定できる項目は限定していますが，後ほど小テストの設定から細かな設定を行うこともできます。

図 2-3　問題編集画面

　わからなければ，とりあえず「名称」だけ入力し，後はそのままで，「保存する」クリックしておきます。続いて，問題の作成画面が表示されますので，「問題を新規作成する」をクリックします（図 2-4）。

図 2-4　新規作成画面

作成できる問題の選択肢が表示されますが，ここでは例として，「多肢選択（単一）」問題と「Cloze（穴埋め）」問題を作成してみます。まずは「多肢選択（単一）」問題です（ちなみに，多肢選択問題に限り，CSV を利用して問題を

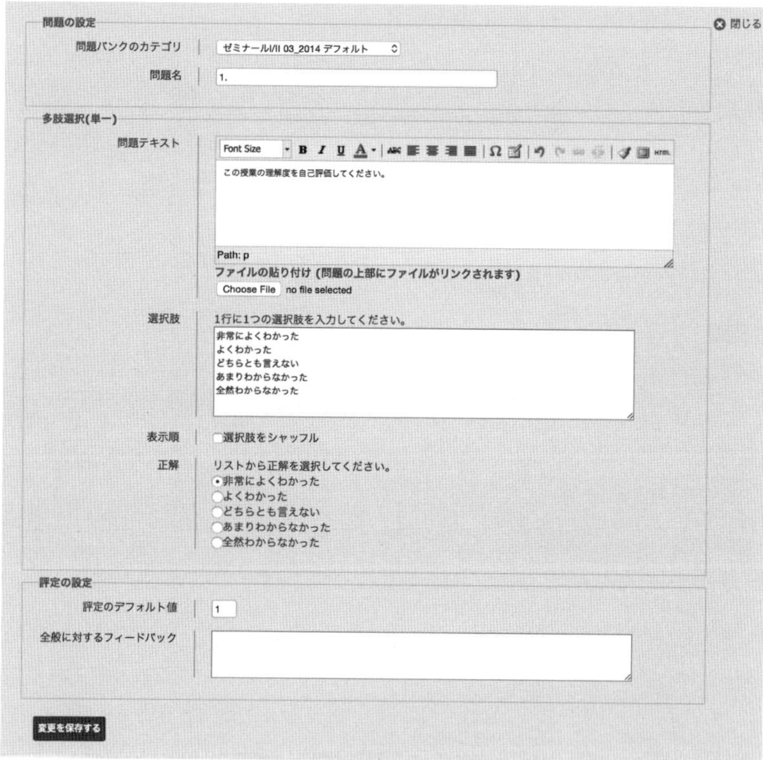

図 2-5　多肢選択問題の設定

一括でアップロードすることができます)。「問題名」および「問題テキスト」を入力のうえ，選択肢を1行に1つずつ入力していくと，自動的に「正解」欄に選択肢が表示されます。「選択肢をシャッフル」のボックスにチェックを入れると，解答者ごとに選択肢がシャッフルされて表示されます。選択肢を入力した後，「正解」欄に表示される選択肢のうち，正解の選択肢の横にチェックを入れておきましょう（図2-5）。

画面の下では「評定の設定」を行えます。「評定のデフォルト値」で配点を決め，「全体に対するフィードバック」がある場合には，ここに入力します（図2-6）。

その後，「変更を保存する」ボタンをクリックすると，最初の小テスト作成画面に戻りますが，ここに今作成した問題が追加されています（図2-7）。

図2-6　評定の設定

図2-7　問題が追加された画面

ここで，問題のプレビューを行うことができます。正答は赤枠で囲まれています。修正を行いたい場合は，問題をクリックするとメニューが表示されますので，そこから修正を行ってください（図2-8）。

図 2-8　問題の修正

　続いて，穴埋め問題を作成してみます。「問題を新規作成する」から「Cloze（穴埋め）」を選択します。先ほどと同様の画面が表示されるので，入力していきます（図 2-9）。

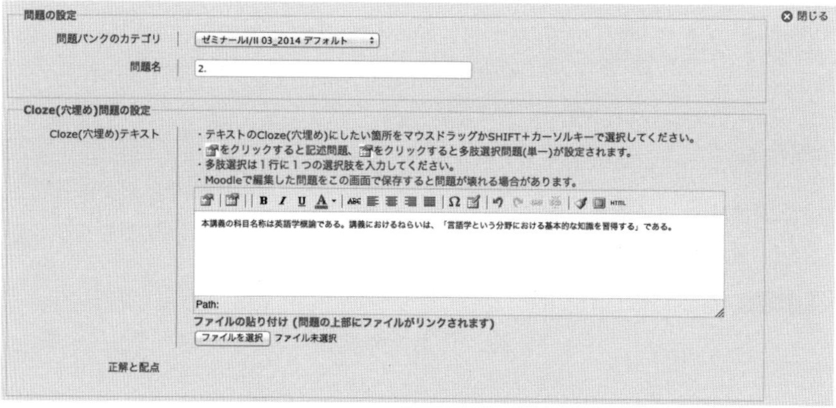

図 2-9　Cloze（穴埋め）問題の設定

　穴埋め箇所の作成は簡単です。穴埋めにしたい箇所をマウスでドラッグして選択した後，テキスト入力欄にあるアイコンをクリックするだけです。ここでは試しに，一番左にある「穴埋め入力」を選択してみます（図 2-10）。

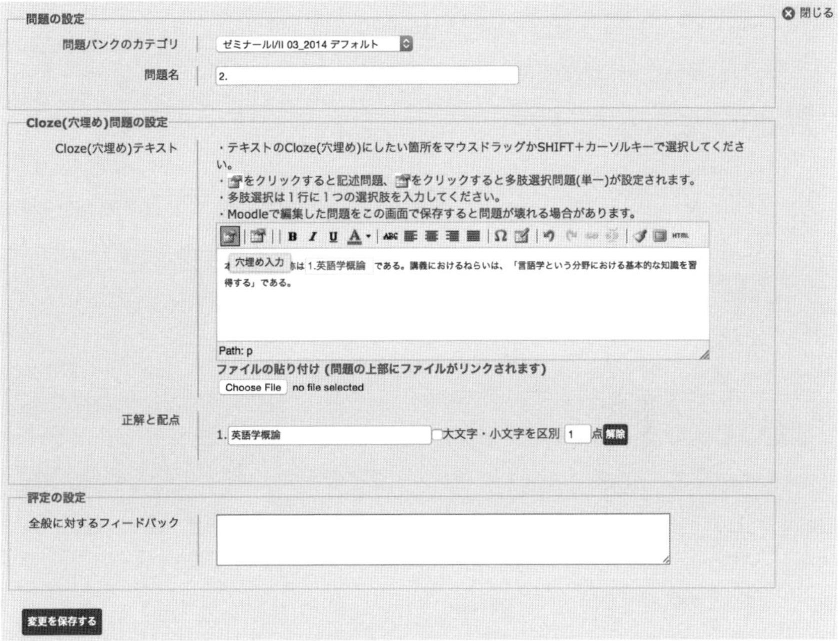

図 2-10 「穴」の作成

　すると，自動的に「正解と配点」の欄に表示されます。直接テキストを入力させるのではなく，選択肢を提示して選ばせたい場合には，「穴埋め入力」アイコンの右にある「穴埋め選択」アイコンを選びます。穴埋めしたい場所を選び終わったら，「変更を保存する」ボタンをクリックします。このような形で問題を作成していきます。なお，問題を表示するページを変更したい場合には，「次のページ」をクリックします。また，音声や画像などのファイルを問題に添付したい場合には，問題作成画面において表示される「ファイルを選択」ボタンより該当のファイルを選択します。すべての設定が終わったら，画面上部に表示されている「この画面を閉じる」をクリックしてください。そうすると，コースに小テストが表示されます（図 2-11）。

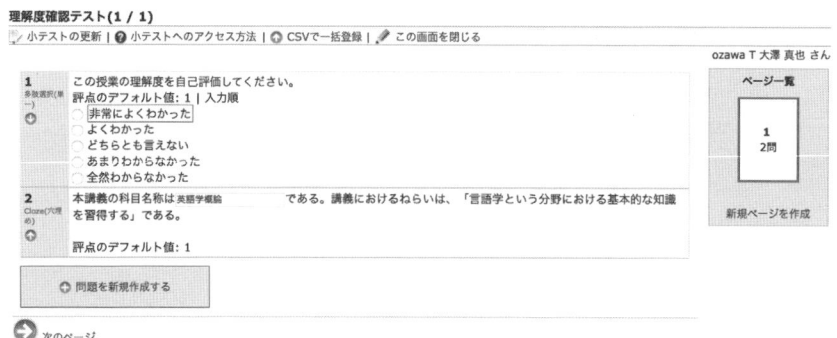

図 2-11　問題編集画面

問題の変更や修正を行いたい場合には，問題名の横に表示されている「e」をクリックしてください。なお，細かな設定をしたい場合には，右側にある「編集」より「設定を編集する」を選んで行うことができます（図 2-12）。

図 2-12　作成した小テストの編集

このように，e 問つく朗は最低限の設定を行うだけで，直感的に操作して小テストを作成できることをねらいとして開発されました。2015 年 7 月現在，無料で公開中ですので，興味のある方は，ぜひダウンロードしてインストールしてみてください。なお，小テストの作成には多くの人が苦労しているようで，この他にも数多くのツールが無料で公開されています。たとえば，第 4 章「LMS 実践事例集」にご執筆いただいた大阪工業大学の神谷健一先生による「4 肢選択式短文穴埋め問題データベースと問題作成ソフト」（https://dl.dropboxusercontent.com/u/14905265/mcg/index.html）を使えば，Moodle にインポートする形式で問題を出力することができます。また，富山大学のウェブサイトで公開されている「Moodle 2 のテストとアンケートの質問の一括作成」(http://www.itc.u-toyama.ac.jp/moodle2/tools/index.html) を利用するのもよいと思います。Windows であれば，QuEdit というツールも無料で公開され

ています（http://www1.hus.ac.jp/~fukai/）。また海外では，VLEtools と呼ばれるツールも公開されています（http://vletools.com/）。このように，無償で公開されているツールを活用して小テストの問題を作成すると，問題作成の労力が緩和されます。

2.3　一筆柿右衛門（2014年2月より公開）

筆者の勤務校では Moodle の他に，e ポートフォリオシステムである Mahara も導入していましたが，Moodle と比較すると，ユーザ（学生）側の負担が大きく，あまり利用する人がいませんでした。Mahara は音声や動画など，自分の好きなファイルをドラッグ＆ドロップで配置してページを作成できるという面白さがあります。しかしながら，メニューの階層構造の複雑さもあり，Moodle と同時に Mahara の使い方を教えるのはかなり大変です。そこで，この Mahara のページ作成の面白さだけを取り出して，Moodle に実装させるということを思いつきました。一筆柿右衛門は，モジュール（https://github.com/VERSION2-Inc/moodle-mod_kakiemon）とブロック（https://github.com/VERSION2-Inc/moodle-block_kakiemon_list）をダウンロードすることで，利用できるようになります。

コース上で「編集の開始」ボタンをクリックし，「活動またはリソースを追加する」のリンクをクリックします。すると，「一筆柿右衛門」が表示されるので選択して，「追加」ボタンをクリックします（図 2-13）。

図 2-13　メニュー

他の活動やリソースと同様，名称などを入力します（図 2-14）。

図 2-14　一筆柿右衛門の追加

独自の設定として，「機能」をクリックしてみると，「足あと」や「イイネ！」などの機能も利用できることがわかります。参加者同士の交流を活発に行いたい場合には，これらの機能を使ってみてもよいでしょう（これらの機能は，説明するまでもないと思うので省略します）（図 2-15）。

図 2-15　一筆柿右衛門の機能

ここからは，教員や学生が自由に各自でページを作成していくことになります。まずは，「新規ページを追加」をクリックしてみましょう（図 2-16）。

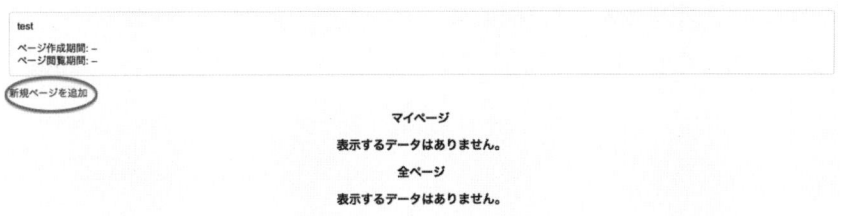

図 2-16　新規ページの追加

すると,「ページの編集」画面が表れますので,「ページ名」を入力します。他の人も使えるテンプレートとして保存するには,「テンプレートとして使う」のドロップダウンメニューから「Yes」を選びましょう（図 2-17）。入力が終ったら,「変更を保存する」をクリックします。

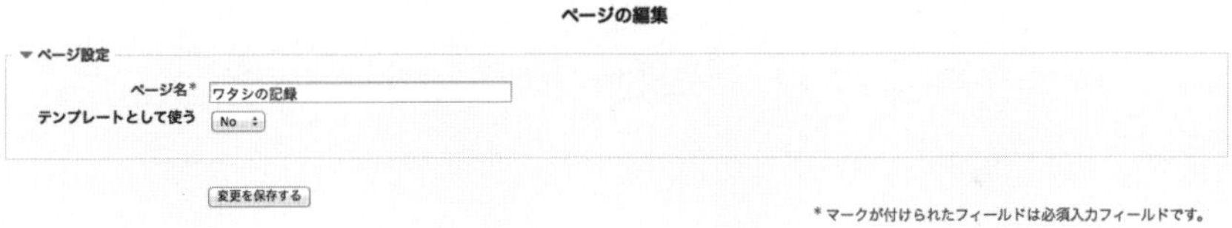

図 2-17　ページの編集

すると,「マイページ」の所にページが追加されます（図 2-18）。

図 2-18　新規作成したページ

歯車アイコンをクリックすると,「ページ名」を変更できます。それでは,実際にページを作っていきます。ページ名のリンクをクリックすると, 何もな

い状態のページが開きます（図 2-19）。画面右の「このページを編集する」ボタンをクリックして編集を開始します。

図 2-19　コンテンツを追加していない状態のページ

「新規ブロックを追加」のドロップダウンメニューをクリックすると，コンテンツとして追加できる項目が表示されます（図 2-20）。

Facebook や Google カレンダーおよびドキュメント，Twitter，YouTube などは，いわゆる埋め込みコードを取得して，そのコードをコピーすることによって取得される仕組みです。詳細については，各サービスのウェブサイトを参照してください。ここでは例とし

図 2-20　追加できるコンテンツ

て，Facebook ページの投稿を埋め込んでみます（図 2-21）。

図 2-21　埋め込みコードのコピー

「ブロックタイトル」は，表示・非表示を選ぶことができます。「幅」「高さ」も好みで変更することができます（空欄のままだと自動で調整されます）。「埋め込みコード」を入力したら，「変更を保存する」をクリックしてみましょう。埋め込まれた画面が表示されるはずです（図 2-22）。

図 2-22　Facebook の埋め込み

埋め込みコードさえわかれば簡単にできますので，いろいろ好きなコンテンツを追加してみましょう。ファイルや画像，動画などは，Moodle ではおなじみのドラッグ＆ドロップで追加できます（図 2-23）。

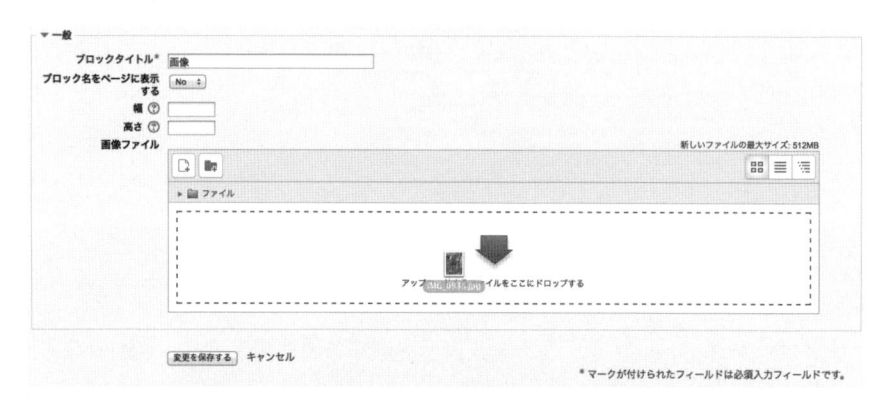

図 2-23　画像をドラッグ＆ドロップで追加

またブロックは，ブロック上部に表示されている矢印をクリックするか，ブロック自体をドラッグすることで移動することができます。レイアウトが完了したら，「ページの編集を終了する」をクリックして，見映えを確認してみます（図 2-24）。

図 2-24　ページの作成例

　なお，画面右上部に表示されている「HTML でダウンロードする」や「PDF でダウンロードする」のリンクをクリックすると，それぞれのフォーマットでページをダウンロードすることができます。完成したら，コメントを書いたり点数を付けたりすることもできます（図 2-25）。

図 2-25　フィードバック

また，一筆柿右衛門は iPhone などのスマートフォンからも簡単に操作することができます（図 2-26）。
　また，スマートフォンを利用して撮った画像や動画も，簡単にアップロードできます（図 2-27）。

図 2-26　スマートフォンからの操作画面

図 2-27　スマートフォンからのアップロード

　今や授業外ではパソコンは使わず，スマートフォンしか触らないという学生も多くなってきましたが，そのような学生でも，簡単にページを作成できます。一筆柿右衛門を使うことによって，ちょっとしたポートフォリオのような使い方ができたり，動的なコンテンツを盛り込んだ課題を作成し提出させたりすることが，簡単にできるようになります。

2.4　Culture Swap（2013 年 8 月より公開）

　ここまで見てきたように，筆者らは e 問つく朗や一筆柿右衛門など，Moodle の利用環境を整えることに力を注いできました。そこで次に取り組んだのが，

Moodle 上で利用できるコンテンツの開発です。2011 年に，筆者の勤務校で Moodle を利用している教員へのインタビューを行った結果，e ラーニング教材を作成することに対する負担を感じている教員が多いことが明らかになりました（第 3 章参照）。そこで，Moodle に限らずオンラインで利用できるコンテンツを作成することを決意しました。教材作成の背景にあるのは，2010，2011 年度に筆者の勤務校に在籍する 1 年生を対象に行った Can-do 調査です[3]。当時，英検 Can-do リストを利用して，学生の Can-do 項目に対する自信度を調査しました。この調査を行った目的は，① TOEIC などの外部の英語試験だけによる成績評価から脱却する，② Can-do など具体的な状況に基づいた学習者の自信度を明らかにすることで，カリキュラムの改善や教材の作成に活かす，というものでした。そこで，②に関連する取り組みの 1 つとして，学内で日本語母語話者 2 名，英語母語話者 2 名からなるプロジェクトを立ち上げ，約 1 年間の作業を経た後，学生の自信度が低い 21 項目をエピソードに取り入れたアニメ英語教材が完成しました（図 2-28）。

図 2-28　Culture Swap の画面

動画教材は1エピソード3分前後で，15エピソードから構成されています。Culture Swap というタイトルにあるように，日本人とアメリカ人がそれぞれの国を訪れて，文化のギャップを感じるというストーリーになっています。それぞれのエピソードに1～2つの Can-Do 項目を取り入れていますが，もちろん Can-Do を意識しない形で利用することも可能です（表2-1）。2015年7月現在，教材は YouTube 上で公開しており，登録をすれば動画や音声および関連教材を無料で入手することができます。

表2-1　エピソードの内容

Episode	Title	Country	Culture	Can-Do
1	The spark	US/JP	NYC vs. Hiroshima	Can understand simple expository texts (e.g. learning materials introducing the lifestyles in foreign countries and foreign culture) (Reading_Pre2_01)
2	Soft landing	US/JP	Strange signs in Japan	Can understand notices and instructions at public facilities (e.g. rules for using a venue) (Reading_Pre2_02)
3	The Big…	US	Traveling on trains in the U.S.	Can understand simple announcements (Listening_Pre2_03) Can understand notices and instructions at public facilities (e.g. rules for using a venue) (Pre-2, Reading_02)
4	Saved by the bell	JP	Classes in Japan	Can understand instructions given by a teacher during classes or training sessions (e.g. "Answer the question on page 27."/"Give some examples of...") (Listening_Pre2_01)
5	Welcome, Honorable Customer	US	Shopping in Japan and the U.S.	Can understand simple explanations given by salesclerk when shopping (e.g. information about product sizes, discounts, whether a product is out of stock) (Listening_2_01) Can find streets, shops, and hospitals, etc., on simple maps written in English (Reading_3_03)
6	Lost!	JP	Pick-up lines	Can give simple directions (e.g. "Go straight and turn left at the next corner." (Speaking_2_02)
7	Turning Japanese	US/JP	Misconceptions about food	Can describe memorable experiences (e.g. trips, special events) (Speaking_2_01) and understand words that are linked when pronounced in connected speech, provided that they are commonly used expressions (e.g. "Come in." as "C'min."/"Don't you?" as "Doncha?") (Listening_3_01)

8	Get the message	US	Names: Spelling, order, gender	Can respond on the telephone by using simple expressions and set phrases (e.g. "Please wait a moment."/"Hold on."/ "Speaking.") (Speaking_Pre2_02) Can understand a speaker on the telephone, provided the content is simple (e.g. agreeing when to meet, taking short messages) (Listening_Pre2_02)
9	To slurp or not to slurp	JP	Table manners in Japan and the U.S.	Can describe his/her impressions of books he/she has read or films she has seen (Writing_2_02) Can understand the content of simple talks and monologues about familiar topic related everyday life (e.g. school, club activities, talking about the weekend) (Listening_Pre2_02)
10	Newsflash	US	Politics	Can understand articles about topics that he/she is interested in when published in English newspapers which use footnotes and Japanese explanations. (Reading_2_01) Can read simple reading materials that include footnotes and explanations in Japanese (e.g. school reading materials, stories written for learners). (Reading_3_02)
11	Jun vs. Robot	JP	Senpai-Kohai relationships	Can understand the content of weather forecasts (e.g. high and low temperatures/ explanations such as "Sunny, becoming cloudy later.") (Listening_2_02) Can find necessary information on graphs and tables (e.g. graphs reporting the results of various kinds of surveys) (Reading_Pre2_03)
12	Jewannago?!	US	Dialects such as Hiroshima-ben	Can understand words that are linked when pronounced in connected speech, provided that they are commonly used expressions (e.g. "Come in." as "C'min."/ "Don't you?" as "Doncha?") (Listening_3_01)
13	Pot luck plans	JP	Pot luck party	Can write simple plans on a calendar or in a personal planner or schedule book (e.g. "Meet Yoko at the station at ten."/"Go shopping with Jill.") (Writing_Pre2_03) Can write a simple notice (e.g. the date, time, and place of a party, the program for a school festival) (Writing_Pre2_02)
14	Cheers!	JP	Boyfriends and girlfriends	
15	What a week!	JP	Improving language skills in another country	Can describe the details of memorable experiences (school events, trips) (Writing_2_01). Can write short letters and e-mails (e.g. a simple letter to a friend or pen pal) (Writing_Pre2_01)

2.5 Mahara

　筆者は，Moodle と同じくオープンソースの e ポートフォリオシステムである Mahara も利用しています。Mahara は，2007 年にニュージーランドの複数の大学からの基金によって設立されたベンチャー企業が開発を開始しました。開発者の多くが Moodle のコミュニティーに参加しているということもあり，Moodle とのシングルサインオンをはじめとして，Moodle を意識した開発が進められています。Mahara のユーザ数については情報がないため詳しくはわかりませんが，mahara.org によれば，ニュージーランドの学校では Mahara をカスタマイズした MyPortfolio が 1,200 の学校で導入され，46,000 人のユーザが利用しているそうです。また，Moodle ほど大規模ではないものの，ユーザコミュニティもオンラインで活動を続けています。日本国内では，福井県大学連携プロジェクトである F レックスに端を発する Mahara ユーザコミュニティが活動しており，2010 年 10 月に第 1 回 Mahara オープンフォーラムを開催した後，毎年 1 回，定期的に情報共有のためのフォーラムを開催しています。

　Mahara は e ポートフォリオシステムとして開発されているので，Moodle とは異なり，システムを利用するユーザが主体的に活動する必要があります。けれども，メニューの階層構造（図 2-29）がわかりにくいこともあってか，なかなか効果的な利用方法を見いだせずに苦労している人も多い印象を受けます。

図 2-29　Mahara のメニュー

　筆者は今まで，① AO ／公募推薦入試合格者を対象とした入学準備学習，②ゼミナールにおける卒業研究指導の 2 つにおいて，Mahara を利用してきました。①については，筆者自身も Moodle と Mahara の両方を使いこなそうと努力してきましたが，あまり効果的に使えているとはいえない状況にあります。また，

MaharaとMoodleを連携させるMahoodleと呼ばれる環境を構築することも可能ですが，そのためには解決しなければならない問題も多くあります（詳細については第7章を参照）。

簡単に見映えの良いページを作成できることは，Maharaの大きな魅力です（図2-30）。

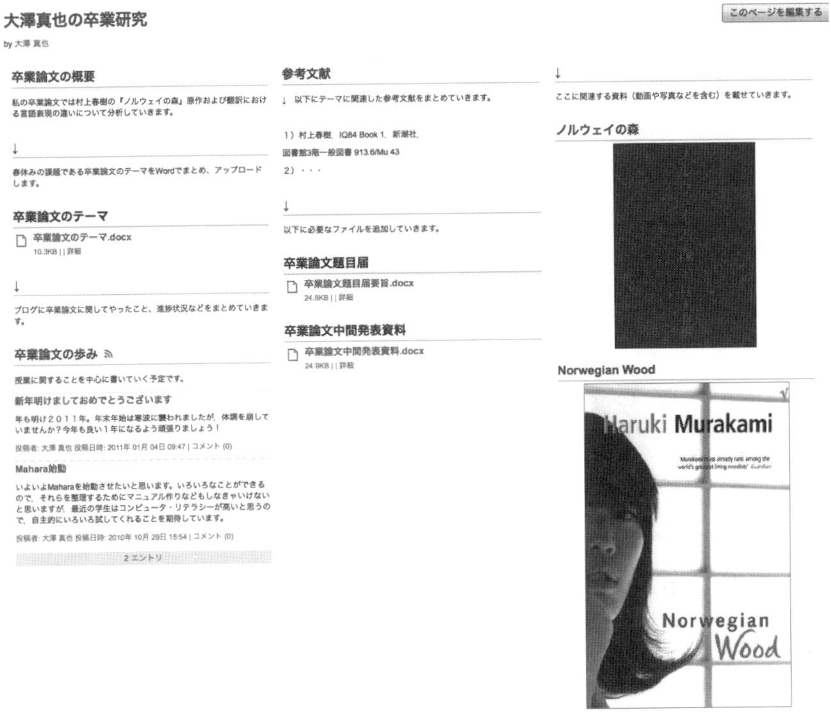

図2-30 Maharaで作成したページ

ですが，eポートフォリオシステムとしてMoodleとの親和性や棲み分けを考えつつ開発されたMaharaを使いこなすのは，かなり大変だといわざるを得ません。

本章では，「LMSの活用」と題して，Moodleにとどまらず，LMSを発展的

に活用する方法について解説してきました。Mahara を除いて，主には筆者らが開発に携わったものを紹介しています。詳細については，https://sites.google.com/site/ozawashinya/elearning にまとめてありますので，ご覧いただければと思います。また，このような試みは日本国内にとどまらず，世界中の人たちが行っていますので，適宜，オンラインで検索をしてみてください。

2.6 番外編：その他の LMS

第 1 章でも触れましたが，多くの大学が LMS として何らかの形で Moodle を導入しています。また，有償の LMS を導入している大学がある一方で，Moodle のようにオープンソースで無償の LMS を導入している大学もあります。ここでは，オープンソースで提供されている LMS に限定して，いくつかのものを紹介します。

2.6.1 TIES（http://www.cccties.org/activities/ties）

Moodle をベースに，帝塚山大学で開発が進められているシステムです（図 2-31）。独自開発した複数のモジュールを組み合わせたプラットフォームで，基本的な機能だけであれば無料で利用することができます。TIES 共同利用サ

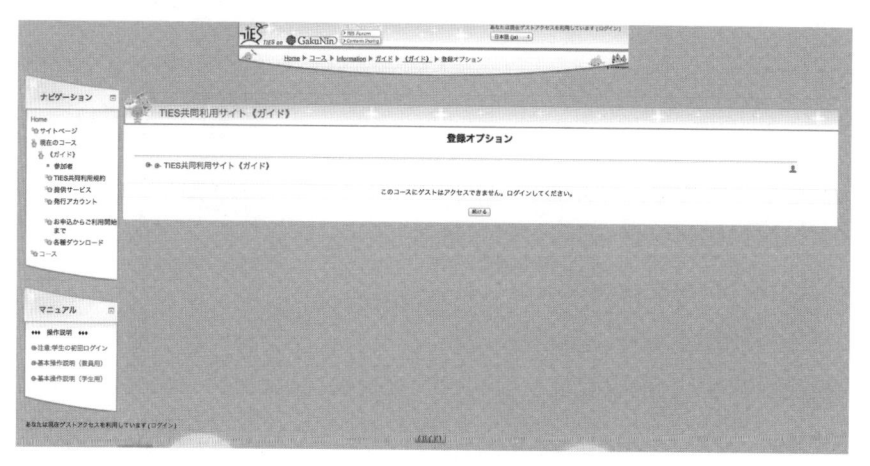

図 2-31　TIES の画面

イト（http://www.cccties.org/activities/ties/sharing）もありますので，簡易な利用であればインストールすることなく使うことができます。オープンソースのシステムを取り入れ，ライブ授業や VOD の配信ができるのが特徴です。

画面は鮮やかな雰囲気ですが，インターフェース自体は Moodle とあまり変わりません。ただし，Moodle にはない活動が取り入れられています（図 2-32）。

図 2-32　メニュー

2.6.2　CEAS（http://ceascom.iecs.kansai-u.ac.jp）

CEAS は授業支援型 e-learning システム（Web-Based Coordinated Education Activation System）の略で，関西大学の研究者たちが中心になって開発されました。担任者としてログインすると，左側に管理メニューが表示されます（図 2-33）。

図 2-33　CEAS の画面

　そこから教材作成などのリンクをたどっていくことで，教材の作成を行うことができます．たとえば，授業資料の登録を行いたい場合には，授業資料のリンクをクリックします（図 2-34）．

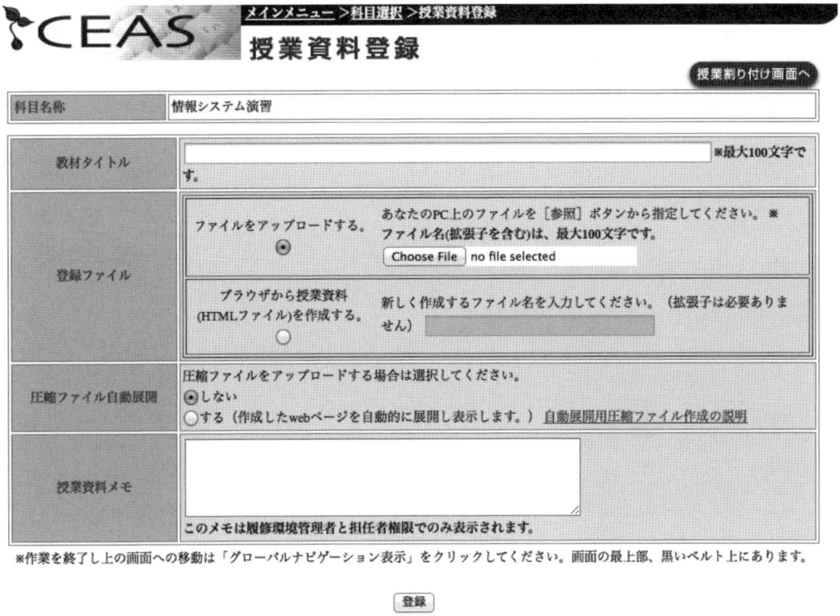

図 2-34 授業資料登録画面

次に，学生としてログインすると，次のようなシンプルな画面が表示されます（図 2-35）。

図2-35　学生から見える画面

　授業画面も非常にシンプルで，クリックすることで，それぞれの活動を行うことができます（図2-36）。

図 2-36　授業画面

ただ，ブラウザの対応があまりよくないようなので，注意が必要です（https://ceas4.gp.kansai-u.ac.jp）。

2.6.3　CFIVE（http://cfive.itc.u-tokyo.ac.jp）

CFIVE とは Common Factory for Inspiration and Value in Education の略で，東京大学情報基盤センターが携わって 2003 年に完成，2004 年 4 月より一般に公開されています。残念ながらオンラインにはあまり情報がないので，興味がある人は検索してみてください。

2.6.4 CANVAS (http://www.instructure.com)

Instructure社によって開発されたLMSで，2011年に開発が行われ，2012年より公開されています。ログインすると，非常にシンプルで洗練されたインターフェースであることがわかります（図2-37）。

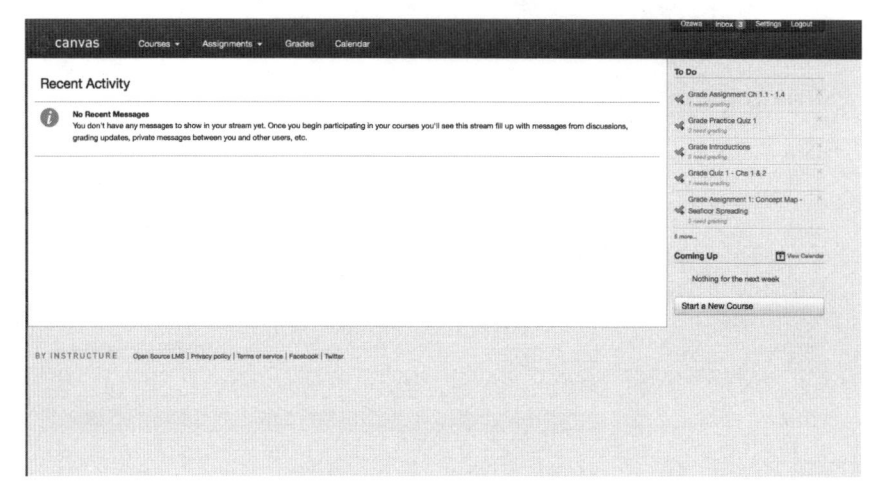

図2-37　CANVASの画面

コース作成者としてコースに入った画面を見てみましょう。中央にコースのコンテンツ，左右にメニューが表示されています（図2-38）。左側のメニューを利用して，課題やクイズなどを追加し，コースのコンテンツ（モジュール）として追加していくというイメージです。

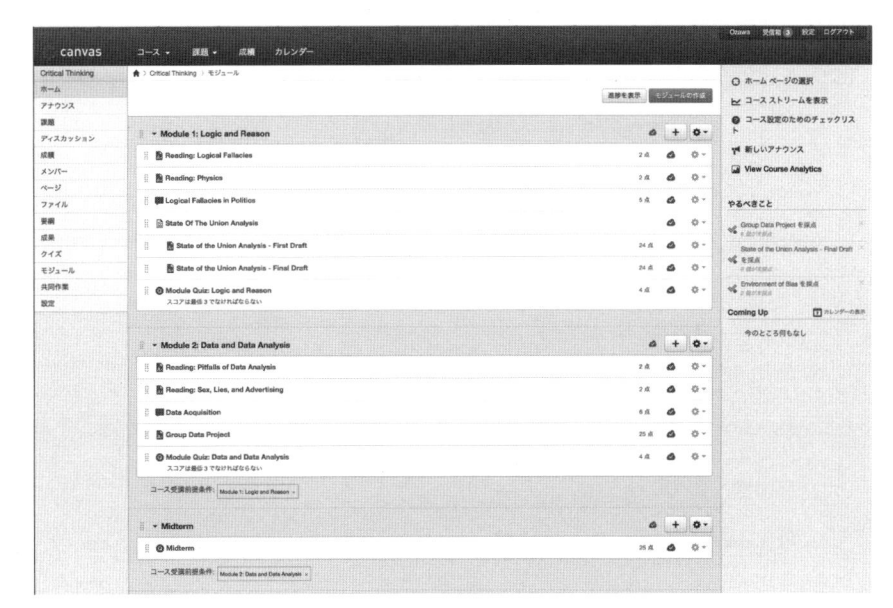

図 2-38　コース作成者から見える画面

　小テストの作成なども，マニュアルを見ることなく直感的に行うことができます（図 2-39）。

図 2-39　小テストの作成

　次の画面は，学生から見える画面です。ほとんど変化はありません（図 2-40）。

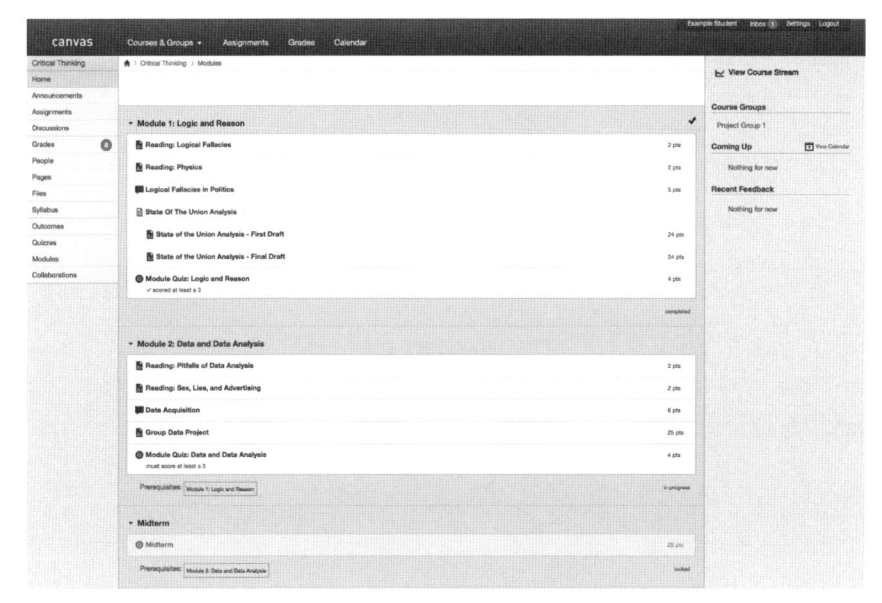

図 2-40　学生から見える画面

また，外部アプリとして様々な機能を追加できるのが魅力的です（https://www.eduappcenter.com/）。

2.6.5　LAMS（http://lamsfoundation.org）

LAMS とは Learning Activity Management System の略で，オーストラリアのマッコーリー大学のメンバーが中心になって開発されました。V 1.1 は 2005 年に，V 2.0 は 2006 年にリリースされています。ログインすると，右上にメニューが表示されます（図 2-41）。

その他，オープンソースとして公開されている LMS の一覧として，こちら

図 2-41　ログイン画面

のブログも参考になります（http://scorm.jpn.org/id/1317）。このように見てくると，知識さえあれば，LMS 環境を構築するのはそんなにお金のことを気にしなくてもよいのかもしれません。

第3章 高等教育機関における LMS導入事例

多くの会社や組織はeラーニングに興味を持ち，既に導入していることでしょう。たとえば会社のトレーニングの一環として，オンラインでのプログラムを導入することなどは，それほど難しくないことだと思われます。けれども，大学をはじめとした高等教育機関の場合，LMSのようなプラットフォームを導入しても，利用するためのサポートがないなどの理由から，思ったほどユーザが増えないという事例は少なくありません。そこで本章では，成功例とまではいえないものの，筆者の勤務校（広島修道大学）で，2007年度からはじまった取り組みを振り返り，現在どのような状況にあるかを見ていきます。

3.1 Moodleの導入に至るまで

筆者の勤務校で，eラーニング活用の重要性が叫ばれ始めたのは2007年頃のことでした。当時の大学教育カリキュラム改革の一環で，英語教育にeラーニングを活用することになり，「e-learning英語」という科目が1年生の必修科目として設置されたのです。当時は広島市立大学の研究成果に基づき，北辰映電株式会社が開発したネットワーク型集中英語学習プログラム「ぎゅっとe」を教材として採用し，1年生に購入させた必携パソコンを用いて授業を行うというスタイルでした。けれども，eラーニングを単に利用するだけでは，当然のことながら成果には結びつきません。そこで，2008年度に学内の有志教職員によるプロジェクトを立ち上げ，学内外の教育・研究資金を活用しつつ，教育改善につなげることになりました。プロジェクトでの議論に基づき，紙媒体

のテキストの採用や学生アシスタント制度の導入および学習支援センターと授業外での連携を行うなど，ブレンディッド・ラーニングを意識した実践へと変化させました。これらの実践の成果を検証するために，TOEIC（2008年度よりTOEIC Bridgeに変更）のスコアを比較しましたが，残念ながらスコアという観点だけで見ると，eラーニングの活用の効果はあまり見られないという結果でした。

　そこで次に検討したのは，eラーニング環境の改善です。当時，学内の標準eラーニングシステムとして商用のものが導入されていましたが，それほど使い勝手がよくないこともあってか，英語教員はあまり活用していませんでした。そこで当時，学会の実践報告等で耳にすることのあったオープンソースであるMoodleを，2010年度4月より英語科目において試験的に導入することにしました（Mahara は 2010年12月に導入）。その後2011年には，英語以外の科目にも運用を広げ，2012年度には，既に導入されていた商用システムに代わり，全学標準のeラーニングシステムとして導入されることになりました。2013年度において，コース数は257，教員および学生（過年度生も含む）ユーザ数は9734名になるなど，着実に利用する人は増えています（図3-1）。

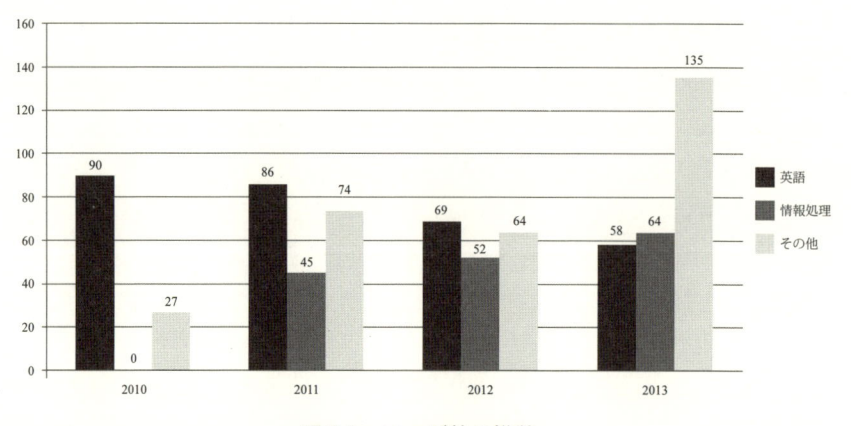

図 3-1　ユーザ数の推移

3.2 Moodle 普及に向けての活動

　Moodle 導入当初は，「e-learning 英語」科目および「情報処理」科目のほぼすべてのクラスにおいて，Moodle の利用を推奨していました。2012 年度以降は，英語科目においては Moodle の利用を一部クラスのみに限定するなどの変更を行いましたが，「情報処理入門」科目では依然としてすべてのクラスにおいて利用されており，教員側および学生側に対するサポートは，ほとんど必要なくなってきています。けれども，導入当初は Moodle の使い方がわからない教員が多かったため，多くのワークショップを開催しました。なお，これらのワークショップは，学外者にも閲覧してもらうために Ustream での中継も行いました。ここで，参考にこれまでに Moodle の利用を考えている人を対象に行ったワークショップの概要を掲載しておきます（表 3-1）。

表 3-1　ワークショップ一覧

回	日付	内容	参加人数
1	2010 年 3 月 24 日	全体的な内容	27 名
2	2010 年 5 月 20 日	初級編（アップロード）	14 名
3	2010 年 6 月 16 日	初級編（課題・投票）	13 名
4	2010 年 7 月 23 日	中級編（小テスト）	14 名
5	2010 年 9 月 9 日	中級編（課題・評点）	10 名
6	2010 年 10 月 22 日	Moodle Showcase	14 名
7	2011 年 1 月 14 日	Moodle / Mahara 入門	23 名
8	2011 年 10 月 19 日	e 問つく朗ワークショップ	15 名
9	2012 年 3 月 8 日	Moodle シンポジウム	約 50 名
10	2013 年 3 月 28 日	Moodle ジーニアスバー	約 10 名

　表に見られるように，導入初期にあたる 2010 年度に多くのワークショップを開催しました。そして，2011 年度が始まる前の休暇期間中を利用して，導入のためのワークショップを開催しました。また，Moodle の使い方のイメージがわかない人がいることも想定して，2010 年 10 月には Moodle Showcase と

称して，Moodle を利用している教員による利用例の紹介を行いました．その後，2011 年 1 月には初めて Mahara を紹介しましたが，その際，プロジェクトメンバーが，これから Moodle や Mahara を利用したいと思っている人のために簡易マニュアルを作成して配布しました．その後，2011 年度以降も年に 1 ～2 回の頻度でワークショップを開催しています．

3.3 Moodle の更なる活用に向けて

　2010, 2011 年度における活動によって，学内で e ラーニングに興味を持っている人は Moodle を使い始め，普及も一段落した感がありました．しかし，使ってみたいけれどもなかなか使い始めない人，あるいは，使い始めたにもかかわらず，使うのをやめてしまう教員などもいました．そこで，2012 年 3 月 8 日に，「第 1 回 Moodle シンポジウム at 広島修道大学」と銘打って，学内者および学外者を対象としたシンポジウムを開催しました．第 1 部はワークショップで，学内の土岸真由美氏，有田真理子氏を講師として，「初級編：Moodle 事始め（コースの作成と編集）」，「中級編：Moodle 熟達への道（レポートと小テスト）」をハンズオン形式で行いました．第 2 部はシンポジウムで，福井県立大学より山川修氏を迎え，「Moodle を利用した e ラーニングの可能性」と題した基調講演を行っていただいた後，表 3-2 のようなプログラムの実践報告を行い，その後，パネルディスカッションを行いました．

表 3-2　シンポジウムでの実践報告

中西大輔（広島修道大学）	はじめて Moodle を使うひとのために
上田　浩（京都大学）	倫倫姫プロジェクト：Moodle による多言語情報倫理教育の実践
神谷健一（大阪工業大学）	4 択問題データの多目的利用 —Moodle だけのために問題データを入力しないで済む方法—
藤井俊子（佐賀大学）	佐賀大学における LMS の活用事例

第3章 高等教育機関における LMS 導入事例

当日は学内外より約50名の参加者が集まり，Moodleへの理解を深めるだけにとどまらない活発な議論を行うことができました。

このような，教員を対象にしてMoodleへの理解を深めるための活動を行うと同時に，実際にMoodleを利用している教員に対して，聞き取り調査も行いました。結果は「英語授業におけるMoodle利用に関する教員の意識調査」[1]にまとめていますが，Moodleを積極的に利用している教員A，利用し始めたばかりで利用に積極的な教員B，利用し始めたが利用をやめてしまった教員Cの3名に，半構造化インタビューを利用した調査を行いました（表3-3）。

表3-3 教員の意識についての分類

	質問項目	教員A	教員B	教員C
教員の背景	Moodle（他のeラーニングも含む）に対する印象	慣れが必要	以前から興味を持っていた	あまり必要性を感じない
	Moodleを利用した上での印象〈省察〉	向き・不向きがある	使っていない機能に対する意欲	従来の対面式授業に回帰
	コンピュータなどの習熟度・親密度	高	低	低
	新しいことに挑戦する意欲	高	高	低
指導理念	オンライン学習に対する意識（協働学習（相互作用），自律的な学習，量を重視した学習）	学習の個別化，teacherではなくfacilitator，多くの作業量	インタラクティブな使い方	苦手，意義を感じない，作業量のメリットあり
指導形態	授業内でのMoodleの活用	授業のほとんど	最初と最後	小テストのみ
	授業外でのMoodleの活用	授業内にこなせないもの	教材の閲覧	なし
	Moodle機能の利用範囲	小テスト，その他多数	小テスト，音声リンク，サイトの紹介	小テスト，カレンダーとして
	主な指導・活動内容	ライティング，リスニング	主にリスニング	リスニング，シャドーイング
メリット	Moodleの機能に関する意識	入力問題が便利	構築型の授業ができる	小テスト自動採点機能は時間の節約になる
	学習効果に関する意識	作業量の多さ	—	
デメリット	Moodleの機能に関する意識	—	別解対応が困難	別解対応が困難
	導入コストに関する意識	準備が大変	準備が大変	
	学生の反応に関する意識	効果の検証が困難	従来の授業形式を好む学生への対処が困難	活気の欠如
	テクニカルな面に関する意識	—	システムが不安定	—
サポート	素材	素材集めや加工	教材のシェア	自分の思う完璧なもの
	人的	エキスパート	アドバイザー	

教員 A, B は, Moodle を利用することによって授業内外を問わず学生の学習量を増加させることができる点に魅力を感じており, 積極的に様々な活用法を模索しているようでした。一方で, 教員 C は教材や小テストの作成に見合う魅力を感じることができず, 結局, Moodle 上で学生参加型の活動をほとんど行わず, 資料や参考リンクを掲載するためだけの場所として使うようになってしまっていました。これらのインタビューの分析から明らかになった新たな課題は, 「e ラーニングを利用する上での教材作成の負担」でした。

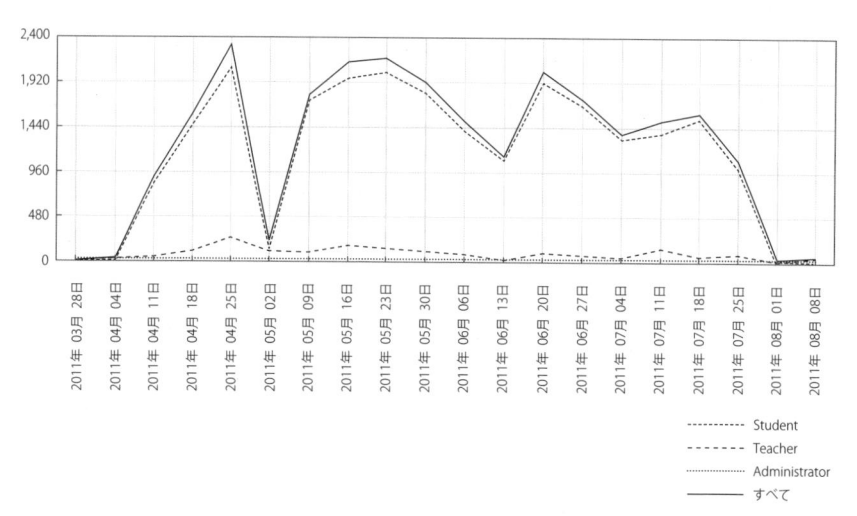

　これらの意識の違いは, コースを利用する学生のアクセス回数にも反映されています（図 3-2 〜図 3-4 参照）。少々見にくいかもしれませんが, これらの表は, Moodle 1.9 の標準機能である統計を利用して表示した表を基に, 作成したものです。A クラスにおいては 1 ユーザあたり 818.28 回, B クラスにおいては 162.09 回, C においては 1 ユーザあたり 33.94 回という結果になりました。当然のことではありますが, 教員の意識およびコース上のコンテンツによって, 学生のアクセス回数に大きな開きがあることがわかります。

図 3-2　教員 A のクラスのアクセスログ

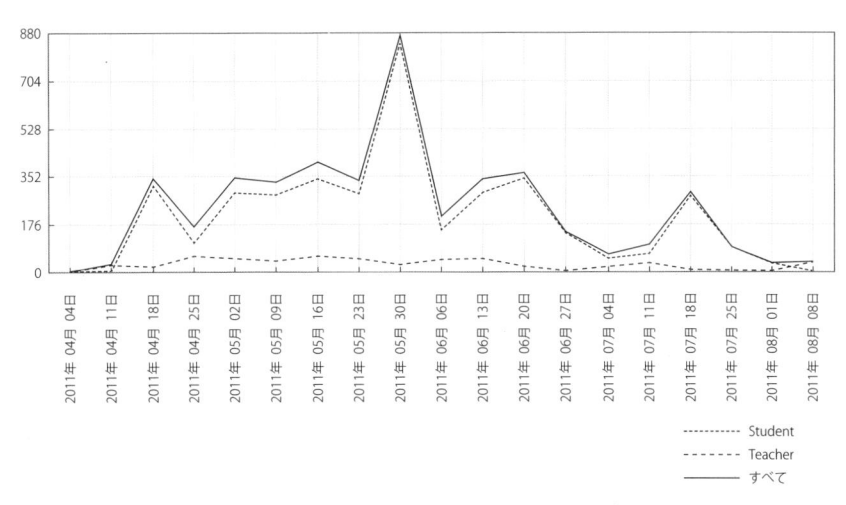

第 3 章　高等教育機関における LMS 導入事例

図 3-3　教員 B のクラスのアクセスログ

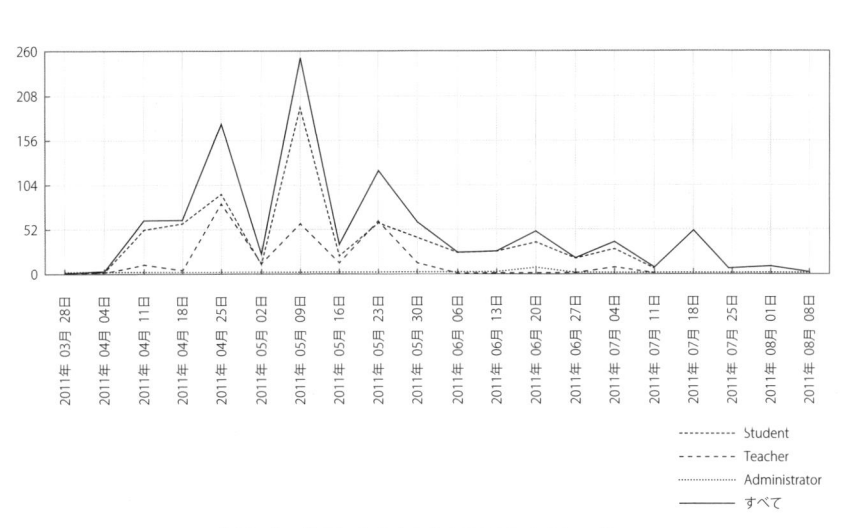

図 3-4　教員 C のクラスのアクセスログ

その後 2014 年 2 月 15 日に，広島修道大学において，「e ラーニングは教育を変えるか？ ―LMS とその効果の測定―」というシンポジウムを行いました。当日は 50 名以上の参加者が集まり，活発な議論を行いました（表 3-4）。このシンポジウムが，本書を出版するきっかけになったといっても過言ではありません。

表 3-4　シンポジウムのプログラム

	e ラーニングは教育を変えるか？ ―LMS とその効果の測定―
	Moodle ジーニアスバー （広島修道大学教員による相談コーナー）
特別講演	「学習の成果を測定するということ」 　前田 啓朗（広島大学）
基調講演	「学習を可視化するツールとしての e ラーニング」 　山川 修（福井県立大学）
実践報告	「目的に応じた LMS プラットフォームの選択と利用：何ができるかではなく何をすべきかを考える」 　浦野 研（北海学園大学）
	「Moodle を活用した英語学習支援：プレイスメント・テストから到達度テストまで」 　住 政二郎（流通科学大学）
	「LMS の内側を見てみる」 　大西 昭夫（VeRSION2）
シンポジウム	「広島修道大学における Moodle 活用の試み」 　広島修道大学重点領域研究メンバー

所属は開催当時のもの

3.4　Moodle 活用における課題

Moodle はオープンソースで誰でも無料で利用できるプラットフォームであり，教材の配布や学生参加型の活動など，様々なことを実現できます。Moodle はインストールさえしてしまえば簡単に使うことができますが，Moodle 上で利用するコンテンツの作成は教員に委ねられており，当然のことながら，その作業に多くの時間を取られてしまいます。特に，小テスト機能を

利用することに関しては多くの教員が興味を持っており，eラーニングで行ってみたいと思っていますが，残念ながら，Moodle上での作成は直感的に行うことが難しく，慣れが必要です（紙幅の都合上，詳細は割愛します）。ここでは，一番厄介だと思われる穴埋め問題を例にあげます。たとえば，以下のような問題を作りたいとします。

問1　日本三景として知られているのは松島，天橋立，そして□□□□である。

その際，正解および不正解の時のフィードバックを与えようとすると，以下のように記述しなければいけません。

日本三景として知られているのは松島，天橋立，そして {1:SHORTANSWER:= 宮島 # さすが！ ~*# 間違っています。広島県人に怒られますよ！} である。

もちろん，これらの記述をコピーして該当する箇所だけを修正すればよいのですが，他のタイプの問題を作成する作業と比較すると，穴埋め問題を作成するのは大変だといわざるを得ません。そのため，穴埋め問題を含めて問題作成の作業を簡易化するためのツールが，いくつか開発されています。第2章でも述べましたが，筆者たちもこの課題を解決するべく，システム開発会社に依頼し「e問つく朗」と呼ばれる問題作成ツールを作成し，2012年3月より無償で公開しています。

また，別の試みとしては2013年3月に，電子書籍およびPDFファイルで公開した『Moodle事始めマニュアル（ver 1.9および2.4対応版）』があります。マニュアルは全190ページからなり，次のような構成（目次）になっています。

第 1 章　Moodle とは
1. Moodle とは何か？
2. Moodle では何ができるのか？
3. 本書の構成
4. 本書が対象としている Moodle のバージョン
5. Moodle の操作の基本について

第 2 章　コースを作る
1. コースとは何か？
2. コースの作成
3. コースの設定
4. コースに教師として登録する
5. プロファイルの編集

第 3 章　コースに学生を登録する
1. 手動での登録
2. 「登録キー」を用いた自己登録
3. CSV ファイルによる一括登録

第 4 章　学生に教材を提示する
1. 学生へのファイル配布
2. コース編集のために使う様々なアイコン
3. コース上に様々なテキスト，動画，音声を配置する

第 5 章　調査（アンケート）を行う
1. 投票の使い方
2. フィードバックの使い方

第 6 章　コース上で議論をさせる
1. フォーラム機能
2. チャット機能

第 7 章　学生にレポートを提出させる
1. 課題（バージョン 2.4）
2. オンラインテキスト（バージョン 1.9）
3. 単一ファイルのアップロード（バージョン 1.9）
4. ファイルの高度なアップロード（バージョン 1.9）

第8章 小テストを作成する
　1. 小テストの編集
　2. 小テスト問題の作成
第9章 利用制限，完了トラッキング，Wiki，レッスン，ルーブリックなど
　1. 利用制限について
　2. 完了トラッキングを設定する
　3. 活動完了を設定する
　4. レッスンを作成する
　5. Wiki を作成する
　6. ルーブリックを設定する
第10章 実践報告集
　事例1：Moodle を利用して学習内容を可視化する
　事例2：Moodle を利用したブレンド型授業
　事例3：Moodle の小テスト機能に別の機能を組み合わせて活動を行う
　事例4：NanoGong を利用して教室外でスピーキング活動を行う
　事例5：Online Audio Recording を利用した活動：学生の英語の発話を増やすために
　事例6：4択問題データの多目的利用：Moodle だけのために問題データを入力しないで済む方法
　事例7：モジュール「e問つく朗」を使って「満点取るまで単語テスト」を作る

『Moodle 事始めマニュアル』は逆引き辞典のような形態を取っており，Moodle 上で何かをしようとした時に，該当する章を読めば作業ができるようになっています。また，マニュアルの最後には，大澤真也（広島修道大学），山内真理氏（千葉商科大学），川嶋真由美氏（九州産業大学），浦野研氏（北海学園大学），三宅ひろ子氏（東京経済大学），神谷健一氏（大阪工業大学），大和知史氏（神戸大学）による実践報告集があり（所属は執筆当時のもの），Moodle を使った英語教育実践へのヒントを得ることができます。なお，この実践報告者のメンバーを中心に，2014年2月19〜21日の日程で，沖縄国際大学で開催された Moodle Moot Japan 2014 で，「Moodle を活用して英語の授業

を構築してみよう！」と題したワークショップを行い，授業実践の共有化を目指しました．本書でも，これらのメンバーが第4章でMoodleを利用した実践を紹介しているので，興味のある方はぜひ参考にしてください．『Moodle事始めマニュアル』は，2015年7月時点で既に1100回以上ダウンロードされており（電子書籍の閲覧はカウントに含まない），また，再配布・印刷可能であることから，さらに多くの人が利用していると思われます．

3.5　導入における障壁

　ここまで見てきたように，筆者の勤務校では，2007年以降様々な取り組みを行ってきました．最初は，学内におけるeラーニングの科目を改善したいという想いから始まり，その後，学内者にeラーニングを快適に使ってもらえる環境を整えるために，学内外の研究資金を活用して，いくつかの開発を行いました．その結果，多くの教員がMoodleを利用するようになりましたが，導入にあたっては，組織や予算はもちろんのことですが，様々な障壁がありました．その中の1つが，教員および学生のeラーニングに対する意識です．今や，eラーニングシステムの導入に関しては積極的な所が多いですが，残念ながら，導入をした後のサポートを継続して行っている機関は，あまり多くはないのではないでしょうか．海外に目を移してみると，組織レベルで，eラーニングを用いた教育の評価を行う目的でガイドブックを作成し，オンラインで公開している大学が多く見られます．たとえば，ロンドン大学のインスティチュート・オブ・エデュケーションが公開している『*Evaluation of e-learning courses*』[2]では，先行研究をまとめた上で，評価を行う際には，次の①〜⑤の項目に留意すべきだと提案しています．

① eラーニングを活用した教育に携わっているすべての人（学生，教員，管理者，技術スタッフ）からフィードバックを得る．

② オンラインあるいは対面で，eラーニングを活用した教育に携わるスタッフ・ミーティングを頻繁に行い，課題や決定事項を文書化する．

③ 授業の活動の一環として，授業の開始および終了時に，学生からのフィー

ドバックを得る．
④　eラーニングの長所を活用し，アクセスログや課題の提出状況などのデータを活用する．
⑤　コースを構成する要素の質や有用さ，課題量やオンラインでの参加度，eラーニングにおける経験，教員の役割など，eラーニングにかかわるすべての項目について検討する．

　これらのことをすべてやろうとすると，莫大な時間と経費がかかると思いますが，eラーニングを教員の裁量だけに委ねるのではなく，組織として，改善に向けてのサポートを行う必要があるといえるでしょう．組織レベルでの検証が難しいのであれば，まずは教員や学生を対象としたものから始めてもよいのではないでしょうか．

3.6　eラーニング・ユーザとしての教員を対象とした調査

　教育効果を測定するという目的のもとに，授業を受講した学生を対象に，調査や実験を行う事例は多く見られます．しかしながら，実際にシステムを使いコンテンツを作成するのはユーザである教員であり，教員の意識を把握しておくことも大切です．けれども残念なことに，日本国内ではこの種の調査はあまり多く行われていません．その中で，比較的大規模なものとしてあげられるのは，信州大学の教員664名（分析対象となった回答は235名）を対象に行った調査です[3]．この調査では，「eラーニングへの関心度」「自学自習に関する効果」「遠隔教育に関する効果」など，8項目からなる質問紙調査を行っています．そして，教員のeラーニングへの関心度や効果に対する意識を明らかにした上で，その後のeラーニング推進の参考としているようです．また，「An investigation of university English instructors' attitudes toward computers and e-learning」[4]では，アルク教育社のALC NetAcademyの利用状況が芳しくない原因を明らかにするために，先行研究をもとに作成した質問紙調査を，129名（分析対象となった回答は81名）の英語教員を対象に実施しています．質問紙では，性別や国籍などの属性とともに，コンピュータやインターネットの経験，

ITに対する態度，ALC NetAcademyの利用経験やシステムに対する態度などを尋ねています。その結果，これらの質問項目がシステムを使わない理由としては考えられないものの，自由記述欄のコメントから，システムに対する理解度の低さや授業でシステムを利用する時間がない（eラーニングは課外でするものであるという意識）などが原因ではないかと推測しています。

海外に目を向けてみると，実際にLMSなどのeラーニングを利用している教員に対して行ったインタビューの結果を，質的に分析しているものがいくつか見られます[5][6][7][8][9]。当然のことではありますが，いずれの研究においても，教員のeラーニングに対する意識が重要であることを指摘しています。また，「Determining factors of the use of e-learning environments by university teachers」[10]や「Surveying instructor and learner attitudes toward e-learning」[11]では，質問紙を利用して，教員の意識を調査しています。その結果，共通するのは，「教員自身がどれだけeラーニングを効果的なものだと思っているか」，そして，「教員がeラーニングを利用することに対して持っている自己効力感」などが，eラーニングの活用へ影響を与えていることが明らかになっています。これらの結果から，eラーニングを効果的に活用するためには，やはり教員自身の意識が変わる必要があることを示唆しているように思えます。

また海外では，「Perceived usefulness, perceived ease of use, and user acceptance of information technology」[12]において提唱される技術受容モデル（TAM：Technology Acceptance Model）が，1つのモデルとして紹介されることもあります（図3-5）。これは，eラーニングのユーザとして，どの程度有用性や使いやすさを認識できているかによって，実際のシステムの利用が異なってくるとするものです。このようなモデルに基づいて，調査を行ってみるのも面白いかもしれません。

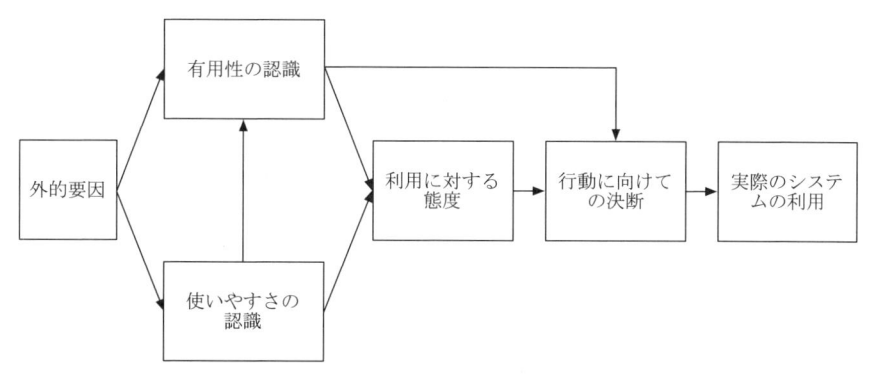

図 3-5　TAM
(「Perceived usefulness, perceived ease of use, and user acceptance of information technology」[12] をもとに和訳・作成)

第4章 LMS実践事例集

教員から，「LMSはあるけど，今まで通りの授業形態でいいんじゃないの」「職場にLMSはあるけど，どう使ったらいいかわからない」といった声を聞くことがあります。実際，無理をしてLMSを利用する必要はありませんが，使い始めてみると，今までの授業形態ではできなかったことを実現できるようになる可能性も秘めています。そこで本章では，LMSであるMoodleを利用した実践を行っている教員の実践事例を集約してみました。オンラインで公開している『Moodle事始めマニュアル』の第10章「実践報告集」に寄稿していただいた先生方を中心に，個々の実践事例を紹介しています。また，『Moodle事始めマニュアル』では英語教育の授業に限定しましたが，本章では，それ以外の分野の講義形式の授業におけるMoodleの実践事例も紹介しています。すべての事例が独立したものですから，自分の環境に当てはまる事例から読み始めてみてもよいでしょう。また，Moodleを利用した実践事例ではありますが，その他のLMSを利用している人にも，参考になることが多くあると思います。

4.1　英語教育におけるLMS実践

事例①：Moodleを利用して学習内容を可視化する
　　　　　大澤真也（広島修道大学）

　筆者は現在，担当している科目の多くにおいてMoodleを活用しています。活用方法は科目によって異なり，ゼミナールや講義科目において，配布資料や

関連情報の提示を行うといったシンプルなものから，英語スキル科目において，ほぼすべての活動を Moodle 上で行うものまであります。ここでは，英語スキル科目として，広島修道大学の英語英文学科 1 年生を対象に開講されている必修科目「Reading & Writing I/II」について，紹介します。

この科目のねらいは，「パラグラフレベルの英文を書けるようになる」ことです。履修者数は 28 名で，CALL 教室を利用し，授業内外での活動のほぼすべてを Moodle 上で行っています。マクミラン・ランゲージハウスの『New English Composition Workbook』というテキストを利用して，表 4-1 のような流れで授業を行います。

表 4-1　授業の流れとその意図

活動	活動の意図
小テスト	予習の確認
リーディング	インプット
文法項目の説明	テキストの補足説明
テキストの答え合わせ	―
ライティング活動	アウトプット
Minute Paper	理解度の確認

まずは，インプットとなるような簡単なリーディングを行った上で，テキストを利用した活動を行い，そこから発展的なライティング活動を行うという流れです。

Moodle 上では，「トピックフォーマット」を利用して各回の内容を整理していますが，以下において，具体的にどのような機能を利用しているかを説明します。まず，授業の冒頭に「小テスト」機能（第 2 章で紹介した「e 問つく朗」モジュール）を利用して作成した様々な形式の問題を組み込んだテストを行います。問題形式の中でも特に，「多肢選択」，「Cloze」，「記述問題」をよく利用します。たとえば，「Cloze」は MP3 の音声を貼り付けてディクテーション問題として，「記述問題」は和文英訳などの問題に利用します。「記述問題」の場合には，点数だけではなくコメントも付けて学生にフィードバックを与え

ることができるので便利です。この小テストは，予習への動機づけを目標としているので，予習さえしていれば点数が取れるものにしています。図 4-1 は，Moodle の標準機能を利用して，ある回の小テスト（10 点満点）の結果を表示したものです。このように瞬時に結果を表示できるので，小テスト終了後すぐに，教室内で学生に正解・不正解を含んだ結果に関するフィードバックを与えることができます。

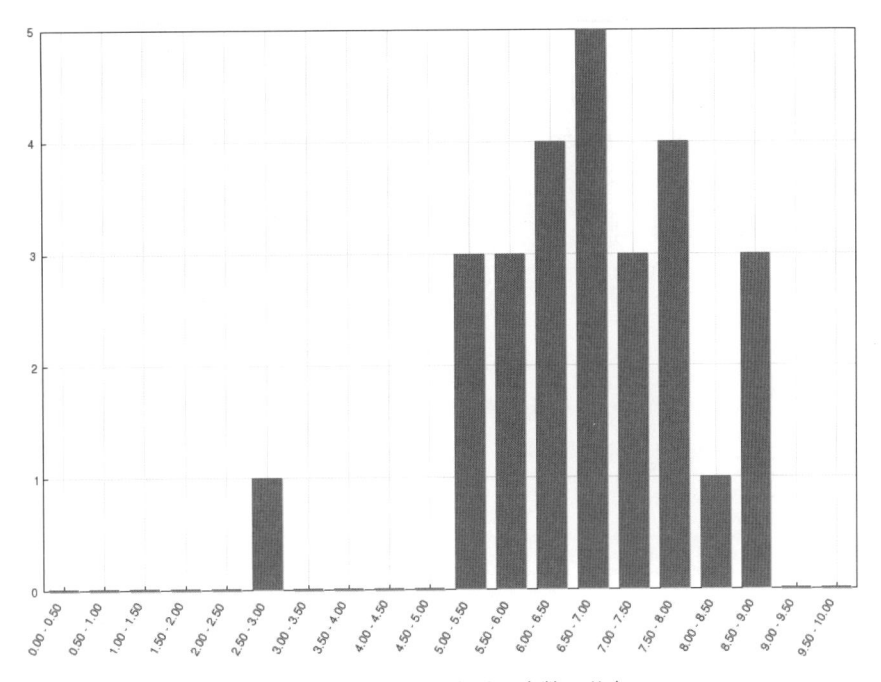

図 4-1　小テストにおける点数の分布

　次に，例文などの音声は「ラベル」を利用して，音声ファイルにリンクを張る形で利用します。そうすることによって，学生は画面上で各回の音声をクリックするだけで，いつでも繰り返し聞くことができます。

　授業中に行う文法説明は，教科書だけではなくスライドを利用しますが，その資料は「ファイル」を利用します。説明に集中してもらいたいので，授業時

には目のアイコンをクリックして「非表示」にしていますが，授業終了後には閲覧できるように設定し直しています。

　その他，授業時には様々な活動を行いますが，できるだけMoodleを利用した活動を行うようにしています。よく行うのは，「フォーラム」を利用して英作文を投稿させ共有するという活動です（非標準モジュールではありますが，「Marginalia」(http:// http://webmarginalia.net) を使うと，教員からのコメントも共有できます）。また，学生同士で共有させたくない活動の場合には，「オンラインテキスト」を利用して課題を提出させ，コメントを付けて返却します。Moodleを利用していない活動の場合には，「オフライン活動」を利用して点数だけ付けておきます。そうすると，授業中のすべての活動が点数化されるため，教員にとっても学生にとっても便利です。

　そして，授業終了前には「フォーラム」機能を利用してMinute Paperを書かせて，学生の理解度をはじめとした反応を確認します。また，いくつかの投稿に対して，次回の授業時までに教員からのコメントを付けておくようにしています。そうすることによって，授業外でもMoodleにアクセスする習慣を身に付けさせることを意図しています。ここまで，1回の授業の流れを簡単に説明しましたが，Moodle上では，図4-2のようになります。

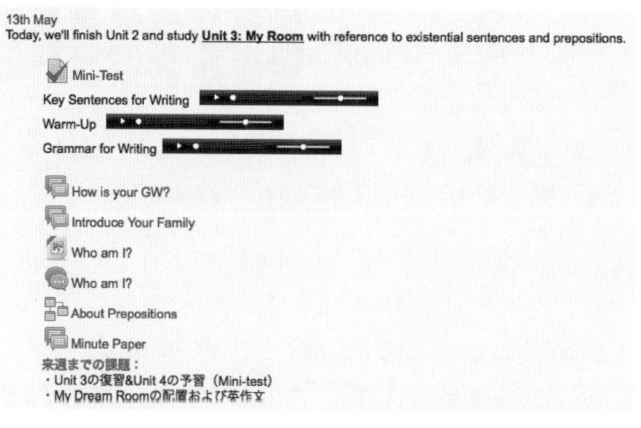

図4-2　Moodle上で表示されている1回の授業例

また，ライティング活動としては協働学習のような形で，お互いの書いた英作文にフィードバックを与えたり，他の学生が書いた英作文を見て表現などを学んだりしてもらうことも期待しています。たとえば私の授業では，パラグラフレベルの英作文に加えて，300 語程度のエッセイを書かせる活動も行いますが，その際には「フォーラム」機能を利用し，フィードバックを与え合う活動を行います。2014 年度前期に行った授業では，「My Memorable Day」というテーマで書かせたエッセイに対して，①エッセイで一番好きな点，②読み手の視点からのエッセイのまとめ，③もう少し具体例があればわかりやすい箇所，④どのように推敲すればわかりやすくなるか，⑤エッセイを書いた人へのメッセージの 5 点について，お互いにフィードバックを与え合いました（図 4-3）。

1.高校の 3 年間で友達とも先生とも一致団結して充実した楽しい 3 年間を過ごすことができたという内容の中にきっちりとどういう状況で何を感じたのかとうことがしっかりと書き込まれていたというところ。

2.彼（女）の一番の思い出は友達や教師の人たちと過ごすことのできた高校 3 年間であった。なかでも担任の先生は 1 年〜3 年まで同じ先生であり，男の先生であったが，放課後に相談に乗ってくれたり話をしてくれたりと，何かにつけて優しい先生であった。教師や担任に恵まれさらにその豊かさに拍車をかけるのが彼（女）の友達という存在だった。教師との思い出もさることながら，友人との思い出だけは何事にも代えがたい唯一の思い出である。彼（女）は高校生活の中で人と協力することの大切さと高校で出会った人々の大切さというものを学んだのだが，それを実現させた二つのエピソードがある。一つはスポーツ大会での出来事だ。彼（女）は 1 年生の時にリレーの参加選手に選ばれ毎日その大会に向けて，リレーで走り抜けなくてはならないという重圧に耐えながら友達とともに練習にあけくれた。ついにリレーという種目が自分の前にやってきた。彼（女）はほどなくしてリレーを終えアンカーも無事に走り終えた。私たちのクラスの女子が優勝を勝ち取り，その時にうれしさと喜びで立っていられなくなったという。協力してくれたみんなにはほんとうに感謝でいっぱいであった。この行事を機に全クラスがそれぞれ一致団結するようになり，教師たちもまた協力的になったという。2 年生の時には彼（女）はお店を開いたが気温などの関係で早急に移動，もしくは閉店しなくてはならなかった。しかし，閉店することはなくお店の売り上げはよく，また人々の団結力も上がった。その日はとてもよい気分だった。大学生活においても良い人間関係を作っていきたい。

3.文法の流れを整えたほうがよいかと思います。お話自体はいいものだと思いましたが，ところどころに読みづらい箇所がありました。

4.あまり難しい使い方をするのではなく簡単な文でお話を繋げていってはどうでしょうか？

5.Your story of memorable day is interesting and easy to undersatand.

I also was chosen for a relay player so I can understand what you feel.

When I was chosen a relay player, I was discouraged for a long time.

But when I finished it , I felt something that I have not ever feel.

I thought it is sense of accomplishment.

Your story has me remember the felling.

I think this story is good.

図 4-3　ピア・フィードバックの例

また，英作文においては，語彙力の向上も必要不可欠なので，課外の活動として Wordlidst Marathon という活動を行っています。これは，「用語集」という機能を使って行いますが，語彙リスト「JACET8000」の中の上位 4000 語の中から好きなものを選んで，単語の意味および例文をつながりのある 3 文で英

作文させます（図4-4）。この活用によって、受講者間で共有できる語彙リストができあがります。2014年度前期は、一人あたり15エントリーを義務付けたので、400語以上の語彙リストが完成しました。

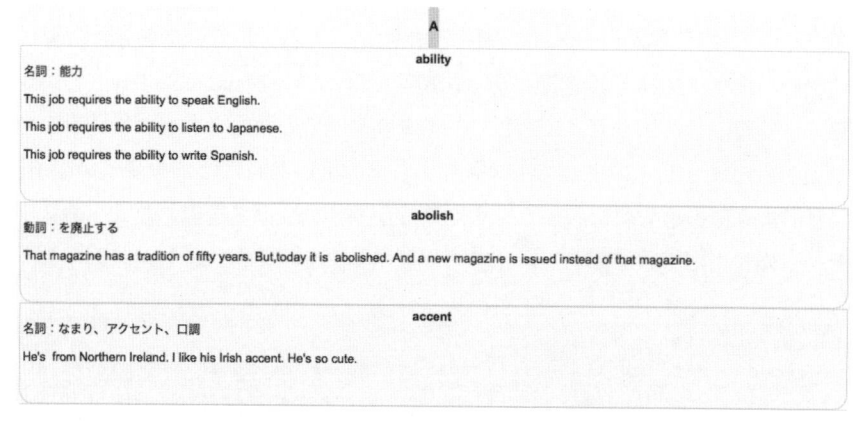

```
A
ability
名詞：能力
This job requires the ability to speak English.
This job requires the ability to listen to Japanese.
This job requires the ability to write Spanish.

abolish
動詞：を廃止する
That magazine has a tradition of fifty years. But,today it is abolished. And a new magazine is issued instead of that magazine.

accent
名詞：なまり、アクセント、口調
He's from Northern Ireland. I like his Irish accent. He's so cute.
```

図4-4　学生が作成した語彙リストの例

　以上、筆者の実践を簡単に紹介しましたが、授業で工夫しているのは、「表示／非表示」機能の切り替えです。評点も含め、授業のすべてが可視化されるのはMoodleの良い点ですが、授業の進行を考えて先の活動や資料を見せたくない場合があります。そこで、筆者は目のアイコンを利用して、「表示／非表示」の設定を細かく行います。たとえば、Mini-Test、説明資料のように、先に見られたりされたりすると困ってしまう活動やリソースについては「非表示」に設定しておいて、授業内で適宜設定を切り替えます。その上で、「それではブラウザを再読み込みして次の活動をやってください」と指示を与えることで、授業の進行をある程度コントロールできます（もちろん、表示する時間をあらかじめ設定できますが、授業の進行はその場にならないと予測できないので）。Moodleを使うことのメリットは、学生が15回の授業内容をMoodleの画面を見ることですぐ把握できることと、自身の学習状況を「評定」機能を利用して確認できることでしょう。また、英作文を共有したりコメントをし合うといっ

た協働学習を行いたい場合にも便利です。

事例 ②：映画を通して行う英語学習
岡田 あずさ（広島修道大学）

　英語学習における映画の活用は，その動機づけの面で効果が高いといわれています。中でも人気の高い俳優が出演する映画は話題性もあり，映画鑑賞中，学生は普段の授業では見せたことのないような集中力を発揮し，食い入るように画面を見つめています。また，映画は自学習教材としても人気が高いようです。

　一方で，映画はエンターテインメントの要素が高く，英語学習そのものの効果については十分な実証がなく，懐疑的な見方をする人もいます。ここでは，映画と Moodle を組み合わせて学習内容・活動の補完を試みた実践例を紹介します。そして最後に，履修学生からのフィードバックの結果を報告します。

　筆者が担当する「英語聴解 I」の授業のねらいは，「映画を通して場面に即した表現を学び，（アメリカ）英語の音声に親しむ」ことです。履修者は 33 名で，CALL 教室を利用して授業を行います。主に，次の 2 点を授業目標としています。

(1) 文脈における語句・表現の学習

　　各語句や表現の習得には，日本語訳だけでなく，どのような場面でどのように使用されるのかを学ぶ必要があり，その意味で映画は，格好の教材といえます。教科書の例文や映画の場面から，使用状況や人々の感情などを読み取る工夫を行っています。

(2) 音変化，リズム，イントネーションへの意識

　　会話文を何度も聞き，また，自分でも繰り返して発話する（シャドーイング）ことで，文字と音声を結び付けます。また，連続した発話における音変化を学ぶとともに，英語のイントネーション，自然な発話速度におけるリズム等への意識向上を図ります。

　この授業は，1 年次〜 4 年次までの英語を専門とする学科を除く全学科を

対象とした選択必修科目で，筆者の勤務校で設定しているレベル2（TOEIC Bridge 130）以上の学生であれば，希望すれば誰でも履修できる科目です。履修者の中にはレベル3（TOEIC Bridge 140 以上。または TOEIC 400 以上）の学生もおり，基本的な事柄は既に習得している比較的に学習意欲の高い学生が大半ですが，映画を楽しみながら英語を学習したいと気軽に履修して，課題をこなすのに苦労している学生もいるようです。

授業は全15週ありましたが，イントロダクション，中間テストなどのため，教科書を使った授業は10回でした。表4-2 が，1回分の授業内容と授業外の課題です。

表4-2　1回分の授業内容と授業外の課題

授業内容	① 語句，表現の確認（教科書の語句・表現問題の解答・解説） ② 話のあらすじの確認（教科書の T/F 問題を映画を観る前に確認） ③ 映画の鑑賞1回目：日本語字幕付き ④ 会話文の聴き取りによる空欄補充（教科書の空欄補充問題） 　シャドーイング練習（空欄補充で用いた会話文） ⑤ 映画の鑑賞2回目：英語字幕付き ⑥ 気に入った表現などをその理由とともに「フォーラム」に投稿
授業外の課題	① 次週分の語句，表現の学習 ② 次週分の会話文の聴き取り，空欄補充 ③ （余裕があれば）次週分のサウンドトラックを聞く

学生の反応を確認する目的で，15週間の授業終了後に，授業に関するアンケートを行いました。主に，授業内外で行ったタスクが映画の理解に役立ったかどうかについて，4件法（そう思わない，あまりそう思わない，ややそう思う，そう思う）を用いた8項目，及び自由記述3項目を，授業の履修者に回答してもらいました。表4-3は，自由記述を除いた各項目に対する回答の平均値を示したものです。原則として，各タスクが映画の理解に役立ったかどうかを尋ね，最後の「音声利用のしやすさ」は，Moodle 上の音声ファイルに関する使いやすさを尋ねています。

表 4-3　各質問項目の平均値

	平均（標準偏差）
単語・表現	3.69 (0.46)
T/F	3.53 (0.56)
空欄補充（ディクテーション）	3.63 (0.54)
シャドーイング	3.59 (0.55)
セリフ書き出し	3.38 (0.75)
サウンドトラック	3.22 (0.79)
小テスト	3.56 (0.61)
音声利用のしやすさ	3.34 (0.64)

　各質問項目の平均点は 3.22 〜 3.69 といずれも高めで，学生はそれぞれの活動をおおむね好意的に受け止めているようです。以下，質問項目に対する回答数パターン及び標準偏差をもとに，それぞれの活動に対する学生の感じ方を見ていきます。

　単語・表現の学習については，おおむね映画の理解に役立ったとの見方が強いようです（図 4-5）。英語を聞きながらの空欄補充（シャドーイング練習箇所）も，ほぼ同様の回答パターンを示しています。

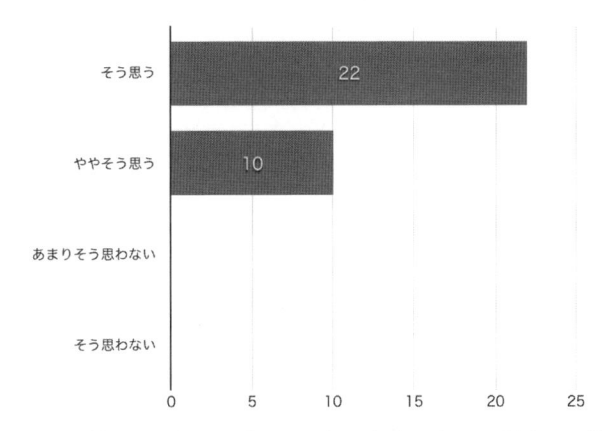

図 4-5　「単語・表現は映画の理解に役立った」に対する回答

シャドーイング練習に対する回答も，前述の 2 項目とほぼ同様のパターンを示しています（図 4-6）。ただ，前述の 2 項目ではなかった「あまりそう思わない」の回答がわずかに見られます。これと同様の回答パターンを示しているのが，T/F（True/False 問題），小テストに関する質問です。

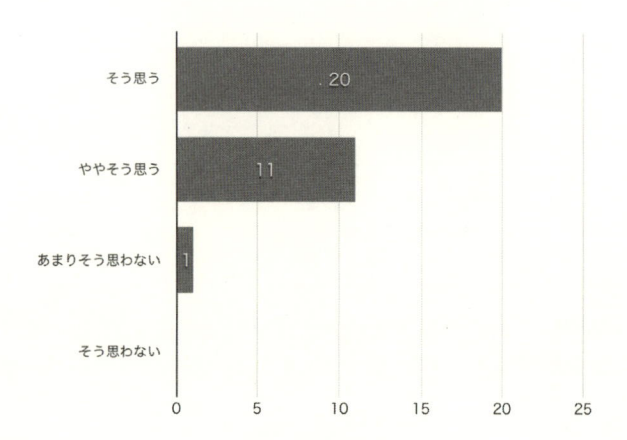

回答	件数
そう思う	20
ややそう思う	11
あまりそう思わない	1
そう思わない	0

図 4-6 「シャドーイングは映画の理解に役に立った」に対する回答

これに対して，サウンドトラックに関しては平均値が 3.22 と最も低く，「そう思う」の回答数が減少し，「あまりそう思わない」が多くなっています（図 4-7）。サウンドトラックには各回の授業で観るストーリーの音声が録音されており，授業の後でもう一度全体を通して話を聞きたいときや，授業の前に前もって音声だけ予習をしておきたいときなどに利用することを想定しています。1 ファイル約 20 分とやや長めで，かつ，映像なしの音声を聞くだけなので，映画の理解に役立つと推奨はしたものの，実際に聞くかどうかは学生の自主性に任せました。サウンドトラックの試聴と直接関係する課題を，授業内外で出すこともありませんでした。標準偏差も 0.79 と他の項目に比べて高く，実際，サウンドトラックの利用は 1 回または 0 回（まったく利用しなかった）という学生が全体の 4 分の 1 いたようです。

第4章　LMS実践事例集

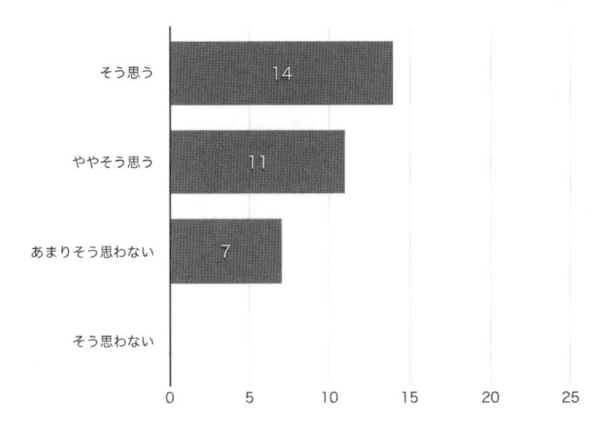

```
そう思う        14
ややそう思う    11
あまりそう思わない  7
そう思わない
        0   5   10  15  20  25
```

図4-7　「サウンドトラックは映画の理解に役に立った」に対する回答

　また，映画を鑑賞しながら気に入ったセリフを書き出して，Moodleの掲示板に投稿するタスクについては，「そう思わない」という回答もありました。本活動については，学生同士が回答を共有し，教員も学生の理解度を確認するねらいがありました。各学生が抜き出したものを目にすることで，いろいろな表現を思い出して再度学習することが目的でしたが，学生たちが同じセリフを抜き出すことも多く，学習が促進されたかどうかはわかりません。サウンドトラックの活用方法とあわせて，タスク・活動としての改善が必要のようです。

　一方，これまでの映画の理解に関連した項目とは別に，Moodle上に置いている音声ファイルに関する利用のしやすさを尋ねたところ，「そう思う」よりも「ややそう思う」が多く，平均値も3.34と，サウンドトラックにつぐ低い値となりました。音声をネット上からダウンロードして利用したいなどの理由が考えられますが，今後，要因をより詳しく調べる必要がありそうです（図4-8）。

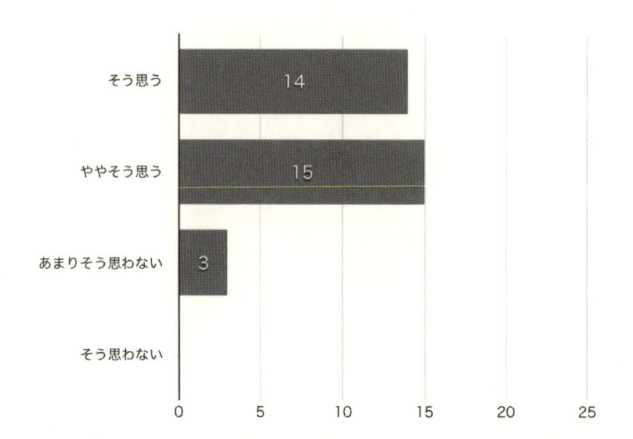

図4-8 「Moodle 上の音声は利用しやすかった」に対する回答

　自由記述回答とした質問項目（「授業の良かった点」「改善してほしい点」「その他」）では，良かった点で最も多くあげられたのが，「映画を見ることで普通に英語を勉強するよりも楽しかった」などの映画／洋画を活用することの楽しさで，次に，シャドーイングに関するものが続きました。中には，「会話がどのような状況で行われていたのか，理解ができた」という，授業のねらいの1つである文脈を伴った語彙学習に触れている学生もいました。

　改善点としては，「特にない」という回答が最多ではありましたが，次に多かったのが，シャドーイングに関するものでした。「面白かった」「速くて難しかった」などのほか，「映像に合わせてシャドーイングしてみたい」という積極的な意見や，授業内でもっとシャドーイングの練習時間を確保してほしいという要望もありました。その他の改善点としては，PCの不具合，台数の不足に関するものと続いています。

　上記以外の，その他気付いた点などについては，半数ほどしか記入されていませんが，意外にも，「楽しかったです。他の映画でもシャドーイングをやってみたいです」というシャドーイングに対して好意的な感想を述べる学生が少なくないのが印象的でした。

　全体として，映画を教材に用いることやシャドーイング練習を，学生たちが

比較的好意的に捉えていることが改めて認識できました．一方で，音声ファイルの利用方法やPCの不具合などの問題のほか，サウンドトラックの利用，セリフの書き取りなど，タスクとしての方法の工夫・改善が必要であることも確認できました．一般的に，動機づけが難しい共通教育における英語学習の１つの方法として，今後も映画を活用した授業方法の模索を続ける予定です．

事例③：Moodleの活動／リソースを活用した授業展開
竹井光子（広島修道大学）

　筆者は，現在担当している科目のほとんどでMoodleを活用しています．科目ごとに設定したMoodleコースは，従来の資料配布（シラバス，授業計画，ハンドアウト，小テストなど），教学センターの掲示板（休講・補講，期末試験・レポートの通知），レポート提出ボックスなど，授業外学習の場を代用する機能を持っています．ここでは，広島修道大学の初年次必修科目である「英語I/II」における活用方法について紹介します．

　「英語I/II」では習熟度別クラス編成を行っており，中級（TOEIC Bridge 130）以上を対象とするクラスでは，授業外自主学習を促進するためにeラーニングの併用を推奨しています．そのため，年間を通して，TOEIC形式の演習問題からなるオンライン教材「ぎゅっとe」を利用するとともに，週１回の授業はパソコン・LAN環境が整備された教室で行っています．担当教員によってeラーニングの利用状況はまちまちですが，筆者のクラスでは，90分授業のほとんどをMoodle上での活動にあてる授業構成にしています．オンライン上での個別の活動を核とすることで，教員はファシリテーターに徹し，インプット，アウトプットの機会や量を増やすことがねらいです．

　前期開講の「英語I」に引き続き，後期開講の「英語II」では，本学において開発したアニメ動画教材であるCulture Swap（第２章を参照）を利用しています．これは，日米の大学生を主人公とする約３分×15エピソードからなるストーリー性のある動画教材で，留学体験を通した異文化理解がテーマになっています．2011年度に初年次生を対象に実施した英検Can-doリストを用いた

調査において，自信度が低かった項目を場面設定に取り入れるとともに，真正性のある自然な発音（母語話者，非母語話者）やユーモアを意識した内容となっています。

この「英語 II」の授業外学習を含めた授業の構成・流れは，表 4-4 の通りです。それぞれの活動でよく利用する Moodle のリソース及び活動を併記しています。インプット→内容理解→アウトプットの流れを基本としていますが，リスニングによるインプットからライティングによるアウトプットへつなげているのは，Moodle 上での実現しやすさと関係しています。

表 4-4　授業の構成

活動時間	活動	活動の意図	Moodle 機能
授業外（前）	リスニング（予習）	インプット	URL【リソース】
授業内	ディスカッション	内容理解 異文化理解	投票【活動】 アンケート【活動】 フォーラム【活動】
授業内	ボキャブラリー	語彙・表現確認	小テスト【活動】
授業外（後）	ライティング	アウトプット	フォーラム【活動】 Wiki【活動】 課題【活動】
授業外（後）	リスニング（復習）	インプット	URL【リソース】

まず，動画教材の視聴を授業外（予習）学習として課します。動画は YouTube にアップロードしてあるため，15 エピソード分の URL のリストをコース内に置いています。「表示／非表示」の操作をすることで，見せたいエピソードのみを提示することができます。また，視聴したかどうかを「コース管理→レポート→ログ」から確認することもできます。

予習してきていることを前提に，授業内では内容理解を確認する作業を行います。また，文化的側面に関する意見を求めたりする場合もあります。従来，自発的（または指名）発言やグループディスカッションで行っていたことを Moodle 機能で代用することで，所要時間がかなり短縮できることが利点で

す。しかも，消極的な学生を含め，全員の意見収集が容易にできます。

簡単な質問の場合には，「投票」を使います。たとえば，Skype でのやりとりが設定となっているエピソードでは，「Skype や FaceTime などを使って，友人（知人）とビデオ通話をしたことがありますか？」という質問をしました。図 4-9 のように，投票結果がすぐにグラフ表示されますので，それをもとに説明や議論を展開することが可能です。

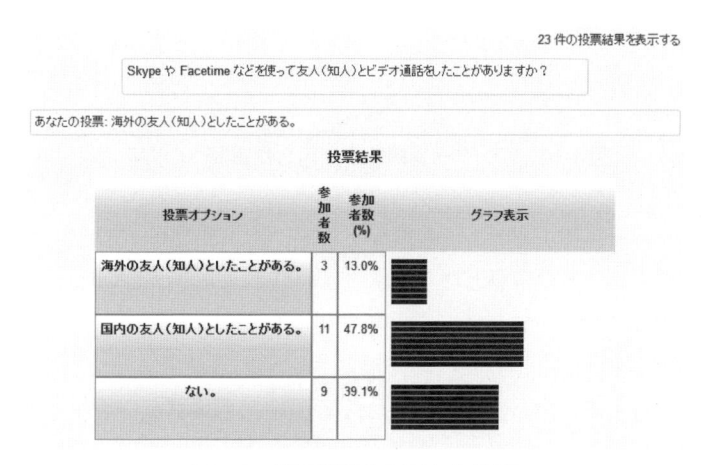

図 4-9　投票機能を利用した質問

文章による回答を求める場合には，「アンケート」または「フォーラム」を使います。回答結果を学生に表示しない場合には「アンケート」を，回答（投稿）内容を互いに閲覧したりコメントのやり取りをさせたりしたい場合には「フォーラム」を使います。図 4-10 は，アンケート機能を利用した，文化に関する気づきを促すための質問への回答例です。

#	回答
1	日本では「Welcome」というが、 アメリカでは「How are you?」などと聞いていた。
1	店員さんが今日の調子などを親し気に尋ねてくる。 日本にはない8号のサイズがあって9号がない。
1	いらっしゃいませ、の店員のあいさつに答えている。
1	サイズに8号があること 店員さんがとてもフレンドリーなところ
1	店員さんのあいさつに返事をする点 サイズの違い
1	日本と違いフレンドリーに客に話しかけていた。服のサイズが番号で表されていた。
1	お店に入った時の、店員さんからの声掛け サイズ

Britneyと Ayumi の買い物の場面で、日本と異なると思った点を報告してください。

図4-10　アンケート機能を利用した質問への回答例

　回答の一覧を見ることで，何が理解できていて，どの部分で誤解が生じやすいかを把握することが容易となり，学生へのフィードバックや次の活動へのヒントにつなげることができます。

　図4-11は，「フォーラム」への投稿例です。正誤を求めない意見の収集や動機づけを与える意図の質問などの場合には，「フォーラム」をよく使います。

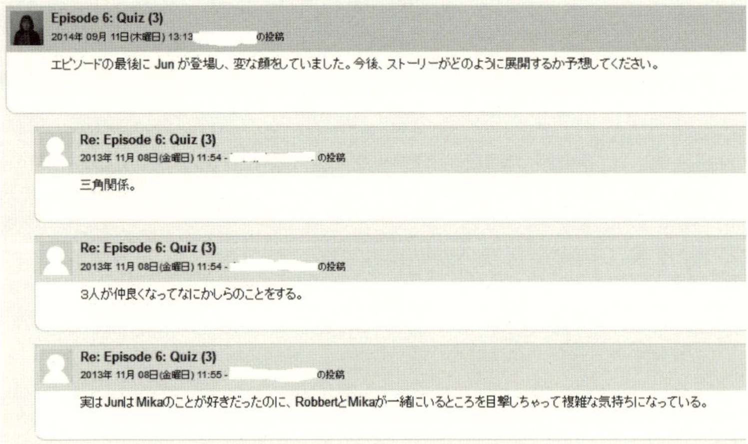

Episode 6: Quiz (3)
2014年 09月 11日(木曜日) 13:13 - 　　　　の投稿
エピソードの最後に Jun が登場し、変な顔をしていました。今後、ストーリーがどのように展開するか予想してください。

Re: Episode 6: Quiz (3)
2013年 11月 08日(金曜日) 11:54 - 　　　　の投稿
三角関係。

Re: Episode 6: Quiz (3)
2013年 11月 08日(金曜日) 11:54 - 　　　　の投稿
3人が仲良くなってなにかしらのことをする。

Re: Episode 6: Quiz (3)
2013年 11月 08日(金曜日) 11:55 - 　　　　の投稿
実はJunはMikaのことが好きだったのに、RobbertとMikaが一緒にいるところを目撃しちゃって複雑な気持ちになっている。

図4-11　フォーラムでの活動

教員からの説明よりも，学生の発言の中から気づきを促したいという意図があります。

大意を把握した後には，エピソード中で使用されている単語や表現の確認を行います。その際には，穴埋め問題の「小テスト」機能を使う場合が多いです。音声ファイルを貼り付けておくことで，自己ペースでの聞き直しや解答を可能とします。図4-12は小テストの解答例で，採点結果も即座に表示されます。

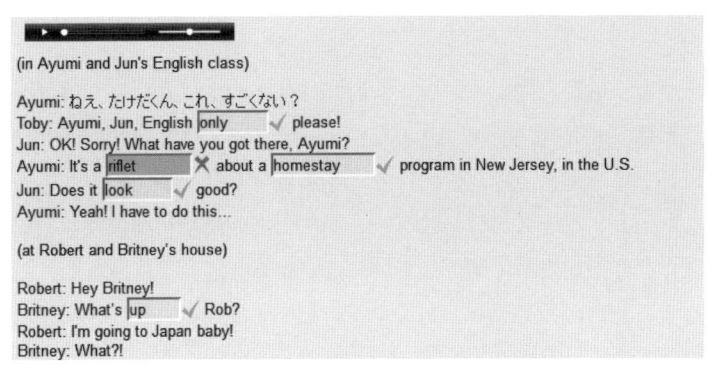

```
(in Ayumi and Jun's English class)

Ayumi: ねえ、たけだくん、これ、すごくない？
Toby: Ayumi, Jun, English only ✓ please!
Jun: OK! Sorry! What have you got there, Ayumi?
Ayumi: It's a riflet ✗ about a homestay ✓ program in New Jersey, in the U.S.
Jun: Does it look ✓ good?
Ayumi: Yeah! I have to do this...

(at Robert and Britney's house)

Robert: Hey Britney!
Britney: What's up ✓ Rob?
Robert: I'm going to Japan baby!
Britney: What?!
```

図4-12　小テストにおける解答表示

学生にとっては，小テストを受けながら，ここでエピソードのスクリプトを確認することになります。教員にとっては，テストの結果から，どの単語や表現について説明を必要とするかを知る手立てとなります。また，クラス全体の得点分布については，棒グラフで表示されます。

最後に，アウトプット活動として，各エピソードのストーリーライティングを課します。その際には，「フォーラム」で部分的な表現練習（及び相互閲覧）を行った後に，エピソード1～15のストーリーを書きためる（及び校正・編集する）作業を「個人wiki」で行います。最終的には，書きためたストーリーをWordファイルの形に整えて，「課題」からファイルを提出することになります。A4で1～2ページ程度にまとめられたファイルを，1年次のアウトプット活動の成果（エビデンス）として記録・保管してもらいたいという意図もあります。

以上，筆者の授業実践例を簡単に紹介しました。Moodleを利用することの利点は，各活動で提示されるデータから，学生全員の理解度や反応，意見などを見ながら授業の展開ができる点です。それには，教員が直観的に感じとる（予測できる）困難点と一致する場合と意外な発見がある場合とがあります。これらに臨機応変に対応しながら，必要に応じてグラフなどで視覚的に提示される結果を活用しつつ，授業を進めることを可能にしてくれます。

学生の授業外学習を促進することがMoodle活用の目的の1つですが，授業後に実施したアンケートによると，授業外学習の環境として自宅のパソコン，学内のパソコン施設，スマートフォンの順で使われています。今後は，スマートフォンがさらに増えるのではないかと予測しています。Moodleアクセスログの分析をしてみると，授業外アクセス頻度にはかなり個人差のあることがわかりましたが，アクセス頻度と成績との関係に，明確な相関は見られませんでした。様々な要因が複雑に関係していることが考えられます。また，授業外学習を促進するための授業設計の工夫や見直しの必要性も感じています。今後の課題といえるでしょう。

事例 ④：予習・授業・復習のサイクルをきちんと作る授業
大和知史（神戸大学）

ここでは，筆者が2014年度前期に担当した「英語オーラルI」という授業において，Moodleをどのように活用しているかを授業の流れに沿って説明します。

この授業のねらいは，「英語で行われる講義を聞いてノートを取ることができ，その内容を他者に伝えることができるようになる」ことです。ピアソン・ジャパンの『Contemporary Topics 1: Academic Listening and Note-Taking Skills』というテキストを用いて，付属CD・DVDの欧米の大学の講義を模した動画を見聞きしながら，ノートテイキング，内容把握，ディスカッションなどのタスクを行いました。また中間と期末には，実技試験として，TED-Edの動画をクラスメイトに勧めるという課題を取り組ませました。これら授業の各段階や

予習課題，実技課題などにおいて，Moodle を活用しました。

次に，授業の各段階での取り組みと Moodle の活用方法について紹介します。以下の説明では，授業の段階を，予習・授業内・授業後の 3 つに，そして中間と期末に実施した実技課題の段階とに分け，「何をしていて」・「Moodle がどう関連するか」を紹介します。

まず予習段階では，①単語テスト対策をすること，②音声や動画を視聴してディクテーションを行うこと，③ 50 単語から 70 単語程度の英作文をすること，復習として，④「満点取るまで単語テスト」を課しています。②と③は「予習プリント」として作成し，授業時に持参するように指示しています。④は前時の範囲の単語テストを，Moodle 上で，文字通り満点を取るまで実施する単語テストです。

予習の②では，ディクテーション課題として，Moodle 上の「ファイルまたはウェブサイトにリンクする」を利用して音声ファイル（MP3）を，また「ページ」に埋め込む形で動画ファイル（MP4）をアップロードしておき（図 4-13），学生はそれを何度も見たり聞いたりして書き取りを行い，予習プリン

図 4-13　予習ディクテーション問題

トとしてプリントアウトしてくるように求めています（図4-14）。

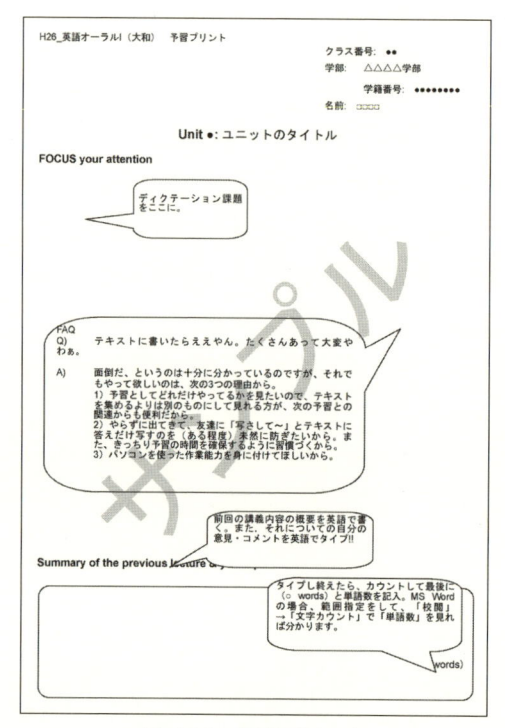

図4-14　予習プリント

　ディクテーションの書き取り部分を，Moodle上で実施することやファイルのアップロードで処理することも考えましたが，予習プリントの裏面を小テストの解答用紙や授業ノートとして使用することや，プリントアウトの労を取らせて，あえて一手間を取らせることで，予習としての時間を確保することを意図しました（はい，面倒臭い教員です…）。
　ディクテーション課題とともに，前時の動画の概要や学生のコメント，お題を出しての作文などで，50〜70単語程度の作文も予習プリントにタイプするよう指示しています。それには，検印と簡単なコメントを入れて返却しています。

そして授業内では，最初に英英辞書の定義文を提示して，該当する単語を答える形式の単語テストを実施し，ペアでの言い換え練習（提示された語をパラフレーズしてペアに英語で説明し，語をあてる活動）を行います。その後，予習課題のディクテーションの答え合わせを行い，その部分の音読やシャドーイングによる音声的な練習をした後，講義動画全体のノートテイキングや講義の内容に関してペアやグループでのディスカッションなどを行っています。授業終了時に，学生は予習プリントを提出して教室を退室します。

ここまで述べてきたように，実際の授業時においては，Moodle をあまり活用していません。予習用にアップロードした音声や動画を教室内で提示する際に，教員パソコンの Moodle 上から再生する程度です。授業内では，ペアやグループでのやり取りを増やしたいという意図もあり，過去に単語テストを授業内にやろうとして，一斉にエラーが起こったという苦い経験があったことも理由の1つです。

授業後の段階では，①授業内容の記録を確認したり，②アップロードされた授業用スライドの PDF 版を見て復習をしたり，③授業時に視聴した動画を見たり，次の予習に取りかかるように指示しています。そしてもう1つ，④授業後から1週間の間，受験回数無制限の「満点取るまで単語テスト」を Moodle 上で実施しています（図 4-15）。

①は，各授業日のトピックに，授業後に筆者が授業で行ったことを記入しています。学生は，それを見て何をどういう意図で行ったのかを確認することができます。②については，欠席や遅刻時に便利なように，授業スライドの PDF 版をアップロードしています。③は，授業時には表示しなかったスクリプトを提示することで，実際にどのような表現を使っているのかを知ることができ，復習の機会を提供することを意図しています。

残り時間	満点取るまで単語テスト_Unit4 - 受験 1

1 得点: 1	The school has decided to adopt a different [____] to discipline.
2 得点: 1	I can't [____] with all that noise going on.
3 得点: 1	She found herself in [____] with her parents over her future career.
4 得点: 1	Be patient and the situation may [____] itself.
5 得点: 1	The new regulations will be of [____] to everyone concerned.
6 得点: 1	Police said there were no suspicious [____] surrounding the boy's death.
7 得点: 1	The accident could have been [____] .
8 得点: 1	Would you mind not [____] with questions all the time?
9 得点: 1	Teachers learn various [____] for dealing with problem students.
10 得点: 1	Fragments of cotton [____] dated from 5000 BC have been excavated in Mexico and the Indus Valley Civilization.

[送信せずに保存する] [すべてを送信して終了する]

図 4-15 「満点取るまで単語テスト」受験画面

そして④は,「e 問つく朗」モジュールを利用して, 単語テストを作成しています (図 4-16)。「小テスト」の設定では, 受験回数を無制限に, 受験期間を授業直後から次の週の授業前日 23 時 55 分までの間に設定しました (図

4-16)。また，最初と2回目の受験の待ち時間を30分に設定し，1度目で満点が取れなかった場合には待ち時間の間に復習しなければならないように方向付けています。各Unitの新出単語12個程度からランダムで10個出題しています。テスト形式は，授業内の単語テストとは若干形式を変え，新出単語を含んだ例文を『Oxford Learner's Dictionaries』や『Longman English Dictionary Online』などの英英辞書から抽出し，cloze形式の問題としました。

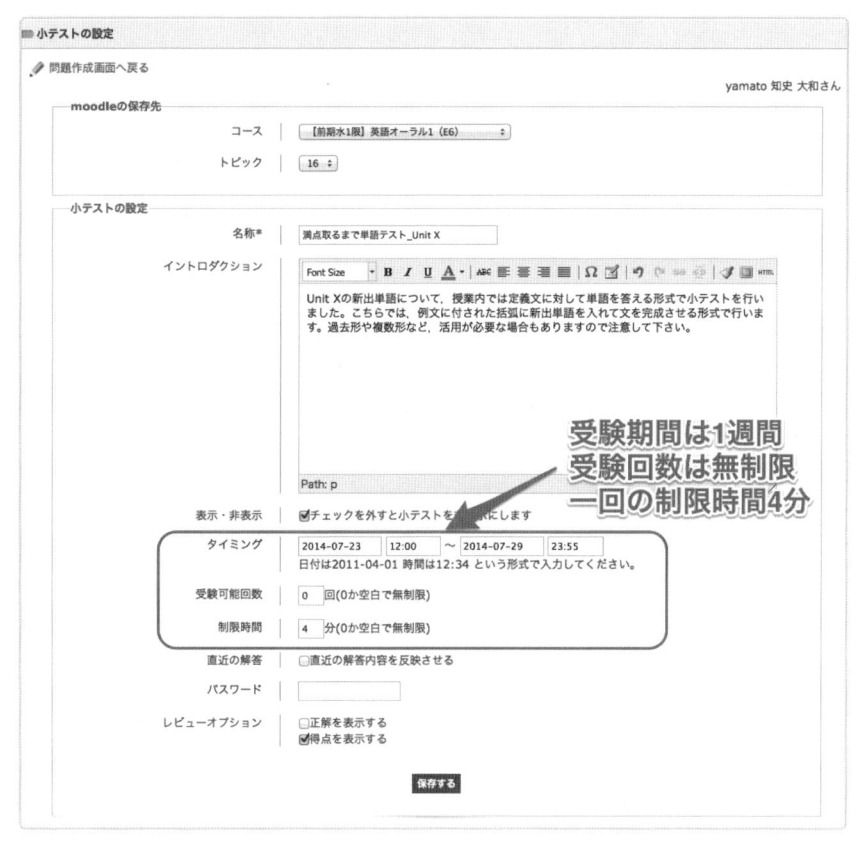

図4-16 「e問つく朗」の小テスト設定画面

最後に，実技課題を紹介します。本授業では，ペーパーテストは行わず，中間と期末で実技課題を課しました。内容は，TED-Ed（http://ed.ted.com）にて提供されているレッスン動画（flipといいます）から任意のものを選び，クラスメイトにお勧めするプレゼンテーションを行うというものです。そのためには，選んだflipを何度も見て・聞いてメモを取り，その内容を理解し，その概要を手短に紹介し，聞き手に選んだflipを見たいと思わせることが必要になります。中間の実技試験では紹介プレゼンのみを，期末の実技試験時には筆者が質問を加えることで，少し難度を上げました。また，中間時は発表を5段階評定で評価する相互評価のみを行っていましたが，期末時には割り当てられた発表についてノートテイキングを課して，聞き手としても難度を上げました。

具体的にはまず，各自がTED-Edをブラウズし，お勧めのflipを探し，その動画タイトルとリンクを「フォーラム」に書き込むように指示しました。重複した場合には，早いもの順としました。これにより，クラスメイトの選択したflipを一覧でき，気になるものは後ほどチェックできるようにしました（図4-17）。

次に，発表原稿を一度授業で提出し，教員がチェックした後に返却していますので，最終原稿を「単一ファイルのアップロード」を利用して提出するように指示しました。同様に，発表時に使用するスライドもアップロードするように指示しています。また，フォーラムに，「単語help」と題して，聞き手に知っておいてほしい単語を5つ以上あげて，日本語訳とともにフォーラムに書き込んでおくように指示しました。

実技試験実施時には，アップロードされたスライドファイルをCALL教室の教員パソコン上にダウンロードし，プレゼンテーションを行わせました。また，Moodle上の「単語help」画面は，センターモニターに表示し，聞き手の補助としました。

本授業におけるMoodleの役割は，授業の準備を行うため，授業後の学習を行うための2つが主なものとなり，学習のサイクルづくり，ペースメーカーとしての役割を担うことでした。予習のディクテーション課題の答え合わせから

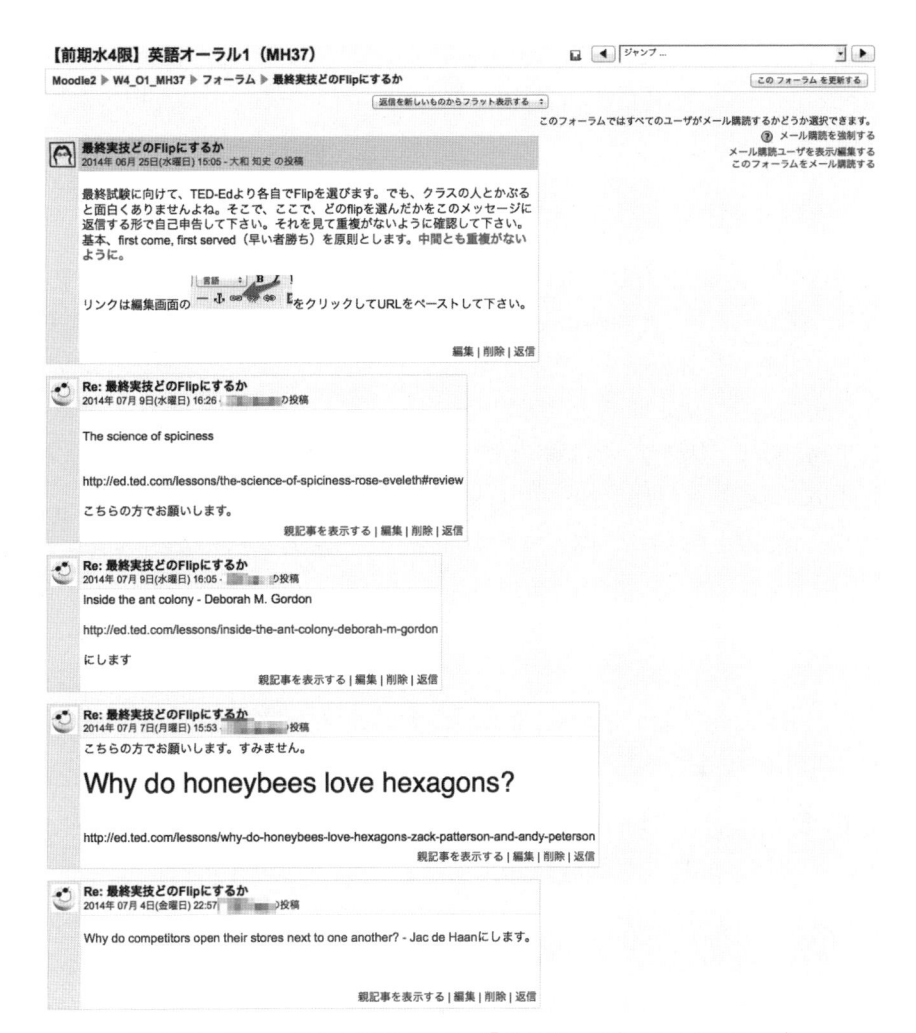

図 4-17　フォーラムへの書き込み（「どの flip にするか」について）

スタートし，その箇所を音読練習し，そこに含まれたポイントが授業で見る動画に表れ，それを軸としたノートテイキングを行った上でペアやグループで確認をし，話し合うという一連の流れを作り，予習をきちんと行わないと授業が無味乾燥なものになってしまう，そんな授業づくりを意図しました。

また，実技課題においては，TED-Ed に含まれる膨大な flip を自分自身の興味関心でブラウズするだけでは見落とすかもしれないため，クラスメイトによるセレクト動画をチェックできるように配慮して，授業外や学期終了後の学びにもつなげたいという意図があり，そのサポートを Moodle が担ってくれました。

最後に，本実践を通して感じた Moodle 活用上の課題点をあげておきます。まず，授業内でもっと Moodle を活用できたかもしれないという点です。発表時の相互評価を Moodle 上で実施するなどが可能であったかもしれませんが，私の勤務校での Moodle 導入環境を考えると，ハード的に困難でした。今後，環境が整えば，検討の余地はあるかと思います。

次に，学生からの問い合せで最も多かったものが，「音声や動画の再生に，モバイル端末からのアクセスができないか」というものでした。現在の環境では，たとえば iPhone からの音声や動画へのアクセスは限られており，ブラウザアプリの Puffin などを使うことで音声を聞くことが可能ですが，デフォルトのアプリで利用できる環境が望ましいと思います。これについては，まだ勤務校での Moodle の環境設定が統一されていないという問題もあることから，今後，設定についてのコンセンサスを得る必要があると感じています。

事例 ⑤：Moodle を利用した異文化交流プロジェクト
山内真理（千葉商科大学）

ここでは，2013 年度に実施した Moodle を用いた日中異文化交流プロジェクトの事例を紹介します。このプロジェクトは，筆者が担当する「異文化コミュニケーション」ゼミの受講生と，中国の大学にある日本語クラスの受講生（日本語学習 3 年目）との間で，主に日本語を用いて行われました。共通の活動目標は，日本と中国の間での文化的な違いや共通点を知り，相互理解を深めることです。加えて，中国側では学習言語を使った母語話者とのコミュニケーション自体が重要な目標であり，日本側では日本語を母語としない人々とのコミュニケーションを通じて異文化接触を体験し，そこで生じうる誤解や摩擦を意識

できるようになることを目標としました。参加者は9週間，それぞれの授業活動の一環として，日中混合グループでの協調学習に取り組みました。

交流用コースは，筆者が管理する日本側のMoodleサイト上に用意し，中国側の参加者をコース登録しました。日本側では，通常の授業用コース（図4-18）からのリンクで（または直接），交流用コース（図4-19）に入るだけですが，中国側は，通常授業用のMoodleコース（別サイト）から交流コースにアクセスし，2度ログインする手間がかかりました。このような交流活動では，可能であればMoodleネットワーク認証を利用したいところです。

図4-18　通常授業用コース 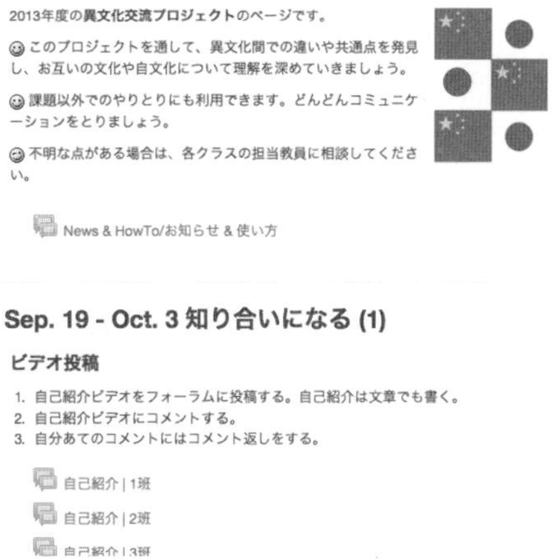　　　　図4-19　交流活動用コース

9週間の交流活動の設計にあたっては，オンライン学習の準備として，関係作り・コミュニティ作りの段階も重視するSalmonの「オンライン学習の5段階モデル」（①アクセス・動機づけ，②関係作り，③情報交換，④知識構築，⑤発展（学習の振り返りと応用））を参考にしました[1]。本実践の活動概要を，表4-5に示します。

表 4-5　異文化交流プロジェクトの活動概要

活動段階	時期・内容	利用ツール （*は外部ツール）
1. アクセス・動機づけ （交流前）	・Moodle自体は交流前から利用 ・各クラスでの事前セッション	・フォーラム ・リソース
2. 関係作りと情報交換準備 （第1〜4週）	・自己紹介：動画とテキスト ・フォト・ストーリー（日常生活）：写真とテキスト ・ビデオ会話：グループ内 ・異文化比較アンケート	・グループ（日中混合）別フォーラム ・全員用フォーラム ・Skype * ・Survey Monkey *
3. 情報交換 （第5〜8週）	・異文化理解・異文化比較グループリサーチ：アンケート結果をふまえてトピックを決め，分担してリサーチ	・グループ別Wiki：リサーチ・メモと議事録 ・グループ別チャット：ミーティング手段の1つ
4. 知識構築〜発展 （第9週）	・リサーチ発表：リサーチ結果を文章・図表でまとめる ・ビデオ会話：グループ内でリサーチの振り返り・グループ内外で会話実践	・グループ別Wiki ・Skype *
5. 発展 （交流後）	・各クラスごとに，交流活動についてのレポート	・課題

　表4-5に示す通り，「関係作り」（オンライン・ソーシャライゼイション）の段階では，グループ別フォーラム及び全員用フォーラムへの投稿，そしてSkypeによる同期型コミュニケーション（図4-20も参照），異文化比較アンケートを通して，相手について知る活動を行いました（なお，アンケートにSurveyMonkeyを利用したのは，調査結果を日中で分けて表示させるのが容易なためです）。「情報交換」・「知識構築」の段階では，グループ別のWikiやチャット（図4-21も参照）を利用してグループ・リサーチを進め，交流後には各クラスで，交流活動から得られた学びをレポートにまとめました。

図 4-20　Skype 会話の様子（日本側は iPad を使用）

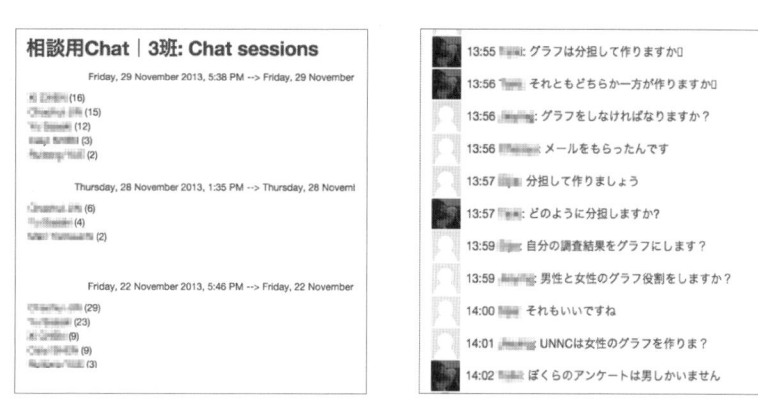

図 4-21　グループ・リサーチの打ち合わせ（Chat）：セッション一覧（左）とセッション例（右）

　Moodle 上で，交流活動用のコースを用意することで，このような多様なコミュニケーション活動・学習活動を関連付けて提示でき，レポート課題などのために活動を振り返ることも容易になります。図 4-22 に，グループ活動の配置例をあげておきます。

図 4-22　グループ活動の配置：自己紹介（左）とグループ・リサーチ（右）

　また，この交流活動では実施しませんでしたが，Moodle では，「フォーラム」の投稿やその他の活動を評価し，記録に残すことができます。図 4-23 は，フォーラム投稿の評価例です。教員による評価だけでなく，学生同士の相互評価も可能です。また，バッジ機能を利用することで（図 4-24），たとえば「フォト・ストーリーでの投稿が多かった人」や「Wiki のまとめが素晴らしかったグループ」など，自由に評価することもできます。

　本実践で主に利用したモジュールは「フォーラム」，「チャット」，「Wiki」ですが，いずれも設置が容易で，様々な活動に使え，前述のように活動評価も可能です。ただし，執筆時点（2014 年 9 月）での問題として，Moodle 2.5 で大きく改善されたものの，モバイル端末への対応がまだ十分ではないことがあげられます。動作はしますが，「フォーラム」，「チャット」，「Wiki」の入力・編集画面の見やすさ・使いやすさは，まだまだ改善の余地があります。例として，フォーラム投稿の入力画面をあげておきます（図 4-25）。本実践のように，参加者間のコミュニケーションを中心とし，授業外での活動も重要になるプロジェクトでは，最近の学生のパソコン所持率があまり高くないことを考慮すると，少なくとも当面は，Moodle だけでなく外部のコミュニケーション・ツー

第 4 章　LMS 実践事例集

ルの利用を検討すべきだと考えています。

図 4-23　Forum 投稿の評価

図 4-24　バッジによる評価
　　　　（学生画面）

図 4-25　iOS で Forum 投稿を入力しようとしているところ

以上，2013年度に実施した日中異文化交流プロジェクトについて，活動設計を概観し，本プロジェクトにとってのMoodle利用のメリット・デメリットを検討しました。どのモジュールをどう使うか（または使わないか）は，コースの目的や使用環境などによって変わってきます。目的・環境に適したモジュール利用や外部ツールとの連携を，今後も考えていきたいと思います。

事例 6：Moodleを部分的に活用した対面授業 ―活動のアナログ化とデジタル化を意識して
三宅ひろ子（昭和女子大学）

　2006年，東京経済大学は経済学部，経営学部，現代法学部において，「3学部英語プログラム」という新カリキュラムを導入しました。このカリキュラムでは，1年次前期に「英語eラーニングIa」（週1回）と「英語コミュニケーションI」（週2回）が，後期には「英語eラーニングIb」（週1回）と「英語プレゼンテーションI」（週2回）が必修科目として開講され，学生は週3コマの英語の授業を受講する環境となりました。このとき，教員同士の情報共有，教員と学生のインタラクション，学生同士のインタラクションを目的として，Moodleが導入されました。

　授業の進め方や教材は各教員に一任されているため，当初よりMoodleの使用も強制ではありませんでしたが，それでも多くの教員が利用してきました。初めはMoodle上の機能を使って授業準備をするのに時間を要したようですが，特にデフォルトで備わっているフォーラム（トピックアウトライン，ウィークリーアウトライン）や小テスト機能は直感的に利用でき，学生に情報の提示をしやすい，小テストの採点が自動で成績を管理しやすいとの理由から，教員は積極的に利用している様子でした。

　高校を卒業したばかりの学生にとって，初めのうちはパソコンやMoodleを使った英語学習は新鮮で刺激的なようでしたが，しだいに「パソコンの操作だけでは勉強している感じがしない」という学生の声を耳にするようになりました。そこで，デジタルだけに頼る授業展開を避け，活動におけるアナログ要素

とデジタル要素のバランスを考えた，混合型授業を模索しました．以下では，2013年度まで「英語eラーニングIa/b」，「英語コミュニケーションI」，「英語プレゼンテーションI」の授業で取り組んできた，いくつかの実例を紹介します．

まず，「英語eラーニング」の授業を紹介します．この授業は，英語の基礎力を強化することを目的とし，教材はアルク教育社のALC NetAcademyの基礎英語，初中級，スタンダードコース（2006年度前期～2007年度前期），NetAcademy2の英文法コース（2007年度後期～2013年度後期）を使うことが推奨されました．授業の流れは，①復習テスト→②学習項目の解説→③コース内の練習問題→④書写→⑤筆記問題→⑥実践とし，このうち③はNetAcademy，④⑤はペーパー利用のアナログ的活動，①②⑥は，Moodleの「小テスト」，「フォーラム」，「チャット」機能を取り入れたデジタル的活動を行いました．

①の復習テストでは，前回の授業での学習内容を理解しているかどうかの確認をします．学生は各自，授業開始前にパソコンを起動してMoodleにアクセスし，ちょうど授業開始時刻に公開される復習テストを解きます．この活動を冒頭におくことで，学生は授業時間になったと同時に集中するようになりました．また，教員は復習テストのアクセスログを見ることで，出欠や遅刻を確認することもできます．なお，小テストの保存フォルダは全教員で共有できるように設定していたため，問題を互いに利用し合うこともありました．

②の学習項目の解説では，主に「URL」や「ファイル」機能を利用します．NetAcademy上の解説に補足をしたい場合，また，わかりにくい事柄を図表や絵を使って説明したい場合などには，関連ファイルをアップロードしたり，ウェブサイトのリンクを張ったりし，フォーラムから容易にアクセスできるようにしました（図4-26）．これにより，学生は学習項目に関する多角的な説明や視点に触れることができ，また，たとえ授業を欠席しても，補足ファイルやサイトを読むことによって自分で学習を進めることができます．

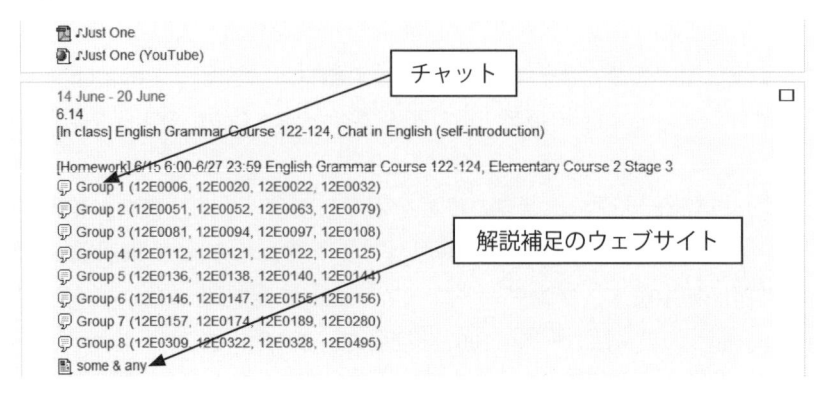

図4-26　フォーラムの使い方の一例（ウィークリーフォーマット）

⑥の実践では，学習した内容を実際に使いながら，グループチャットをします（図4-26）。トピックが難しすぎると何も書けなくなるため，基本的には自分または身近なことについて語ります。たとえば，図4-26のように英文法コース122-124（someとany，疑問詞）が学習項目である授業では，チャットメンバーに疑問詞を使って質問をしたり，someまたはanyを使った英文を使う努力をします。パソコンを利用させることによって，初めは英文のタイピングに慣れていない学生も，次第にそのスピードが速くなるという利点もあります。

次に，「英語コミュニケーション」の授業を紹介します。この授業は，英語での対人コミュニケーションの基礎力を養成することを目的としています。授業中，学生は文法の誤りを恐れずに話すことが求められます。しかし，英語力があまり高くない学生や，英語を話すことに慣れていない学生は，一文を発しただけで後が続かなくなります。そこで，ペアやグループ活動での会話よりも話すことに強制力をもたせた「1分間スピーキング録音活動」を導入しました。学生は，掲示板に提示されたトピックについて即興で1分間話したものを録音するという作業を繰り返しました（図4-27）。

Moodleには，追加の機能（モジュール）をインストールすることができます。音声を録音し，提出することのできるモジュールは，Voice Shadow, PoodLL, NanoGong, Online Audio Recordingなど，様々なものが開発されており，使用

教室や学生のパソコン，デバイスに合わせて選択することができます。LL 教室や CALL 教室などで学生に発話させて録音することも考えられますが，すべての学校のパソコン教室がこのような環境とは限りません。したがって，インターネットに接続したパソコンがあるだけでこの仕組みを実現できるのは，教員にとっては魅力的です。

　筆者の授業では，Online Audio Recording を利用しました（図 4-27）。録音と再生の方法が非常にシンプルなので，パソコン操作が苦手な学生でもすぐに使うことができるのが特徴です。また，録音時間も画面に表示されているので，1 分を指したところで停止ボタンをクリックすれば，容易に「1 分間スピーキング録音活動」が完成します。録音後に，学生が自分の音声を再生すれば，自己の発音を省みることができ，保存されたファイルを教員が再生すれば，「ここはこのように言うとより良い」などと指導することができます。

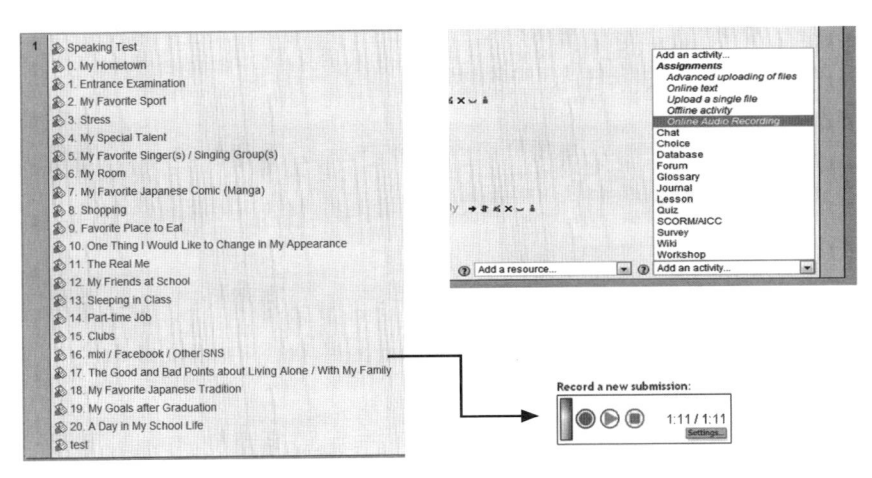

図 4-27　掲示板のトピックと Online Audio Recording 画面

　次に，「英語プレゼンテーション」の授業を紹介します。この授業は，パブリック・スピーキング能力を養成することを目指しています。昨今，プレゼンの手本として TED（http://www.ted.com）を学生に観せる授業が増えているよ

うですが，筆者の授業でも，最大6分程度のTEDの動画を使った活動を取り入れました。このとき，扱うTEDの動画を提示し（図4-28），鑑賞後にライティング活動を行うために，Moodleを利用しました。前者では掲示板を，後者では図4-29のプリントを埋めてMoodle上で提出させたり，フォーラム機能を使ってコメントなどを書かせ，学生間で意見交換をさせたりしました。

　プレゼンテーションでは，文法的に正しく，構成がしっかりしている原稿を書くことが求められるほか，インパクトや説得力があり，心に響くような文を含めることも必要だと思われます。そのため，TEDを観た後には，要約や感想を書くだけではなく，印象に残った文や言葉を書き出してもらい，それを自分たちのプレゼンテーションにも生かすよう指導しました。「フォーラム」機

```
October 8th
Richard St. John: 8 secrets of success
http://www.ted.com/talks/richard_st_john_s_8_secrets_of_success.html

October 15th
Derek Sivers: How to start a movement
http://www.ted.com/talks/derek_sivers_how_to_start_a_movement.html

October 22nd
Matt Cutts: Try something new for 30 days
http://www.ted.com/talks/matt_cutts_try_something_new_for_30_days.html

October 28th
Arianna Huffington: How to succeed? Get more sleep
http://www.ted.com/talks/arianna_huffington_how_to_succeed_get_more_sleep.html

November 5th
David Gallo: Underwater astonishments
http://www.ted.com/talks/david_gallo_shows_underwater_astonishments.html

November 12th
Rita Pierson: Every kid needs a champion
http://www.ted.com/talks/rita_pierson_every_kid_needs_a_champion.html

November 19th
Sebastian Wernicke: Lies, damned lies and statistics (about TEDTalks)
http://www.ted.com/talks/lies_damned_lies_and_statistics_about_tedtalks.html

November 26th
Liza Donnelly: Drawing on humor for change
http://www.ted.com/talks/alexander_tsiaras_conception_to_birth_visualized.html

December 3rd
Mark Shaw: One very dry demo
http://www.ted.com/talks/mark_shaw_one_very_dry_demo.html

December 10th
Julian Treasure: The 4 ways sound affects us
http://www.ted.com/talks/julian_treasure_the_4_ways_sound_affects_us.html
```

図4-28　掲示板に提示したTED動画の情報

TED Ideas worth spreading

Student No. (　　　　　) Name (　　　　　)

Title: ____________________

Speaker's Name: ____________________

Summary (What did the speaker want to say?):

____

____

____

____

____

Comments (including your favorite phrase of the speaker):

____

____

____

____

____

5 New Words You Learned From The Video:

English	Japanese
1.	
2.	
3.	
4.	
5.	

図 4-29　ライティング活動用プリント

能では，英語力を考慮して日本語によるコメント入力も認めましたが，最終的には，約 90％の学生が英語で書いていました。

以上，3 種類の授業を紹介しました。どの英語の授業でも，「Moodle がなくてもできる活動」と「Moodle なしでは難しい活動」を意識してきました。前者については，たとえば，Moodle 上でチャットさせるのはやめて，隣の人と直接英語で話をしてもらうという日もあります。学生のその日の様子や理解度によって，また，時間の都合でアナログ活動に切り替えることもあります（ア

ナログのほうが速く済む場合が多い)。あらかじめ，Moodle 上に多めに素材を用意しておけば，活動を臨機応変にアナログ化することもデジタル化することもでき，授業をコントロールできるようになります。

　また Moodle は，「1分間スピーキング録音活動」，ライティングしたものの共有のほかに，テキストで扱われている会話をペアで練習し録音したものを提出させることや，プレゼンの原稿を音読する練習をし，発音の自己チェックをさせることにも適しています。教員は，Moodle 上に保存された学生の音声を聴き，授業中には気付かなかった個々の学生の発音の問題点に気付くこともあります。このように，Moodle がなくては実行するのが難しい，Moodle がなくては気付きにくいというものがあるのも事実です。

　今後も，Moodle を活用した英語の授業は増えていくと思われますが，対面授業の中で活用する場合には，Moodle だけで完結する授業が最善であるとは限りません。前述の実践例で示してきたように，話す，聞く，読む，書くといった活動を，ときには Moodle を使った方法で，ときには従来のアナログ的な方法で行うことで，これまでに見られなかった学習効果を生み出す可能性もあります。したがって，漫然と Moodle を活用するのではなく，授業を組み立てる際には，活動におけるデジタル要素とアナログ要素の導入バランスについても熟慮したいものです。

事例 ⑦：PoodLL を利用した教室外スピーキング活動
浦野研（北海学園大学）

　大学の英語教育，特に英語を専門としない学部のものは，通常 90 分間の授業を週に1回開講する形態をとります。中学や高校とは異なり，1週間あたりの（英語の）授業時数が少なく，授業と授業の間隔も長いため，授業時間外にも英語学習を促す仕組みを作ることが，教育効果を高めるためには重要です。Moodle をはじめとする LMS を導入することで，教室外での活動をより活性化させ，授業と教室外活動とを有機的に結び付けることも可能になります。ここでは，筆者の LMS を利用した取り組みのうち，教室外のスピーキング活動の

実践について紹介します。

　いわゆる4技能（読む，書く，聴く，話す）のうち，最初の3つはLMSの標準機能を利用することで，比較的手軽に教室外の学習課題を用意することが可能です。Moodleの「フォーラム」機能を利用したライティング活動は広く実践されていますし，音声・動画ファイルの扱いも簡単なため，小テスト機能と組み合わせたリスニング活動を，宿題として用意することもできます。一方，英語を「話す」活動を教室外で行うことは，簡単ではありません。まず，Moodleには音声を録音し提出する機能が，標準では備わっていません。ICレコーダーを用意したり，Audacityのような音声録音・編集ソフトを使用したりして，録音した音声をMoodleにアップロードする形で提出させることはできますが，その作業は煩雑で，操作方法の説明などにも時間を割く必要があります。そのため，定期的な宿題として学生に課すのは難しいかもしれません。できれば，Moodleの内部で録音・提出を行えることが望ましいです。

　筆者は以前より，LMS上で利用できる音声録音・提出機能を持ったアプリケーションやプラグインの情報収集を行っており，本稿では，Moodleにインストールできるプラグインで，ブラウザ上で音声や動画の録音・録画と提出ができるPoodLLの利用事例を報告します。PoodLL（http://poodll.com）は，Moodle 1.xおよび2.xにインストールできるオープンソースのプラグインで，現在も活発に開発が続いており，今後のMoodleバージョンアップへの対応も期待できます。実際にはかなり多機能なプラグインですが，今回は録音・録画機能に焦点を絞って紹介します。

　録音・録画などのPoodLLの標準機能は，PoodLL Filterプラグイン（本稿執筆時の最新版はVersion 2.6.4）に含まれます。筆者の実践では，この他にPoodLL AssignmentとPoodLL Anywhere plugin for TinyMCEを利用しています。以上のプラグインをインストールすると，「活動またはリソースを追加する」から「課題」を選択した後の画面で，「課題の種類」の中にPoodLL関係のオプションが表示されるようになります（図4-30）。「Online PoodLL」にチェックを入れ，一番上の「MP3 Voice Recorder」を選択すれば，それだけで学生に

音声録音課題を出すことができます。

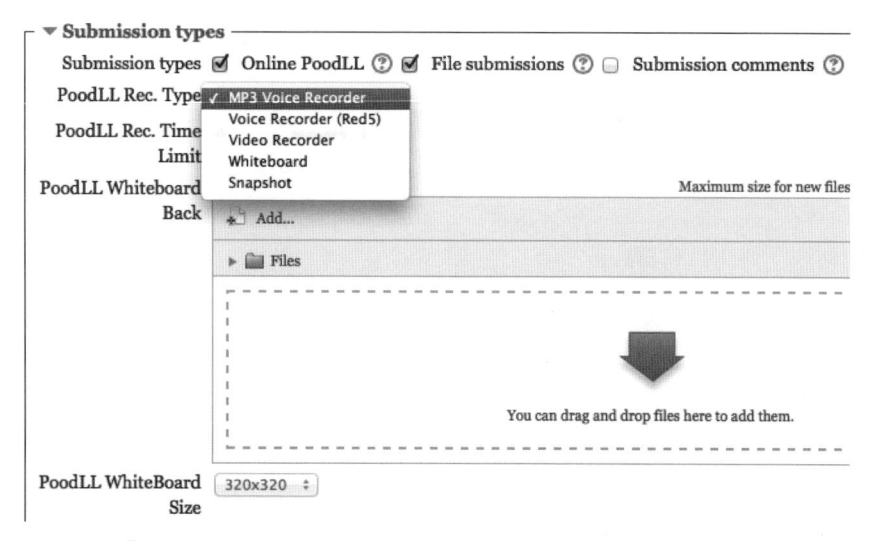

図 4-30 「課題の種類」に表示される PoodLL 関連のオプション（画面は英語版）

学生がこの音声録音課題を選択すると，図 4-31 の画面が表示されます。マイクが内蔵された PC またはマイクを接続した PC であれば，「Record」ボタンをクリックするだけで録音が始まり，「Stop」ボタンをクリックすると停止します。「Play」ボタンをクリックして自分の録音を再生し，満足のいく録音ができたら，ページ下部の「変更を保存する」ボタンをクリックすると，音声の提出が完了します。また，図 4-30 の画面で「Video Recorder」を選択すると，録音モジュールの代わりに録画モジュールが立ち上がり，PC の内蔵カメラなどを利用して動画の録画・提出が可能になりますが，基本的な使い方は同じです。

「課題」における PoodLL の利用法としては，たとえばモデル音声を提示した上での発音・イントネーションの練習課題があげられます。発音練習は教室でもできますが，前述の通り授業時間は限られるため，授業で注意事項の説明や簡単な練習を行った上で，宿題として PoodLL でじっくり発音練習する時間をとり，提出された録音を教員がチェックすることが可能になります。発音や

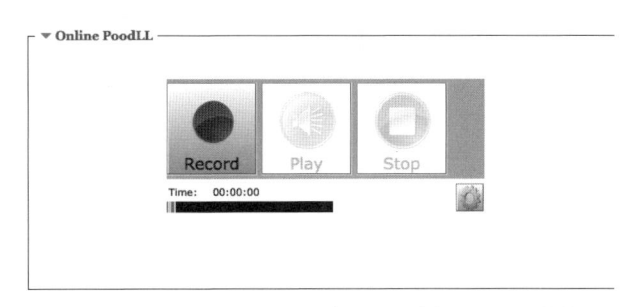

図4-31　PoodLLの録音モジュールが表示された状態

　イントネーションの練習の他にも，学生に解答を録音させる形式の課題を出すことも可能です。教科書などの内容理解問題に英語で答えさせる形式にしてもよく，自由回答形式で自分の考えを英語で録音してもらってもよいかもしれません。

　このように，PoodLLを利用することによって，教室外で英語を話す活動をMoodleの「課題」で実現することが可能になります。ただし，「課題」はいわゆる小テストの機能なので，解答は教員だけしか見る（聞く）ことができません。また，学生は指示に従うだけの存在となり，英語をコミュニケーションの手段として，自発的に使用する練習としては物足りなさを感じます。そこで提案したいのが，Moodleの「フォーラム」（掲示板）に録音・録画機能を追加したVoice Forum（筆者の担当授業での呼び方）を利用しての，音声（または動画）による学生同士のコミュニケーション活動です。

　Moodleのフォーラムには音声録音機能は付いていませんが，PoodLL Filterに加えてPoodLL Anywhere plugin for TinyMCEをインストールすることで，テキスト入力画面が表示されれば，Moodle上のどこでも自由に録音・録画して，そのまま保存することができるようになります。図4-32はフォーラムのテキスト入力画面ですが，「Record MP3」と表示されたすぐ上にマイクボタン（ ）が設置されています（その左のWebcamボタン（ ）はビデオ録画用です）。

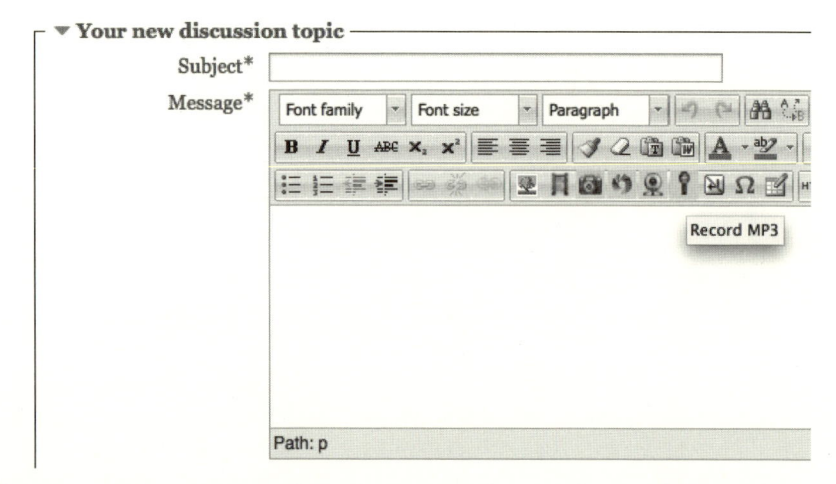

図 4-32　PoodLL Anywhere plugin for TinyMCE をインストールした後のテキスト入力画面（画面は英語版）

　マイクボタンをクリックすると，図 4-31 とほぼ同じ音声録音モジュールが起動します。先ほどと同じく自分の声を録音し，最後に「Insert」ボタンをクリックすることで，声のメッセージがフォーラムに投稿されます。フォーラムに投稿された音声は，教員だけでなくクラスメイト全員が聞くことができます（図 4-33）。

　この Voice Forum は，基本的に授業内容とは切り離して運用し，学生同士が自由に意見・情報交換をする場所として設置してあります。最初のきっかけとして教員がテーマをいくつか用意し，モデルとなるような録音を公開します。録音にはテーマの紹介と質問を含むようにし，学生はそれを聞き，返信する形で自分の考えを録音します。この活動が軌道に乗ってからは，教員の用意したテーマ以外に学生が自由に話題を決めることができるようにし，最終的にはこのフォーラムを通して，学生だけで自然な形のコミュニケーションを（ただし音声のみで）行うことを目指します。1 学期を通してのフォーラムへの投稿数及び被返信数を成績評価の一部とすることで，学生の積極的かつ自主的なフォーラムへの参加を促しています。

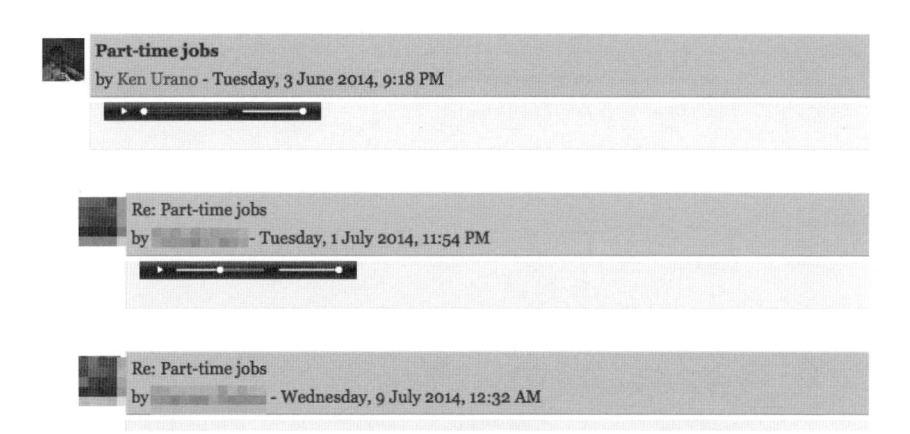

図 4-33　Voice Forum の例（音声は内蔵プレイヤーで再生可能）

　以上のように，Moodle に PoodLL プラグインを組み合わせることで，教室外で英語を「話す」活動を実現することが可能になります。PoodLL は，特に Moodle 2.x 以降では導入へのハードルもそれほど高くありません。また，音声だけでなくビデオ録画も可能なことから，さらに発展的な活動も考えられるでしょう。さらに，PoodLL は Flash と HTML5 を併用しているため，Java や Flash のみを利用した他の選択肢（たとえば Moodle の NanoGong や Online Audio Recording プラグイン）と異なり，iPad のように標準で Java や Flash を使うことのできない端末でも，ほぼすべての機能が利用可能なことも魅力です。

事例⑧：4 択問題の多目的利用 ―LMS だけのために問題データを入力しないで済む方法
神谷健一（大阪工業大学）

　一般的に，Moodle に限らず多くの LMS では，小テスト問題を作成する際，スクロールを繰り返しながら図 4-34 のような作問画面に直接，問題データを入力していく形で行います。通常，この作業はかなり面倒で，このこと自体が LMS への敷居を高くしているような気がしてなりません。

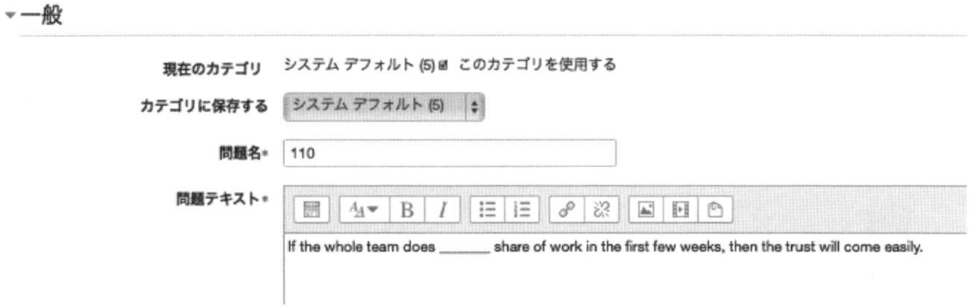

▼ 一般

現在のカテゴリ　システム デフォルト (5) このカテゴリを使用する
カテゴリに保存する　システム デフォルト (5)
問題名　110
問題テキスト

If the whole team does ＿＿＿＿ share of work in the first few weeks, then the trust will come easily.

図 4-34　Moodle の小テスト作成画面

　本稿で紹介する手法は 4 択問題に限定されますが，①所定の Excel ワークシートへの入力によってこの作業を行い，②問題作成ソフトによって Moodle 形式に変換するという流れで，小テスト問題を作成します。このような手法を採用すると問題作成を容易に行うことができます。また，LMS のための問題作成に限らず，紙媒体での配布素材作成やスライド形式での提示など，多目的な利用が可能になります。

　問題データベースとして利用する Excel ワークシートは，図 4-35 のような形式です。

　Excel ワークシートのセル内に問題文を入力するという形式のため，残念ながら長文を読んで回答するという用途には適しておらず，3 択問題や 5 択以上

A	B	C	D	E	F	G	H	I	J	K	L	M	N	O	P
ID	問題文_1行目	問題文_2行目	問題文_3行目	問題文_4行目	問題文_5行目/指示	正答	誤答1	誤答2	誤答3	ヒント	分類タグ	自由記号題1	自由記号題2	作問者情報	タグ付与者情報
1	Hiview House, which is much the ＿＿＿ of the two, has been converted into flats.					larger	large	largely	largeness	読まずに解く the larger of the two 「二つのうちより大きい方」3つ (以上) のうちで一番なら the largest of the three/ of all	穴埋め TOEIC 比較 ヒント comp hint			yamauchi	yamauchi
2	The committee says that the stadium won't ＿＿＿ if it costs more than $200 million.					be built	have built	building	build	助動詞の後は原形、ダムが主語なので受身: won't be built	穴埋め TOEIC 助動詞 ヒント vb hint			yamauchi	yamauchi
3	The government is expected to make their ＿＿＿ on the minimum wage policy in the next few days.					decision	decide	decisively	decisive	所有格の後は名詞　make one's decision	穴埋め TOEIC 品詞 ヒント pos hint			yamauchi	yamauchi
4	Any employee interested in attending one of these training courses ＿＿＿ eligible for a 60					is	has	can	are	主語はany employee (単数) - ble は形容詞なので BE+eligible	穴埋め TOEIC 動詞 ヒント vb hint			yamauchi	yamauchi

図 4-35　Excel ワークシートを利用した問題入力

の選択肢を持つ問題や，音声・動画の挿入にも対応していません。このような制約はあるものの，TOEIC の Part 5 や英検各級の大問 I・II のような 4 択問題の短文形式であれば，空所補充形式に限らず，どのような問題でも収録することができます。ここで入力が必須である項目は，「ID」(問題番号)，「問題文」，「正答」，「誤答 1 ～ 3」ですが，それ以外にも，各問題に「ヒント」，「分類タグ」，「自由記号類 1 ～ 2」，「問題作成者」，「タグ付与者」を追加情報として，付与することができます。たとえば，「分類タグ」の列には「TOEIC」，「動詞」，「連語」，「時制」，「prep」，「vocab」など，問題のポイントや問われている文法事項などを，スペースで区切って複数入力しておくことができます。

問題作成ソフトは，いくつかのバージョンを無料公開しており（http://www.oit.ac.jp/ip/~kamiya/mcg），本稿執筆時の最新版は Windows XP 以降及び Mac OS X 10.7 以降に対応しています。起動すると，図 4-36 の画面が表示されます。初回起動時のみユーザ名を尋ねられることがありますが，何を入力しても動作します。

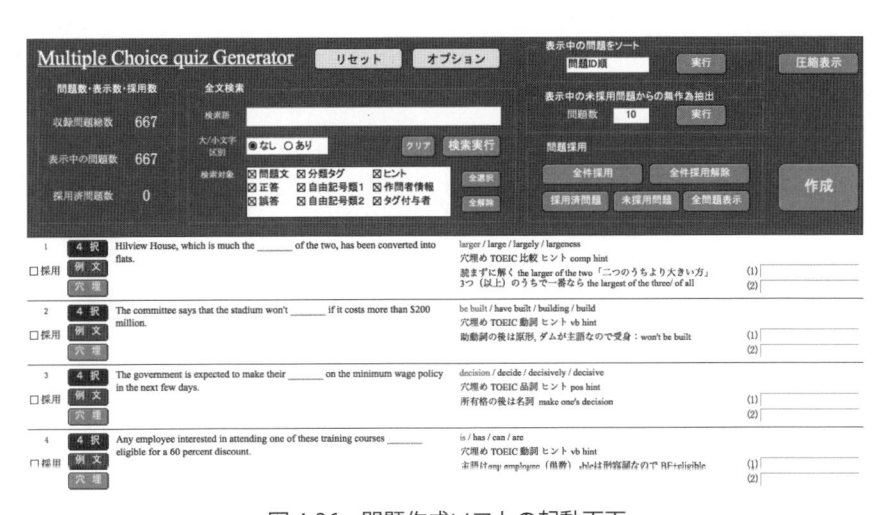

図 4-36　問題作成ソフトの起動画面

所定のExcelワークシート（問題データベース）に入力した問題データを問題作成ソフトに取り込むには，画面上部の「オプション」をクリックし，表示された画面で「問題データベース関連」の「新規取り込み（標準）」をクリックします。このように操作すると，対話形式で読み込むファイルが指定できます。しかし，このような操作をしなくても，ダウンロードした問題作成ソフトにはあらかじめ667問の短文穴埋め形式の問題データが入力されていますので，非営利目的であれば，どなたでも自由にお使いいただけます（前述のURLの「サンプルデータ・入力用フォーマット」も同様です。この問題データは，本章の事例5の寄稿者でもある山内真理先生に提供していただいたものです。記して感謝します）。

　ここからは，この667問の短文穴埋め形式の問題データを使った場合の解説をします。問題作成ツールの画面上には，様々なボタンがあります。すべての機能の説明は前述のURLにて別途公開している「操作マニュアル」に譲ることにして，ここでは，基本的な機能を一通り説明します。

　まず，画面左上には「問題数・表示数・採用数」の数字が表示されています。特にここで重要な数字は，一番下の「採用済問題数」で，この値を常に確認しながら作業を進めることになります。その右には「全文検索」の枠がありますが，その名の通り，問題データベース（読み込んだ所定のExcelワークシート）の全文から検索することができるようになっています。たとえば，「語彙」で全文検索すると，52件が見つかります（図4-37）。

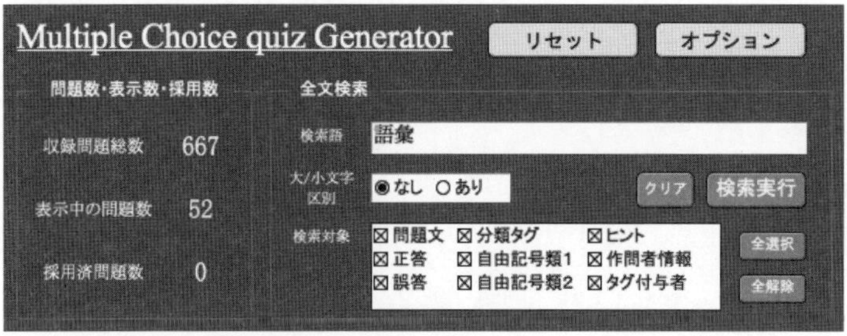

図4-37　「問題数・表示数・採用数」と「全文検索」

ここで，少し高度な使い方も説明しておきます。この全文検索は，AND / OR / NOT 検索にも対応しており，AND 検索は検索語をスペースで区切って並べる，OR 検索は「++」を次の検索語の直前に付ける，NOT 検索は「--」を次の検索語の直前に付けることで，それぞれ行います。たとえば，「比較　前置詞」とすると 4 件が，「比較 ++ 前置詞」とすると 135 件が，「比較 -- 前置詞」とすると 23 件が見つかりました。それぞれの検索式を解説すると，最初の例では検索語に「比較」と「前置詞」の両方を含むもの，次の例では検索語に「比較」または「前置詞」を含むもの，そして最後の例では検索語として「比較」を含むが「前置詞」を含むものは除外するという意味になります。なお，「++」や「--」による連結は，最大 5 つまでとなっています。

　続いて，「問題採用」の手順について解説します。前述の手順に沿って作業を進めていくと，問題作成ソフト上に，「xx 件の問題が抽出されました。全ての問題を採用しますか？（後からでも一括で採用できます。）」というメッセージが，検索実行後に表示されます。これに「はい」で答えると，すべての問題を「採用」したことになり，画面左上の「採用済問題数」に加算され，それぞれの問題に選ばれた状態を意味する背景色が付きます。しかし，「いいえ」を選んだ場合には「採用済問題数」は加算されず，それぞれの問題に背景色も付きません。

　ここで，いったん画面上部にある「リセット」を押してみます。これで，全ての「採用」を解除することができます。

　次に，「検索語」を「代名詞」とし，「いいえ」を選んでみます。21 件が見つかりました。しかし，検索した問題がいつでも好みに合うとは限りません。もしかすると，教えている生徒・学生には，問題文や選択肢に使われている語彙が難しすぎるということもあるでしょう。それでは，表示されている問題から目視で採用していく手順について説明します。

　画面の左端には，それぞれの問題に「☐採用」のスイッチ（チェックボックス）があります。ここを操作すると，個別の問題を目視で採用していくことができ，操作した順に赤い数字が表示されます。ここでは，560，571，376 の順

で「□採用」をクリックしました（図 4-38）。

図 4-38　採用スイッチを利用した問題の採用

　このようにして，使いたい問題の「採用」を行っていきます。同様の手順で，「採用済問題数」の欄が「10」になるまで，採用を繰り返していきましょう。もしも面倒であれば，画面右上の操作パネルを使い，残り 7 問を「表示中の未採用問題からの無作為抽出」してもかまいません。このデフォルト値は 10 になっていて，プルダウンメニューでは 5 刻みの数しか選べないように見えますが，どんな数でも入力することができます。いっそのこと，この下のボタンで「全件採用」してもかまいません（ただしその場合，以下で述べる「10 問」は「21 問」と読み替えてください）。
　ここからいよいよ，「作成」について解説をします（名前がややこしいのですが新たに問題を追加するという意味ではありません。英語でいえば "convert" にあたる機能でしょうか。新たな問題の追加は，いつでも Excel のワークシー

トの方で行います)。画面上部右端の「作成」ボタンをクリックすると，図4-39 の画面に移行します。

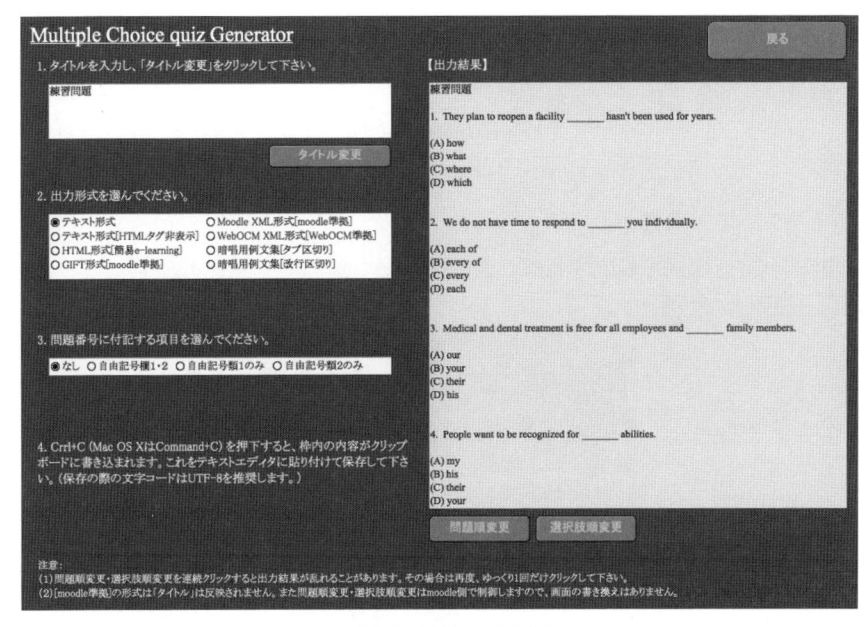

図 4-39 問題作成画面

　この画面に移行した直後には，「練習問題」というタイトルに続き，4 択問題が順序よく並んだ状態で表示されます。右側の枠はスクロールできるようになっており，問題に続いてヒントと正解の選択肢が表示されているはずです（残念ながら，読み込んだ問題データベースの方に入力がないため，ヒントの部分は表示されていません）。この枠内は別途，Word などで加工すれば，プリント教材としても利用できるでしょう。左側の「2. 出力形式を選んで下さい。」を操作すると，右の枠内が一瞬で他の形式に変わります。あらかじめ答えを埋め込んだ形で出力される「暗唱用例文集」も便利です。ちなみに，穴埋め形式の問題の場合，5つ以上連続する半角アンダーバーの箇所が，正解と置き換えられるようになっています。

「そういえばLMSへの対応はどうした？」という声が今にも聞こえてきそうです。左側の2番目の枠から「GIFT形式[moodle準拠]」を選んでみましょう。一瞬で右側の枠内が書き換えられました。これは便利です。「Moodle XML形式」にも対応しています。あとはいろいろ試してみてください。

最後に，問題データの多目的利用として，「スライド表示」についても説明しておきます。これは，メイン画面にカラフルなボタンがあったため，つい押してしまったという人もいるかもしれませんが，「4択」「例文」「穴埋」の3種類のスライド形式で表示することができます。たとえば「4択」の場合，図4-40のような形式で表示されることになります。

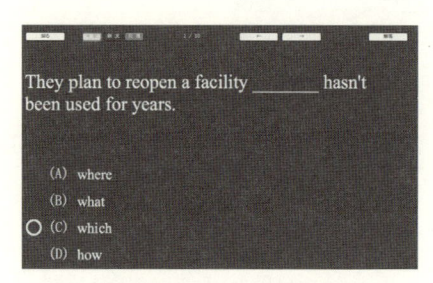

図4-40　スライド表示

正解の選択肢を表す「○」は右上の「解答」をクリックすると表示されます。そして，このボタンを再度クリックすることで「○」を消すこともできます。ここでは，10問だけを選んだ状態でメイン画面右側にある「採用済問題」をクリックしてスタートしたので，スライド画面での問題数も10問だけとなり，画面上部の左右の矢印ボタンによる操作でも，選んだ問題しか出てきません。

残念ながら紙幅の都合上，これ以上スクリーンショットを掲載できませんが，画面上部のボタン操作により，表示を「例文」形式や，選択肢を消去した「穴埋」形式で提示することもできるようになっています。「穴埋」の場合は，画面右上の「解答」ボタンにより正解だけを表示することができるようになっています。

このようなソフトは，「教材データの再利用」のみならず「教材提示の円滑化」，「授業の活性化」にも利用できる，次世代の「教育工具」といっても過言ではないと思います。細々とではありますが，今後も継続的に開発作業を行っていきたいと考えています。（本研究は 2012 〜 2015 年度の科学研究費助成事業の基盤研究 (c)（研究課題番号 24520675）の助成を受けています）

事例 ⑨：Moodle を活用した英語学習支援：プレイスメント・テストから到達度テストまで
住政二郎（関西学院大学）

少子化による受験生の減少と入試制度の柔軟化にともない，大学には多様な英語力を持つ学生が在籍するようになりました。学生の中には，基礎的な語彙・文法が未定着な学生もいます。従来の授業単位の取り組みでは，多様化する学生の英語力に対応することが難しくなりました。能力別少人数クラス編成，リメディアル教育，そして補習授業の提供など，多くの大学が苦心しています。

前任校の流通科学大学英語科では，こうした状況に対応するために，2012 年度より多様な取り組みを進めてきました[2]。2013 年度からは，英語入試過去問題を使ってプレイスメント・テストを独自に開発し，TOEIC Bridge テストに代わって利用するようになりました。

入試過去問題をプレイスメント・テストに再利用することには，いくつかのメリットがあります。入試問題は，大学が求める英語力を代表するものです。各テスト項目の語彙及び文法レベルは，大学が求める英語力に準じて統制されています。毎年同じプレイスメント・テストを利用することで，学生の英語力の変化を本学の基準に則して経年的に観察することができます。また，テスト項目が明らかであるため，学生の英語力の弱点を個人及び集団のレベルで詳細かつ具体的に把握することができ，入学後の指導にも生かすことができます。

プレイスメント・テストの開発は，英語入試過去問題を再利用して行いました。その方法は，まず 2004 年から 2012 年までの入試過去問題を電子化し，約 1,000 問の問題項目のデータベースを構築することから始めました。さらに，

構築されたデータベースから語彙・文法セクションの問題を抽出して正答率順に並べ替え，正答率10％刻みで100問を抜粋し，プレイスメント・テストβ版を開発しました。

開発されたβ版の問題項目は，学生1,489名を対象に，ラッシュモデルを使って分析しました[3][4]。図4-41は，β版の受験結果を表しています。図4-42は，ラッシュモデルを使って問題項目を分析し，受験者の能力値と問題項目の難易度の対応関係を図にしたものです。図の中央線から左の記号（#）は，学生の能力値の分布を示しています。図の中央線から右の番号は，問題項目の番号を示しています。図の上に行くほど受験者の能力値と問題項目の難易度は高くなり，下に行くほど受験者の能力値と問題項目の難易度は低くなります。図4-42より，問題項目の難易度の低い問題群と高い問題群とで，受験者の能力値との対応関係が良くないことがわかります。難易度の低い問題は，やさしすぎることから問題項目の見直しを行いました。難易度の高い問題は，入学後2年間の必修英語の受講を通して確実に身に付けてほしい語彙と文法項目なので，そのまま残すことにしました。そして，問題項目100問を確定させ，プレイスメント・テスト ver. 1.0 を開発しました。

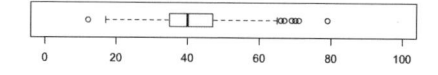

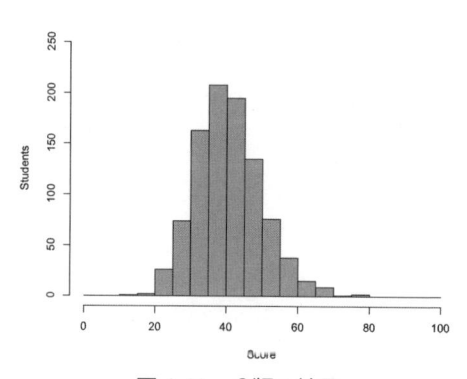

図4-41　β版の結果

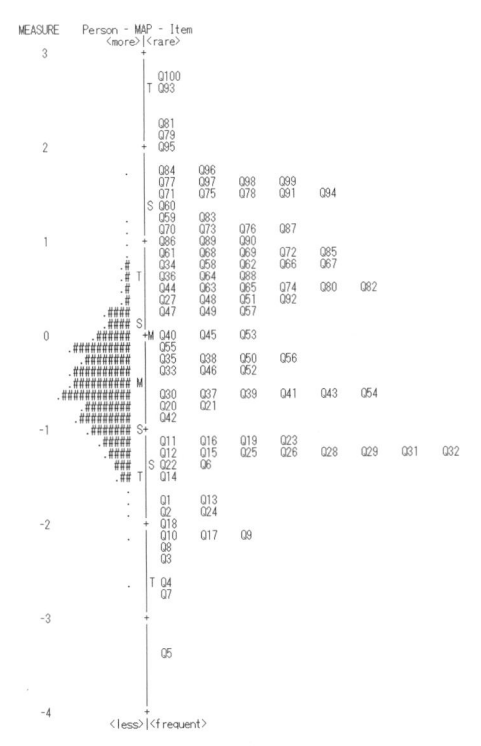

```
MEASURE    Person - MAP - Item
              <more>|<rare>
    3                  +
                       |
                     Q100
                   T Q93
                       |
                     Q81
                     Q79
    2              + Q95
                       |
                     Q84  Q96
                   . Q77  Q97  Q98  Q99
                   . Q71  Q75  Q78  Q91  Q94
                   S Q60
                     Q59  Q83
                   . Q70  Q73  Q76  Q87
    1              + Q86  Q89  Q90
                     Q61  Q68  Q69  Q72  Q85
                   . Q34  Q58  Q82  Q66  Q67
                 .#T Q36  Q64  Q88
                  .# Q44  Q63  Q65  Q74  Q80  Q82
                  .# Q27  Q48  Q51  Q92
                .### Q47  Q49  Q57
              .####S
         .######### +M Q40  Q45  Q53
    0  .##########    Q55
       .#########   | Q35  Q38  Q50  Q56
         .######## M Q33  Q46  Q52
       .###########  
         .######## M Q30  Q37  Q39  Q41  Q43  Q54
             .##### Q20  Q21
              .#### Q42
               .##S+
                .## Q11  Q16  Q19  Q23
   -1           .## Q12  Q15  Q25  Q26  Q28  Q29  Q31  Q32
                ### S Q22  Q6
                .## T Q14
                   .
                   . Q1   Q13
                     Q2   Q24
                   . Q18
   -2              + Q10  Q17  Q9
                     Q8
                     Q3
                   .
                   T Q4
                     Q7
   -3              +
                   .
                   .
                     Q5
                   .
   -4              +
              <less>|<frequent>
```

図4-42　β版の能力値と項目難易度との対応

　2013年4月には，入学者を対象に，プレイスメント・テストver.1.0を使って，ペーパーベースでテストを実施しました。回答は，マークシートを使って収集し分析しました。図4-43は，その結果をラッシュモデルで分析したものです。図4-43より，β版で確認された難易度の低い問題の課題が改善されたことが確認できます。

　2014年度からは，ver.1.0の問題項目をさらに改善させver.2.0とし，Moodleを使ってプレイスメント・テストを実施しました。図4-44は，その実施風景です。さらに，2014年度からは，プレイスメント・テストの結果から，学生の英語力のレベル判定を自動的に行うシステムを開発し，Moodleに実装させ利用しました。

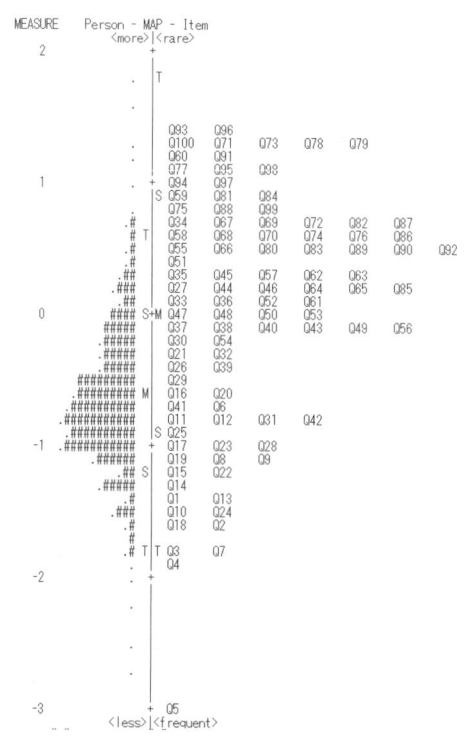

```
MEASURE   Person - MAP - Item
            <more>|<rare>
   2              +
              .  T|
              .   |
              .   |
              .   | Q93   Q96
              .   | Q100  Q71   Q73   Q78   Q79
              .   | Q60   Q91
              .   | Q77   Q95   Q98
   1          . +  Q94   Q97
              . |S Q59   Q81   Q84
              . |  Q75   Q88   Q99
             .# |  Q34   Q67   Q69   Q72   Q82   Q87
             .# T  Q58   Q68   Q70   Q74   Q76   Q86
             .# |  Q55   Q66   Q80   Q83   Q89   Q90   Q92
             .# |  Q51
            .## |  Q35   Q45   Q57   Q62   Q63
           .### |  Q27   Q44   Q46   Q64   Q65   Q85
            .## |  Q33   Q36   Q52   Q61
   0    .#### |S+M Q47  Q48   Q50   Q53
          .#### |  Q37   Q38   Q40   Q43   Q49   Q56
         .##### |  Q30   Q54
         .##### |  Q21   Q32
         .##### |  Q26   Q39
      .######## |  Q29
     .######### M  Q16   Q20
    .########## |  Q41   Q6
    .########## |  Q11   Q12   Q31   Q42
    .########## |S Q25
  -1  .######## +  Q17   Q23   Q28
           .### |  Q19   Q8    Q9
            .## S  Q15   Q22
            .## |  Q14
             .# |  Q1    Q13
            .## |  Q10   Q24
             .# |  Q18   Q2
              # |
             .# T|T Q3    Q7
              . |  Q4
  -2          . +
              .  |
              .  |
              .  |
              .  |
  -3          .  +  Q5
              <less>|<frequent>
```

図 4-43　ver. 1.0 の能力値と項目難度の対応

図 4-44　Moodle を使ったプレイスメント・テスト実施風景

クラス分けレベル判定には，ナイーブベイズ分類の手法を利用しました。ナイーブベイズ分類とは，確率モデルに基づきデータを分類する手法です。身近なところでは，迷惑メールの分類などに利用されています。ナイーブベイズ分類の手法を利用することで，素点ではなく回答の正誤パターンからクラス分けレベル判定を行うことができます。このシステムは，VeRSION2 のウェブサイト（http://ver2.jp/download）からダウンロードすることができます。

　前任校の流通科学大学では，プレイスメント・テストの結果を入学後の指導に生かし，基礎語彙と文法の底上げを図るために，Moodle を使った独自の取り組みも 2013 年度より開始しました。この取り組みでは，まず，電子化した入試過去問題の約 1,000 問を正答率順に並べ替え，20 問ずつを 1 セットに分割し，合計 48 セットの問題群を作成しました。さらに，48 セットの問題群を 12 セットずつに 4 分割し，セット 1 からセット 12 までを「基礎問題」（正答率 99.1％～66.4％），セット 13 からセット 24 までを「標準問題」（正答率 66.4％～52.7％），セット 25 からセット 36 までを「応用問題」（正答率 52.7％～39.5％），セット 37 からセット 48 までを「発展問題」（正答率 39.5％～3.2％）としました。そして，1 年生前期の配当科目である英語 I では「基礎問題」に，1 年生後期の配当科目である英語 II では「標準問題」に，2 年生前期の配当科目である英語 III では「応用問題」に，そして，2 年生後期の配当科目の英語 IV では「発展問題」に必修英語科目の授業時間を使って取り組むことにしました。授業内で問題に取り組む時間は 20 分から 30 分とし，翌週には前週分の問題の小テストを行う授業サイクルを，「授業の円環」[5] を参考にガイドラインとして定めました。

　取り組みの成果は，各学年の前期及び後期の最終授業のテストで測ることにしました。つまり，学生は，プレイスメント・テストの受験を含め，2 年間の必修英語科目を通して合計で 5 回のテストを受験し，英語基礎力の伸長確認を受けることになります。すべてのテストは Moodle で行い，テスト結果は，学年別，学部別，レベル別，クラス別，そして担当者別に集計することができます。受験結果は，テスト項目，教材，そして授業方針の見直しなどに活用する

ことができます。

　以上，前任校の流通科学大学英語科の Moodle を使った取り組みを紹介しました。TOEIC Bridge テストに代わり，英語入試過去問題を再利用してプレイスメント・テストを開発し，Moodle を使ってテストの実施，集計，クラス分けの作業を行えるようになり，大幅な人的コストと予算の削減を実現しました。また，Moodle を使って，プレイスメント・テストから 2 年後の到達度テストまで，一貫した英語教育のフレームワークを構築することができました。結果，定点的かつ経年的に，学生の英語力を大学の基準に照らし合わせて客観的に測定できる体制を整えることができました。このデータは，英語科の取り組みを振り返る重要な指標になっています。

4.2　その他の分野における実践

事例 ⑩：初年次情報リテラシー科目における実践例
記谷康之（広島修道大学）

　筆者は，初年次の情報リテラシー科目「情報処理入門」を担当しています。ここでは，Moodle を活用した複数クラス・複数担当者で展開されるこの科目の授業実践について紹介します。

　「情報処理入門」は，学生が入学後の早い段階で身に付けるべき技能・知識の指導を担っています。具体的には，文書作成・表計算の基礎的な操作の習得に加え，情報処理に関する知識の習得，すなわち情報理論の基礎，ネットワーク利用の基礎，著作権・情報倫理などを網羅し，基本的な情報リテラシーを身に付けることをねらいとしています。全学科共通のシラバスで授業を行い，テキストやオンライン教材の多くは全クラスで共通のものを使用しています。また，学内で提供されている様々なオンラインサービスや e ラーニングの利用について周知させる機会にもなっています。

　「情報処理入門」は，全学科で 33 クラスを開講し，毎年約 10 名の教員で分担しています。授業の進め方は各担当教員に任されますが，授業内容や教室環

境は共通です。Moodle も全クラスで使用します。

　新学期開始前に，Moodle に「情報処理入門」全クラス分のコースを一括して作成します。授業概要の編集，配布資料のアップロード，出席管理や課題に関する設定など，クラスごとの詳細な内容は各教員に委ねています。また，「教員用コース」を設けて，学内で提供されている情報サービスに関する資料や連携する他の学習活動の情報提供を行う体制を整えています。

　また，クラスごとに作成されるコースとは別に全クラスで利用できる「共通コース」を設け，基本的な情報処理スキルを確認するアンケートやタイピング測定の実施，知識小テストの実施，情報リテラシーに関する Flash 教材の提供を行っています（図 4-45）。授業進行によって全クラスに共通するお知らせや学習活動を追加することもあります。

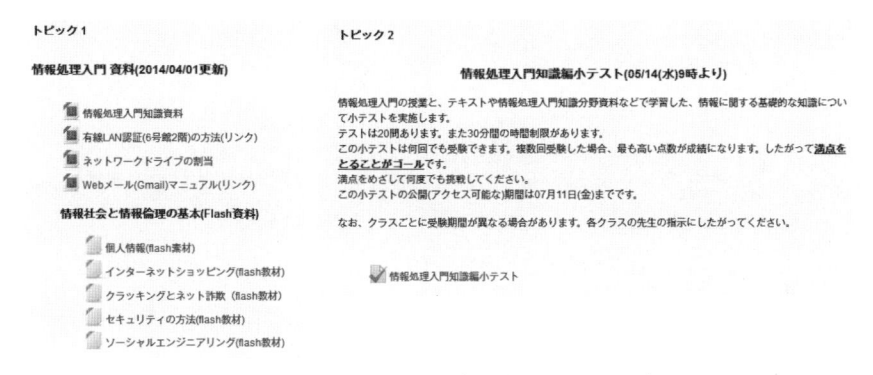

図 4-45　情報処理入門（共通）コースの一部

　本科目は，ソフトウエアの操作やインターネットを利用した情報検索など，実技を伴う演習を中心に授業を展開しています。また，情報リテラシーで扱う知識は範囲が広く，内容の変化も大きく，毎年新しく学習する項目があります。そして，学習内容を定着させるためには授業外学習が欠かせません。Moodle を利用すると，課題の収集や教材の配布，学習状況の把握を体系的に行え，きめ細やかな学習支援が可能になります。ネットワークセキュリティ，著作権，情報理論など情報に関する基礎的な知識については，共通の小冊子と，

Moodleの小テスト機能を使い，完全に習得させることをめざして取り組んでいます。具体的には，授業で学習する情報理論や情報社会の10の領域について，合計100問の小テスト問題を準備しています。学生は受験のたびに無作為に選択される20問の小テストに解答します。学生には，約2カ月の決められた期間内に満点を取るまで取り組むように指示しています。学生は授業時間外に自宅などからアクセスし，この課題に取り組みます。教員は受験記録を見て遂行状況を把握し，必要に応じて課題へのアクセスを促します。

2014年度は，知識の定着を確かめる目的で，学期初めと学期末に確認テストを実施しました。確認テストに使う設問を選定するために，Moodleの統計機能を使用しました（図4-46）。前年度に実施した小テストの結果から項目分析を行い，ネットワークのしくみ，情報倫理など10の領域からそれぞれ難易度の異なる2つの問題を選び，20問を確認テストの設問としました。この20問から無作為に10問を選び，出題します。

問題名	受験	ファシリティ指標	標準偏差	当てずっぽうの評点	意図された加重	有効加重	識別指数	識別率
Random (情報処理入門知識小テスト のデフォルト and sub-categories)	1440	93.19%	25.19%		5%	4.93%	47.27%	60.80%
Random (情報処理入門知識小テスト のデフォルト and sub-categories)	1440	93.82%	24.09%		5%	4.68%	44.22%	57.50%
Random (情報処理入門知識小テスト のデフォルト and sub-categories)	1440	93.13%	25.31%		5%	5.03%	49.38%	63.70%
Random (情報処理入門知識小テスト のデフォルト and sub-categories)	1440	92.57%	26.24%		5%	5.01%	46.50%	58.96%
Random (情報処理入門知識小テスト のデフォルト and sub-categories)	1440	93.13%	25.31%		5%	5.01%	48.84%	62.96%
Random (情報処理入門知識小テスト のデフォルト and sub-categories)	1440	93.47%	24.71%		5%	4.86%	46.89%	60.67%
Random (情報処理入門知識小テスト のデフォルト and sub-categories)	1440	91.74%	27.54%		5%	5.06%	44.51%	55.32%

図4-46　情報処理入門小テストの項目分析機能

確認テストは，10点満点で換算し平均点を求めたところ，学期初めは6.6点（0.05），学期末は7.4点（0.06）で，統計的に有意な増加でした（図4-47）。本科目においては，ソフトウエア操作の学習が授業時間の多くを占めているため，知識部分の習得を確かめるには授業時間だけでは不足しがちです。Moodleを

使用することで授業時間外の学習を進めることができ，また，知識の定着に一定の効果があることを確認できました。

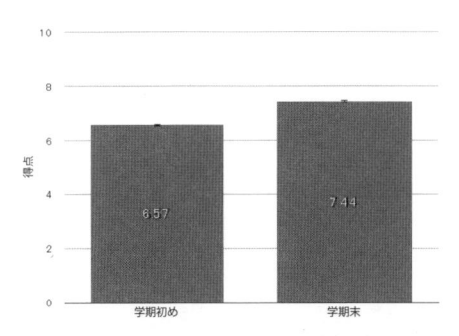

図4-47 知識分野の習得を確認するための小テスト結果

　次に，授業の流れについて説明します。初回授業はMoodleへのログイン指導の後，ガイダンスを行います。学生の登録は事前に済ませてあるため，学生はログイン後に履修クラスのコースページにアクセスでき，円滑に授業内容の説明に進むことができます。各回の授業概要，出席状況や課題提出状況を自分自身で確認するように授業開始時に指導し，Moodleへのアクセスを習慣化するよう促します。授業期間を通じて，教材・資料のダウンロード，課題の提出方法，記事の投稿など，Moodleの使用方法を習得させながら学習活動を促しています。

　筆者の担当クラスの場合，基本的な授業進行は表4-6の通りです。授業の初めはタイピングや日本語の入力練習を行っています。その後，当日の授業予定について説明し，学生には自分自身の出席状況や課題提出状況を確認するよう促します。続いて，教材データをダウンロードさせます。テキストの例題・練習問題は学期初めにまとめてダウンロードさせますが，学習するポイントを明確にするために新たに作成した教材をダウンロードさせることもあります。また，授業の進み具合により，授業中にデータの修正を行うこともあります（図4-48）。修正したデータをその場でダウンロードできるように設定できるところが，Moodleの使い良さの1つと感じています。

表 4-6　情報処理入門の基本的な授業進行

授業の進行	内容
導入	・タイピング，日本語入力練習 ・授業ページ，出欠，提出状況の確認 ・教材データダウンロード
展開	・講義，練習問題演習 ・小テスト
まとめ	・課題データ提出 ・授業アンケート

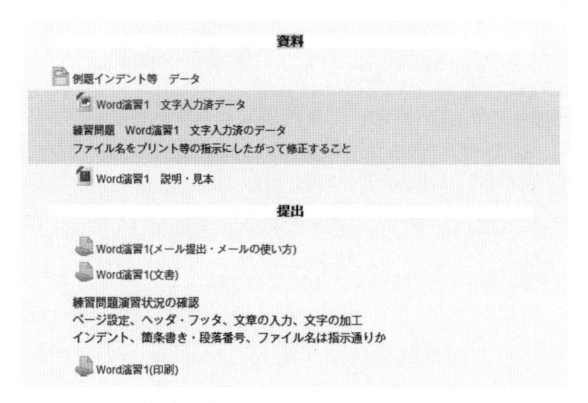

資料

- 例題インデント等　データ
- Word演習1　文字入力済データ
- 練習問題　Word演習1　文字入力済のデータ
  ファイル名をプリント等の指示にしたがって修正すること
- Word演習1　説明・見本

提出

- Word演習1(メール提出・メールの使い方)
- Word演習1(文書)
- 練習問題演習状況の確認
  ページ設定、ヘッダ・フッタ、文章の入力、文字の加工
  インデント、箇条書き・段落番号、ファイル名は指示通りか
- Word演習1(印刷)

図 4-48　筆者の担当クラスのコースページの画面

　準備ができたら，授業内容の学習に入ります。テキストやプリント資料を参照しながら講義を行い，練習問題に解答させます。また，授業内容の節目ごとに小テストも実施しています。

　学生が作成した例題や演習問題の解答データは，アップロード機能を使って提出させます。印刷による提出，メールによる提出の場合でも，オフライン課題として活動の記録と提出状況の確認ができるようにしています（図 4-48）。授業の終わりには，学習活動を振り返る目的で，毎回授業アンケートに回答を求めています。

　最後に，Moodle を使う利点について考えてみます。情報処理入門では，教員すべてが複数のクラスを担当しています。そのため，ほぼ同じ内容のコース

ページを複数作成します。Moodle では，コースページの記述を他のコースページに複写する機能（バックアップとリストア，あるいはインポート）があるので，まず 1 クラス分を編集し，残りは複写することで効率良くコースページが作成できます。複写する部分を選べることや，複写先にすでに何らかの記述がある部分には上書きをしないことから，学期途中に修正する場合でも容易にかつ安全に編集できます。また，前述したように授業中にその場で資料や問題データなどの教材や小テストや課題提出などの学習活動を追加することができます。授業の進み方に合わせて，柔軟に変更できる点が利点だと感じています。

情報処理入門の共通コースで実施する小テストはもちろんですが，Moodle の機能と直接関連しない技能の測定や学習アンケートについても，集計結果は Moodle を利用してフィードバックしています。たとえば，学期初めのタイピング測定の結果データをフィードバックすることにより，入力を苦手としている学生を把握し，入力練習を促したり，座席配置を変更するなど，授業運営に活用しています。

Moodle は，教員がそれぞれ担当する科目ごとに授業活動を支援するための環境であると思います。この科目のように，複数の担当者が共通した内容で授業を進める場合においても，有効に活用できることがわかりました。

事例 ⑪：授業形態や学生の学習環境に応じた Moodle の活用
脇谷直子（広島修道大学）

筆者は現在，担当している科目の中でも特にゼミナールと講義型の担当科目において，Moodle を活用しています。ここでは，広島修道大学の経済科学部経済情報学科におけるゼミナールでの活用例と，経済科学部 3 年生以上を対象に開講されている「ソフトウエア I/II」での活用例について紹介します。

広島修道大学では，2012 年度から全学的に，Moodle を活用できる環境と体制が整えられました。それまでも一部の科目で利用されていましたが，現在，学部を問わず英語科目や初年次の情報処理科目で利用されています。そのため，2 年生以上の学生に対して，Moodle そのものの説明をする必要がなく，利用

を促すことができます。実際に3年生は,「Moodle」という名前を忘れていても, 一度使うだけで使い方を思い出し, わからないときにわからない学生だけが質問するようにしても, 特に問題はありませんでした。

　Moodleをはじめとするeラーニングシステム（特に学習管理やコンテンツ管理の機能を持つもの）の利点としては, ①授業外の学習を支援する環境を提供できる, ②多様なコンテンツを多くの学生に見せる際に利用できる, ③授業から次の授業までの間に学生とコミュニケーションをとる手段に使える, ④学習の記録を保持できることなどがあげられます。Moodleの活用においても, これらのメリットがあると期待しました。

　また, Moodleがプロプライエタリ・ソフトウエアではなく, OSS（オープンソースソフトウエア）である側面から考えると, 世の中に多様なシステムが存在することの理解につながるのではないかということにも期待しました。さらに, 経済情報学科という「情報」についても学ぶ学科であることから, 教育分野でのICT利活用の推進は, 学生にとっても親和性が高いのではないかという期待もありました。

　ここから, 実際の活用例を紹介します。まずはゼミナールについてです。ゼミナールは, 少人数クラスで行う科目の代表例です。筆者が担当するゼミナールの規模は, 毎年履修者が10名前後で, 1人1台パソコンを使用できる情報演習室で授業を行っています。また, ゼミナールの学生を対象とした卒業論文の科目も担当しています。これらの科目では, 授業中に様式ファイルを配布し, ファイルに必要項目を入力して完成させ, 授業終了時に提出するという形態で行う回があります。また, 15回の授業終了後に個人レポート課題を課して, 期限までに提出させ, 最終評価を行います。Moodleの主な活用方法とねらいについては, 表4-7のとおりです。

　特に, 年間を通じてプロジェクト活動を行うような場合には, 授業期間外でも学生と連絡を取る必要が出てくることがあります。単なる連絡であれば, メールやSNSなどのツールでも十分ですが, ゼミナールの活動として記録に残しつつ, 多様なコンテンツを配布する場合には, Moodleのようなシステム

表4-7　経済情報学科ゼミナールでのMoodle活用例

主な活用方法	活用のねらい
リソース	・その日の授業で必要となるコンテンツの提示 ・授業間（特に夏休みなどの休暇期間）のコンテンツ配布
課題	・電子データでの提出（いつでもどこからでも提出可能） ・締め切り日時の設定と提出状況の管理 ・フィードバックや評定機能の利用

を使うと便利です。目的に応じて，各種ツールを組み合わせて使うことで，多様な指導を行うことが可能になります。

　また，表4-7に示す活用方法は，Moodleの基本的な機能のみではありますが，活用してみて改めて感じたメリットもありました。それは，「レポート提出したファイルがサーバに保存されている」ということです。コースを適切に設計すれば，学生にとっても，学習の履歴がMoodle上に集約されているということになります。配布したプリントをなくしたり，持って来るのを忘れたりする問題は減り，提出した最終版がどのファイルだったかについて悩む必要もなくなります。たとえば卒業論文であれば，Moodle上で定期的に提出し，フィードバックを返しておくことによって，バックアップにもなります。

　次に，「ソフトウエアI/II」での活用例を紹介します。「ソフトウエアI/II」は，経済科学部の3年生以上を対象として開講されている主専攻科目（選択）です。規模は，毎年履修者が100〜120名で，講義型の授業形態をとっているため，授業中にはMoodleの利用は行いません。この科目（特に小テスト機能を利用した「ソフトウエアII」）におけるMoodle活用の目的は，授業時間外に予習や復習などの学習を行う場合の支援環境の整備です。Moodleの主な活用方法とねらいについては表4-8に，「ソフトウエアII」（2013年度）でのMoodleのコース画面の一部を図4-49に示します。

表 4-8 「ソフトウエア I/II」での Moodle 活用例

主な活用方法	活用のねらい
リソース	・各単元の詳細や学習のポイントについてテキストで説明 ・授業終了後に講義資料をダウンロード（復習）
小テスト	・各単元の理解度チェック（復習・試験勉強）

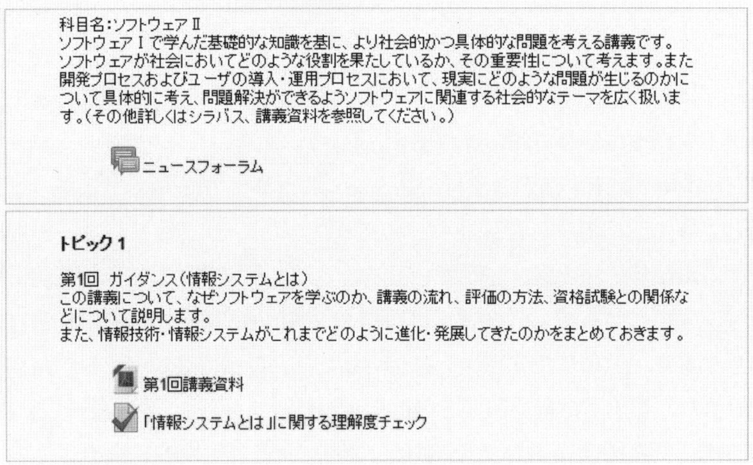

図 4-49 「ソフトウエア II」（2013 年度）のコース画面

　なお，「ソフトウエア I」の授業内容は，ソフトウエア開発プロセスなどの基本的知識を学ぶものです。「ソフトウエア II」の授業内容は，ソフトウエアの社会における役割や重要性，開発プロセス及びユーザの導入・運用プロセスにおける重要なポイント，どのような問題が生じうるのかなどについて考える内容としています。「ソフトウエア II」で扱うキーワードには，OSS も含まれます。これらの科目では，授業の最後に課すミニレポート（15 回の授業のうち 5 回程度実施）が 20％，ノートなど参照物持ち込み可の中間テストが 30％，持ち込み不可の期末テストが 50％の割合で，成績を評価しています。

　「ソフトウエア I/II」では教科書を指定していないため，毎回プレゼンテーションソフトを用いて授業を行い，スライドの簡易版を印刷して配布します。

スライドの完全版は，授業終了後に Moodle 上でダウンロード可能にします。これに加えて，Moodle 上では各単元の内容説明をシラバスよりやや詳しく説明しており，2013 年度の「ソフトウエア II」では，15 回の授業終了後に各単元に関する理解度チェックとして小テストを設け，試験勉強に利用することを想定したコンテンツを用意しました。

　Moodle を活用した上での，学生の学習環境や今後の利用意向などを把握するため，第 1 回目授業と第 15 回目授業にて，事前・事後調査を行いました。事後調査では，Moodle を活用する意義について 3 つの質問を用意し，回答を得ました。結果は図 4-50 の通りです。

Moodleを活用する意義について　N=80
※「利用したことがないのでわからない」とした回答を除く

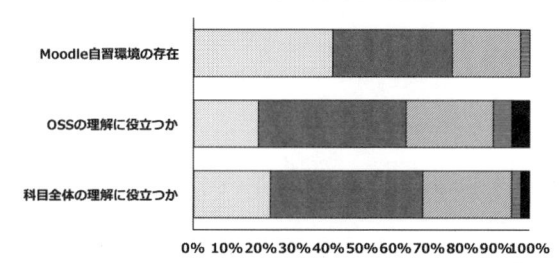

| | Moodle自習環境の存在 | OSSの理解に役立つか | 科目全体の理解に役立つか |

0% 10% 20% 30% 40% 50% 60% 70% 80% 90% 100%
□1（良い・役立つ）　■2　□3　■4　■5（良くない・役立たない）

図 4-50　「ソフトウエア II」(2013 年度) 事後アンケート調査結果 (Moodle 活用の意義)

　Moodle で自習できる環境があることについてどう思うかと質問した結果，やや肯定的な回答を含めると，約 77 ％に達しています。また，図 4-50 では，OSS の理解に Moodle の利用が良い関係を持つかという点と，全体の理解に Moodle の利用が良い関係を持つかについて質問した結果も示しています。情報システムについて取り上げた授業では，Moodle を 1 つの情報システムとして捉えて，そのユーザ特性を考えるよう説明をしました。OSS について取り上げた授業では，Moodle も OSS であると説明し，身近なソフトウエアから OSS を理解できるよう努めました。その結果，OSS の理解に関しては，否定的及びやや否定的な回答も約 11 ％ありましたが，科目全体の理解とあわせ，

全体的には肯定的な回答が多い傾向となりました。

継続的にMoodleを活用し，調査を実施していると，学生の学習環境の変化についてもわかってきました。タブレットの所持率が上昇したり，携帯電話（スマートフォンを含む）からMoodleにアクセスしようとする学生が増えてきたりしています。授業形態や，多様化する学生の学習環境に応じた活用が，学習成果の向上に結び付く鍵になるのではないかと感じています。

事例 ⑫：心理学専攻における Moodle を利用した実践
中西大輔（広島修道大学）

筆者は，広島修道大学の学部で開講されたすべての授業で，Moodleを活用してきました。ここでは，2013年度に開講した表4-9に示す授業について，その実践を紹介します。

表 4-9　中西の Moodle 活用授業

授業名	登録者数	学年	必修／選択	場所
心理学概論 I	95	1年生〜	必修	講義室
集団力学	70	2年生〜	選択	講義室
演習 I/II	12	3年生	必修	実験棟
心理学実習 III/IV	12	3年生	必修	情報演習室
演習 III/IV	6	4年生	必修	実験棟

表4-9にある講義室は通常の講義室で，コンピュータなどの機器は設置されていません。実験棟は大学構内の4号館にある実験室で，10数名が入れる比較的狭い部屋です。通常は実験の準備に使っており，部屋にはコンピュータが設置されています。情報演習室は大学構内の6号館にあるコンピュータ設置教室です。2013年度は，「心理学概論 I」と「集団力学」は，ほぼ同じ使い方をしているので，以下ではまとめて説明をします。

「心理学概論 I」は前期に毎年開講される科目で，心理学専攻の1年生（定員55名）が必ず最初に受ける必修の講義です。科目名から，心理学の全体像を薄く広く教える授業と思われるかもしれませんが，そうした内容は「現代心

理学」という別の必修授業で教育しています。心理学概論Iは前期が筆者の担当で，後期のIIは別の教員（認知心理学者）が担当しています。前期の私の担当部分では，進化や遺伝をキーワードに，進化生物学の観点からヒトの行動を研究することの重要性を解説する授業をしています。「心理学概論I」の授業としては異色ですが，後期のIIの授業では科学とは何か，心とは何かといった問題を考えさせる内容になっており，広島修道大学の心理学専攻における特徴的な授業（概論だが，概論ではない）になっています。

　一方，「集団力学」は後期に開講される科目で，2年生以上を対象に開講しています。この科目は，毎年開講されるとは限らない科目です。内容は集団での意思決定，社会的影響，社会的交換といった社会心理学の主に集団領域についての講義です。

　これらの科目では，シラバス，ニュースフォーラム，過去の試験問題，質問などを受け付けるフォーラムを，トピック0に配置しています（図4-51）。

　授業についてのコメントや質問を書くフォーラムには，投稿はあまりありません。たとえば，「心理学概論I」では半期で，のべ6件の投稿しかありませんでした。これは，筆者が担当する講義形式の科目では，必ず授業の終わりにリアクションペーパーに授業内容の質問や感想を書かせ，それに対する返信をブログ（これもトピック0にリンクしています）で行うスタイルを採っているため，わざわざMoodle上で個人名を晒して質問することはないという理由からだと思われます。ブログは，2013年度までは学内に設置したMovable Typeサーバーを，2014年度からは研究室に設置したWordPressサーバーを利用しています。なお，ブログに書いた前回の質問に対する回答は，授業開始時に20分ほど使って解説しています。前回の授業で教えた内容については，結構な頻度で誤解が見られますので（「○○ではない」という話をしても「○○だというのは面白いと思いました」などという内容の感想を書いてくる），毎回その誤解を訂正するというのが，この活動のねらいです。

　トピック1以降には，毎回の授業ごとの簡潔なコマ単位のシラバス（授業内容詳細）と授業で用いたスライド，小テストをアップロードしています（図

4-52)。

> **授業題目「進化と適応の心理学」**
>
> **授業の概要:**
> 本講義では，生物学的な視点から人間行動を説明する適応論について解説する。進化や遺伝子に関する基礎を学び，ヒトの行動がどのような生物学的な基盤を持つかを解説する。古い社会科学（「標準社会科学モデル」）では，人間行動はその全てが文化や社会によって説明できると主張していた学者も存在したが，そのような考え方は既に否定されている。文化や社会が人間行動に影響を与えているのは確かだが，行動遺伝学や進化心理学などの様々な研究によって，人間行動の進化的基盤が明らかにされてきた。講義では，こうした研究の一端を紹介し，進化や適応という視点から人間行動を説明することの意義について学習する。
>
> **学習の到達目標:**
> 進化や環境への適応という観点から人間や動物の行動を説明することができる。
>
> **授業計画:**
> - 第1回 なぜ心理学概論で「進化」なのか？
> - 第2回 氏と育ち: 氏が軽視されてきた歴史
> - 第3回 氏と育ち: マーガレット・ミードの研究，氏と倫理
> - 第4回 進化の概念 (1)
> - 第5回 進化の概念 (2)
> - 第6回 遺伝子と行動 (1)
> - 第7回 遺伝子と行動 (2)
> - 第8回 前半部分まとめ
> - 第9回 利己的遺伝子 (1)
> - 第10回 利己的遺伝子 (2)
> - 第11回 ヒトの進化 (1)
> - 第12回 ヒトの進化 (2)
> - 第13回 ヒトの進化 (3)
> - 第14回 血縁淘汰 (1)
> - 第15回 血縁淘汰 (2) 後半部分まとめ
>
> 💬 ニュースフォーラム
> 📄 Garbage Articles (リアクションペイパーに対するコメントはこちら)
> 📄 2011年度の期末試験過去問題 (開くパスワードは「ep11」)
> 📄 2012年度の期末試験過去問題 (開くパスワードは「ep12」)
> 📄 進化心理学の学会が広島修道大学で開催されます！
> 💬 授業についてのコメント，質問などを投稿するフォーラム

図4-51 心理学概論 I のコース（トピック0）

> **授業内容詳細**
> 前回は本講義のルール，15回分の講義で学習する内容について説明した。第2回目から集団力学の内容に入って行く。第2回目は「集団力学とは何か(1)」と題して，集団力学の全体像について簡単に説明をする。
> 1. 集団力学とは何かを説明する。集団力学の歴史，社会心理学との関係についてお話する。
> 2. 集団力学の産まれた背景を当時の社会的状況から紹介する。
> 3. 集団力学を理解する上で重要な「マイクロ・マクロ・ダイナミックス」について例を挙げて説明する。
> 4. 集団力学で用いる「集団(group)」や「集合(aggregate)」といった概念について確認する。
> 次コマとの関係: 集団力学の全体像を理解した上で，具体的にどのようなテーマが集団力学の研究対象となるのか，次回はさらに振り下げて学習する。
>
> 最終更新日時: 2014年03月13日(木曜日) 17:17

図4-52 授業内容詳細

コマ単位のシラバスでは，前回に行った内容を1行でまとめ，今回の授業の内容を箇条書きで提示しています。さらに，その内容を踏まえて次回の授業で

どのようなことを行うのかを記述しています。大学の電子シラバスには文字数に制限があるため，Moodle のコースをシラバスとして使うという発想です。

なお，授業内容のスライドは Keynote を使っており，これを PDF にして，印刷不可でコピー＆ペースト不可のセキュリティをかけた上で公開しています。スライドの準備が間に合えば授業前に提示し，学生が授業前にノートを作成することができるようにしています。事前にノートを作成してくる学生もいれば，自分のスマートフォンやタブレット端末でスライドを見ながら授業を受ける学生もいます。

小テストは，行うことは必須ではなく，解答することでボーナス点を与えています（図 4-53）。強制にはしていませんが，これらの科目は期末試験が参照物不可のため，ほとんどの学生が解答しています。

なお，小テストは自動採点にしています。

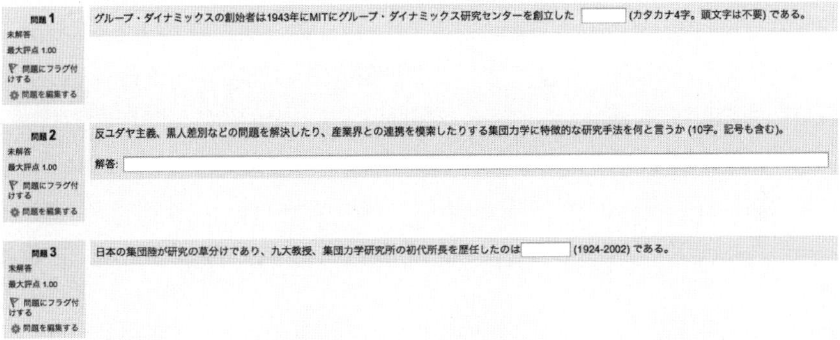

図 4-53　小テストの例

それ以外の教材としては，授業で見たビデオに関する付加的な情報や紹介した論文の PDF ファイルへのリンクなどを，適宜当該コースに設置しています。これらの授業は通常の講義室で行っているため，自分の PC を持ってきたり，スマートフォンやタブレット端末で Moodle コースを見ながら授業を受ける学生が多く見られます。授業中の携帯電話使用は，（授業に関連した使用に

限り）認めています。

　続いて，演習及び実習での実践を紹介します。3年生対象の「演習 I/II」では，指定した文献の担当を決めて読ませて，配布資料（スライドあるいは印刷したもの）を作成させています。発表担当者は，事前にディスカッションフォーラムに自分の作成した資料をアップロードします。また，発表担当以外に「コメンテーター」という役割を設けています。コメンテーターの担当者は，授業開始前にディスカッションフォーラムに自分の意見や疑問に思った内容を投稿しておくことが求められています。毎回のトピックには，発表者の情報と発表する文献の情報を載せています。

　一方，「心理学実習 III/IV」では，実際に調査・実験データを収集し，その分析を行います。履修者が同じなので，コースは「演習 I/II」と共用しています。したがって，各トピックに演習用の内容と実習用の内容を「ラベル」で区切って並べています。ただ，このやり方は成績評価の際に評点を算出するのが煩雑になるので，必ずしもお勧めできません。心理学実習では毎回，有斐閣双書の『社会心理学キーワード』という教科書に従った小テストを行っています。授業開始の10分を使い，このテストを行い，それを成績に反映させます。小テストは全部で21あり，それを前期・後期に分けて実施をしています。データの分析には，「R」というフリーの統計分析ソフトを使っているため，適宜，分析のためのプログラムを各トピックに掲載して，学生が自分で分析できるようにしています。最終的に，「課題」機能を使い，レポートをファイルで提出してもらいます。

　4年生対象の「演習 III/IV」では，あまり積極的に Moodle を使っていません。このコースでは，主に教員が学生指導の履歴を蓄積しておくようにしています。卒業論文の進捗状況を報告させた場合に，ディスカッションフォーラムに学生が発表した内容に赤を入れたものをスキャンし，それをアップロードしておきます。どの学生がどのプロジェクトに関わっていて，その進捗状況がどのくらいか，このファイルを参照して確認します。また，卒業論文の指導では，セクションごとに適宜締め切りを設けて（「方法」「結果」「考察」ごとに締め切

り日を設ける），「課題」機能を使ってアップロードさせています。このように，4年生向けの授業では，教員のメモと学生のプロジェクト進捗管理として利用しています。

事例⑬：Moodle による e ラーニング教材の提供
― 国際関係史の場合 ―
矢田部順二（広島修道大学）

　ここでは，筆者が担当する「国際関係史Ⅰ・Ⅱ」（国際政治学科主専攻科目，1年次〜4年次配当）における，Moodle 教材導入事例をまとめておきます。この科目では 2012 年度以降，Moodle 上に，①授業時の配付資料（レジュメ，資料類，伝記など），②授業時に使用した映像教材（5〜10分程度），③練習問題をアップロードし，履修者が授業時間外に，この科目について学習するための教材を提供してきました。

　筆者が担当するこの科目は，カリキュラム上では国際政治学科のA群（1年次から履修可能な，基礎的な専門科目が集められた科目群）に位置しています。世界に興味がある，戦争や平和に関心があると考えて本学科に入学しながらも，高校を卒業したばかりの新入生の社会科学的知識や世界情勢に関する常識は，十分とはいえないのが実情です。そこで，2年次以上で本格的に国際政治学の諸相を学ぶ前提として，現代国際政治上の諸問題にはどのような歴史的背景があり，現代世界が生成されたプロセスはいかなるものかを理解してもらうことが，この科目の目的となっています[6]。単位修得が卒業に関わるような必修科目にはしていませんが，履修指導のときに履修することが望ましい科目とされているので，1年次生の8割ほどが履修します。

　現代世界の分析を課題とする国際政治学には，世界地理の常識や世界現代史の知識が，その学問領域の前提として欠かせません。2003 年から 2004 年ごろにかけ，高等学校課程の必修科目であるはずの世界史が，大学受験科目でないなどの理由で，全国の高校で学習されていない問題（いわゆる未履修問題）が報道をにぎわせたことがありました。さすがにその直後は，教室での問いかけ

に,「世界史を既習しなかった」と答える入学者は激減しました。しかし,最近ではまた,「世界史を勉強していないので,内容が難しい」とミニッツペーパーなどに書く学生が増えています。まして,以前から,たとえ世界史を学習していても,授業の進度の関係で,現代史についての説明は高校教育においておろそかにされてきたという状況があります。この科目は,こういう状況に対処するためのものでもあります。

　カリキュラム体系において,個々の科目がもつ目的は,しばしば,認知領域,情意領域,技術領域の,それぞれどこに中心をおくのか区分されますが[7],すなわち前述の観点からいえば,国際関係史Ⅰ・Ⅱは認知領域中心の,知識提供型科目と分類されるでしょう。科目の到達目標も,たとえば2014年度後期の国際関係史Ⅱは,認知領域を中心とした3つの到達目標を掲げています。具体的には,①1930年代以降の国際社会の変容を説明するために必要な国際政治学上の専門用語のいくつかを自分なりに説明することができる,②戦間期から第二次大戦を経て現在にいたる国際関係の重要な事件や紛争の概要と原因・結果を最低3つ以上,自分なりに説明することができる,③現代の国際政治の課題を,その歴史的文脈にさかのぼって関係付けることができるの3点です。

　現代世界を形成する種々のシステムは,ヨーロッパ起源のものが少なくありません。主権国家体制や法治国家の枠組,人権の考え方等々は,ヨーロッパの国際政治に起源を持ち,世界に拡がりました。また,筆者自身もチェコスロヴァキアを中心とした東欧の国際政治史を専攻してきました。こういう経緯から,当該科目ではヨーロッパ国際政治の展開を中心に,講義を組み立てています。前期の国際関係史Ⅰでは,主権国家が成立した17世紀中葉から第一次世界大戦の結果までを,また後期の国際関係史Ⅱでは,戦間期の諸問題(ファシズムの勃興など)から第二次世界大戦を経て,戦後の東西対立と冷戦後の世界までを,講義の対象にしています。

　他方,履修者の8割を占める1年生の多くは,歴史は暗記科目であり,苦手という意識を持っていることが少なくありません。また現在,大学で学ぶ学生の多くは冷戦後に生まれ育った世代であり,古い時代のことはイメージしにく

いという現実もあるようです。しかし，社会問題を分析するための視座は，いつ，誰が，何をしたかという情報も重要ながら，どのように，なぜという原因や結果や，ものごとの連関性に注目し，自分なりの判断をすることにおかれるべきでしょう。そのような能力を涵養するために，この授業では各回にテーマを設け，問いかけと履修者からの応答を中心に，過去の国際情勢が変化した原因や結果を解説するように展開を心がけています。関連する政治指導者の伝記（A4 用紙 1 枚）も宿題にしながら，5 分から 10 分程度の映像教材も取り入れていますが，これは，より具体的に過去をイメージしてもらうためです。

　ただ，ここ 10 年あまり，期末試験結果などを見ていると，単答式問題にせよ，論述式問題にせよ，事実関係の不正確な把握が目立ち，これは授業外学習（復習）の絶対的不足によるのではないかと考えさせられることが多くありました。折りから 2012 年の中央教育審議会による「質的転換答申」に見られるように，授業外学習時間の確保は，現代日本の大学生全体が抱える問題であることが明らかとなっています。このような意識を持っていたところに，e ラーニング教材を比較的楽に蓄積することができ，かつ履修者のアクセス状況も把握可能な Moodle が，本学でも 2011 年から導入されることになり，国際関係史 I・II でも，教材の学生への提供を図ることとしました。

　本学の Moodle 上に国際関係史 I・II のコースを設けたのは，2012 年度からになります。初年度は，授業で配付するレジュメなどの資料を掲載し，また，授業中に視聴する映像教材の配信を中心としました。欠席した学生への配付資料については，「国際関係史 Moodle」（学生にはこう紹介している）からダウンロードするように指示し，少なくとも資料のバックナンバーを持ち歩く必要はなくなりました。ただ，資料配付だけでは Moodle へのアクセス数はたいして伸びず，利用されないことがすぐに明らかとなりました。

　そこで，コース運用 2 年目の 2013 年度からは，小テスト作成ツール「e 問つく朗」（第 2 章を参照）を利用して，授業回ごとに多肢選択型の復習問題を提供することにしました。公務員試験の問題集や大学入試の参考書なども参照しながら，各回の前提となる基礎的知識の検証が可能な問いや授業中に強調し

た内容に関する問いを，それぞれ数問から 10 数問用意しました（図 4-54）。

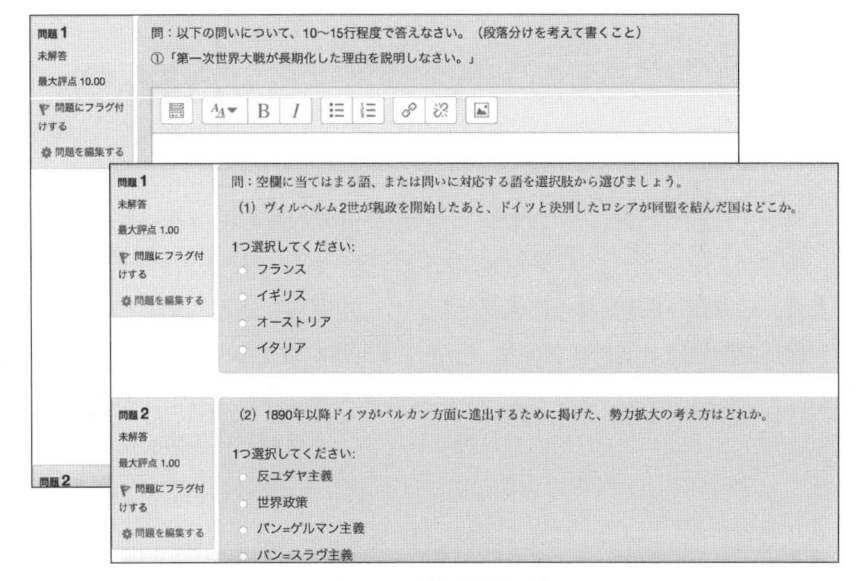

図 4-54　練習問題の例

　ただ問題集の提供だけでは，やはり利用されないことが容易に想像できたので，期末試験の出題に「国際関係史 Moodle」からの出題をすることを情報宣伝し，期末試験問題を作成するときに，Moodle 上の問題集をアレンジして適語補充問題に作りかえ使用することにしました。これは，学生のアクセス数の上で劇的な効果を生み出しました。

　そしてその結果として，「国際関係史 Moodle」へのアクセスがほぼ皆無だった学生と，しばしばアクセスしていた学生とでは，少なくとも適語補充問題の正解率は，アクセスの多い学生が若干上回る結果となりました。ただし，空欄補充問題はその性格上，いわゆる正確な暗記力を問うものであり，原因や結果を文章で著す論述問題の解答は，依然として満足できるものではありませんでした。

　2014 年度前期にはこれを是正すべく，Moodle 上で多肢選択問題に加え，毎

回，論述問題の問いを加えることにしました．コース前半の問題集では，相対的に短い字数で解答できる簡易な出題内容とし，コース後半には，より因果関係の説明を重視する問題を並べました．また，期末試験の論述問題は，「国際関係史Moodle」の論述練習問題の中から出題すると，シラバスを解説するときに履修者に説明しました．

　分析はまだ完了していませんが，結果，アクセス頻度の多い学生は論述問題に対しても，十分な準備をして臨んだことを感じ取れる解答が増えたとの印象を持つに至っています．次の課題は，論述問題を作成したとき，実際に宿題として答案を作成させ提出した学生には簡単なコメントを付けて採点するなど，日常的に授業外学習のパフォーマンスを質的に高めることではないかと感じています．

　まとめにかえて，アクセス頻度をどう増加させるのかについて考えてみます．現状ではMoodle上のログでは，アクセス回数は解析できても，アクセス時間の長さまでは表示されません．期末試験の問題には「国際関係史Moodle」の問題集が関係すると情報伝達しているわけですから，試験直前にアクセス数が激増するのは，試験情報を求める学生心理からして，ごく自然なことと思われます．

　試験直前にだけ試験情報獲得のためにアクセスする学生と，反復して頻繁にアクセスする学生の違いはどこにあるのかという点に，関心を寄せる必要がありそうです．語学系授業のMoodleでは反復利用は当然のことと思われますが，知識伝達が中心の社会科学系授業の場合では，すでに基礎的知識を有している学生とそうでない学生との学力差も大きく，継続的利用の必要性を履修者に認識してもらうこと自体が簡単ではありません．

　歴史アレルギーの有無，ページ更新の様子を頻繁にチェックしないと気が済まない性格かなど，アクセス頻度の差異は，単に授業外学習慣があるかないかといった，まじめ・ふまじめの差だけではないように思います．より継続したMoodleによる授業外学習が拡がるには，魅力的な教材作りになお工夫が必要だと感じています．

第5章 LMSを利用した教育効果測定の試み

第4章では，Moodleを利用した実践を紹介しました。広島修道大学では，プロジェクトを立ち上げ，様々な分野を専門とする教員がお互いに意見を交換しながら，Moodleを利用した教育実践を行っています。このような実践をした後にきちんと評価を行い，その結果をもとに実践を改善していく必要があることはいうまでもありません。そこで本章では，同大学の教員が行った授業を対象にして，その効果を測定しようと試みました。

5.1 教育効果の測定

LMSを利用した教育には，様々な利点があります。教育実践の内容や教育活動で得られた結果を電子的に保管できるために成績処理が容易になり，情報を一元化することにより散逸を防ぐことができます。また，自分が作った教材を他の人に活用してもらったり，逆に，他の人が開発した教材を容易に自分のシステムに取り込んだりすることもできます。これらの利点は，LMSの利用により，教育にかかるコストを省くことができるという点に集約されます。

さらに，積極的な利点として，LMSの導入により「いつでもどこでも」学習のできる環境を構築できるということもよくいわれます。自宅学習で予習を行い，教室では応用問題を解かせるといった「反転授業（flipped classroom）」が最近注目を集めていますが，LMSを活用することによって，自宅での予習はさらに効果的になると考えられます。実際に，タブレット端末を使って自宅学習をさせる試みも報告されています。

一方で，こうした活動については批判も存在します。「いつでもどこでも」学習ができる環境というのは，言い換えれば，「いつだってどこでだって」自主的に学習をしない学生と，意欲的な学生との格差を拡大するという批判です。反転授業では予習が必須なわけですが，当然，予習をしてこない学生も存在するでしょう。予習をしてこなければ，授業で応用問題など解けるわけがありません。一方で，「意欲的な」学生にとっては極めて有効に働く可能性があります。

　このように，もし「平均」で学習効果が上がったとしても，意欲的な者とそうでない者の間の格差が拡大したとしたら，どうでしょうか。学習効果の測定には，このような平均や中央値といった代表値に還元されない問題点があることを忘れてはいけません。たとえば，ある治療法によってある病気が完治する確率が10％上がっても，その治療法によって亡くなる方が10％増えたとしたら，どうでしょう？　もちろん，教育の目的をどこに置くかによって，平均を上げたいのか，上位層をさらに伸ばしたいのか，下位層を底上げしたいのか，その基準は変わってきます。とはいえ，代表値だけで教育効果について云々する怖さについては，十分認識しておく必要はあります。

5.2　2012年度の2つの授業データから見るLMS（Moodle）利用による教育効果

　ここでは，そうした点を踏まえた上で，広島修道大学でMoodleを使っている授業について，アクセスログを使った教育効果の測定を試みます。Moodleへのアクセス数が教育効果を向上させるかどうかについては，「講義型科目におけるMoodleの利用が学業成績に与える影響」[1]が参考になります。筆者が担当した「心理学概論I」と「進化と人間行動」という2つの科目について，Moodleへのアクセス数と期末試験の成績に関連があったかどうかを定量的に検討した研究です。2012年度の前期に開講された「心理学概論I」と，後期に開講された「進化と人間行動」については，アクセス数が多いほど期末試験の成績が良いことがわかりました（図5-1，図5-2）。

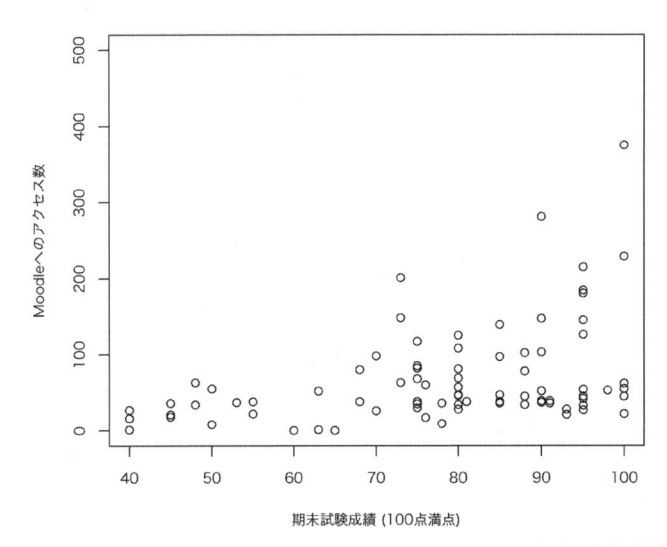

図 5-1 「心理学概論 I」の Moodle へのアクセス数と期末試験成績の関係
（「講義型科目における Moodle の利用が学業成績に与える影響」[1]より引用）

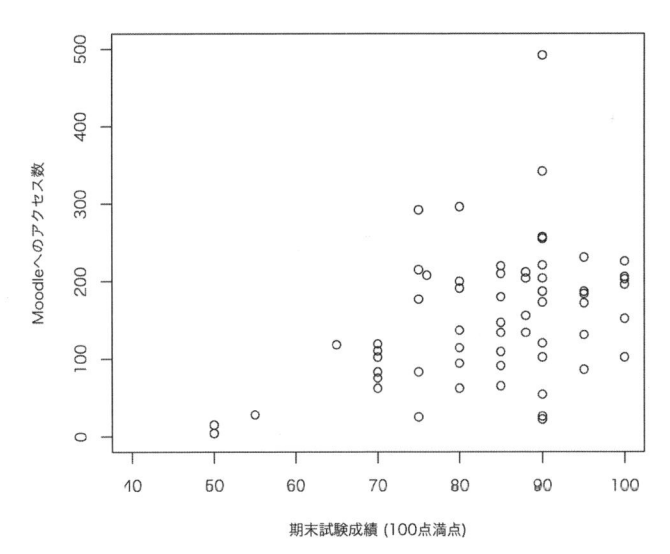

図 5-2 「進化と人間行動」における Moodle へのアクセス数と期末試験成績の関係
（「講義型科目における Moodle の利用が学業成績に与える影響」[1]より引用）

しかし，この効果に対しては，「Moodleへのアクセス数が多い学生は，授業への出席率も高いからかもしれない」という批判が成り立ちます。そこで，アクセス数を統制した分析をしたところ，「心理学概論I」では相関関係が消失しました。ところが，「進化と人間行動」では，相変わらず相関関係が残りました。それでは，これら2つの科目の違いとは何だったのでしょうか。

実は，「心理学概論I」でコース上にアップロードした教材は，過去の期末試験問題とコマ単位のシラバス，各授業で使ったスライドのPDFファイル，質問や議論ができるディスカッションフォーラムだけでした。一方，「進化と人間行動」では，それらに加えて，11回分のオンラインテキスト課題を与えていました。オンラインテキスト課題というのは，Moodleのコース上にテキストボックスを設置し，そこに記述式課題の解答を入力するという教材です。最近のバージョンのMoodleでは，「活動またはリソースを追加する」から「課題」を選択し，「提出タイプ」を「オンラインテキスト」にした上で，「ファイル提出」をオフにすれば設置できます（図5-3）。

図5-3　オンラインテキスト課題の提出タイプの設定（教員側）

このように，オンラインテキスト課題は設置が容易で，学生側が提出するのも簡単です。ファイルを作成して，それをアップロードする作業が必要ないからです（図5-4, 図5-5）。実際，11回分のオンラインテキスト課題の提出数と期末試験の成績との関係をプロットすると，図5-6のようになり，正の相関関係が得られています。

第 5 章　LMS を利用した教育効果測定の試み

じゃがいもについて

じゃがいもの普及してきた歴史にいて400字程度で説明しなさい。

提出ステータス

提出ステータス	未提出
評定ステータス	未評定

課題を追加する

あなたの提出に変更を加えます。

図 5-4　オンラインテキスト課題の提出①（学生側）

じゃがいもについて

じゃがいもの普及してきた歴史にいて400字程度で説明しなさい。

オンラインテキスト

変更を保存する　キャンセル

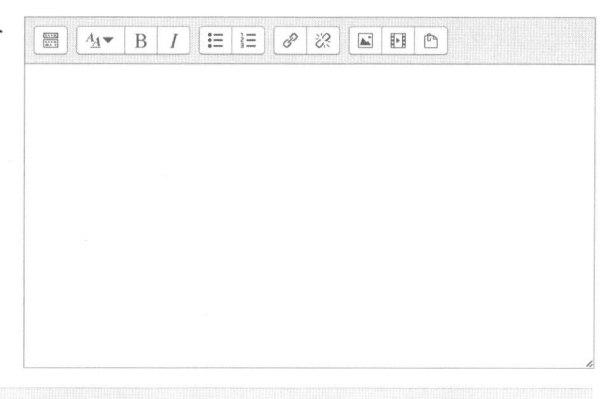

図 5-5　オンラインテキスト課題の提出②（学生側）

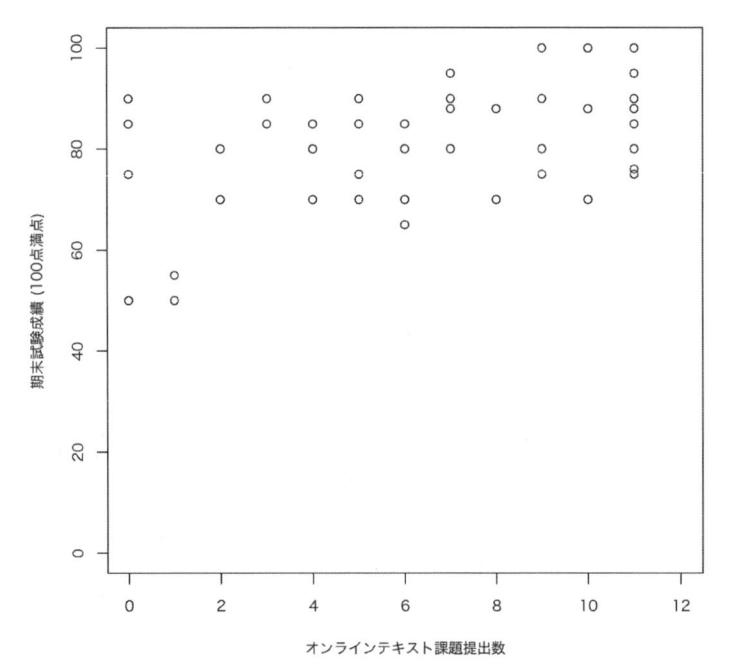

図 5-6　オンラインテキスト課題提出数と期末試験成績との関係
（「講義型科目における Moodle の利用が学業成績に与える影響」[1] より引用）

以上の結果から，少なくともオンラインテキスト課題については，期末試験の成績が良くなるという形での教育効果が得られています（とはいえ，この結論は，後で論じるように，暫定的なものです）。

5.3　複数授業の分析

さて，2012 年度に筆者が行った授業に関しては，Moodle に課題を設置すれば教育効果が上がるという結果が得られました。しかし，担当者が 1 名で，似たような講義型の授業だったから得られた結果かもしれません。先ほど，結果が「暫定的なもの」と述べた理由の 1 つです。そこで，2013 年度に広島修道大学で行われた授業に関して，表 5.1 にある 12 の授業を分析対象としました。

分析対象とした授業及び各授業で利用した Moodle 機能については，表 5-1

と表 5-2 をご覧ください。なお，この当時用いていた Moodle のバージョンは 1.9 です。教室形態は，通常の講義室を用いた授業が 5 つ，必携ノート PC（広島修道大学では一時期，学生一人ひとりに指定したノート PC を購入させていました）を用いた授業が 5 つ，CALL 教室（PC 設置）で行われた授業が 2 つでした。履修者数は 21 名から 146 名まで，幅広く分布しています。すべての授業で授業外での Moodle 利用を行っており，授業内でも利用している授業が 7 つありました。なお，最終的な評価点（100 点満点）に Moodle の活動を含んだ授業は 1 つだけでした。

表 5-1　分析対象とした授業

担当者	授業	履修者数	教室	必修	授業内利用	授業外利用	評価点に Moodle 活動を含むか
中西大輔	心理学概論 I	101	講義室	○	×	○	含まない
中西大輔	集団力学	81	講義室	×	×	○	含まない
矢田部順二	国際関係史 I	146	講義室	×	×	○	含まない
矢田部順二	国際関係史 II	121	講義室	×	×	○	含まない
脇谷直子	ソフトウエア II	110	講義室	×	×	○	含まない
記谷康之	情報処理基礎（表計算 53）	35	PC	×	○	○	含まない
記谷康之	情報処理基礎（プレゼンテーション 53）	28	PC	×	○	○	含まない
記谷康之	情報処理基礎（文書編集 57）	28	PC	×	○	○	含まない
記谷康之	情報処理基礎（文書編集 58）	27	PC	×	○	○	含まない
大澤真也	Reading & Writing II	32	CALL	○	○	○	含まない
竹井光子	英語 II（3 クラス分）	134	PC	○	○	○	含む
岡田あずさ	英語聴解 II	21	CALL	×	○	○	含まない

（注）「PC」とは学生がノート PC を持ってきて授業を行うための教室

表 5-2 各授業で用いた Moodle 機能

	心理学概論I, 集団力学	国際関係史I/II	情報処理基礎	Reading & Writing II	英語II	英語聴解II	ソフトウエアII
ラベル挿入	◎		○	◎	○	◎	◎
テキストページ作成	○			○			
ウェブページ作成	◎			○	◎		
ファイル・ウェブサイトへのリンク	○	◎	○	○	◎	○	◎
ディレクトリの表示							
チャット				○			
データベース							
アンケート(Questionnaire)					◎	○	
フィードバック				○	○	○	
フォーラム	○	○			◎	◎	
レッスン				○			
ワークショップ							
ファイルの高度なアップロード				○			
オンラインテキスト			○	○	○		
単一ファイルのアップロード		○	◎		○		
オフライン活動			○				
出欠							
小テスト	◎	◎	◎	◎	◎		◎
調査							
投票	○				○	◎	
用語集				○			
Wiki				○	◎		

5.4 授業の分析結果

これらの授業に対して，Moodleへのアクセス数と評価点（基本的に期末試験の成績。期末試験成績がないものは100点満点換算した最終評価）の関係

を見ていきます。まずは基本的な記述統計として，全授業の出席率，評価点，Moodleへのアクセス数のヒストグラムを示します（図5-7～図5-9）。

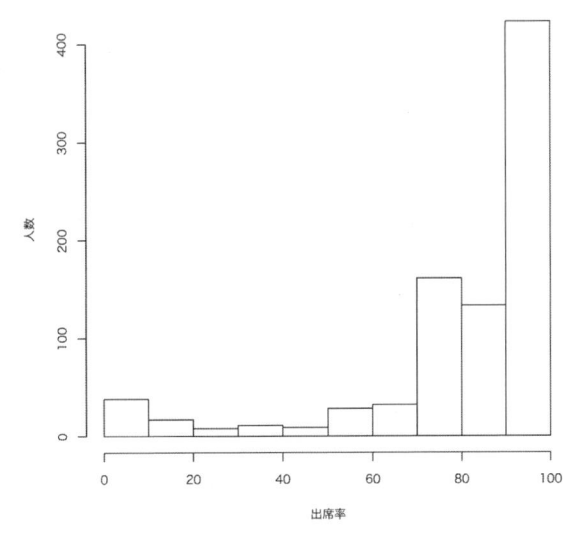

図5-7　出席率のヒストグラム（全授業）

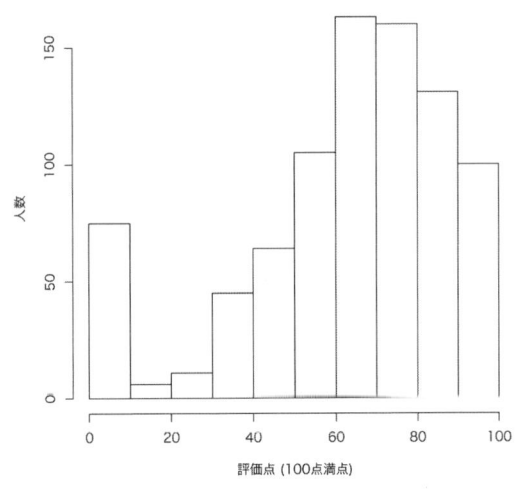

図5-8　評価点のヒストグラム（全授業）

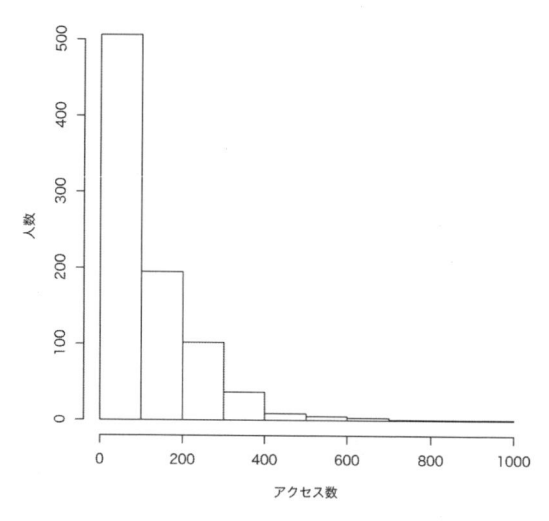

図 5-9　アクセス数のヒストグラム（全授業）

　ヒストグラムにより分布を確認すると，出席率は 90％を超える学生が大半を占め，評価点は 60 点を超える群と 10 点に満たない群に分かれた二峰型の分布になっています。アクセス数に関しては，100 未満が過半数を閉めています。このように，正規分布から外れた分布となっているため，以降の分析で相関係数を求める際には，Pearson の積率相関（r）ではなく，Spearman の順位相関（ρ）を用います。これは，データを順位データに変換した上で，相関係数を求める方法です。

　すべての授業の履修者（860 名）を対象とし，アクセス数と評価点の相関係数（Spearman の順位相関）を求めると，$\rho = .39$（$p < .01$）という弱い正の相関が得られました。二次元上にプロットしたものを，図 5-10 に示します。散布図より，基本的には右上がりのパターンが示されていますが，アクセス数が少ない学生の成績が多様であることがわかります。

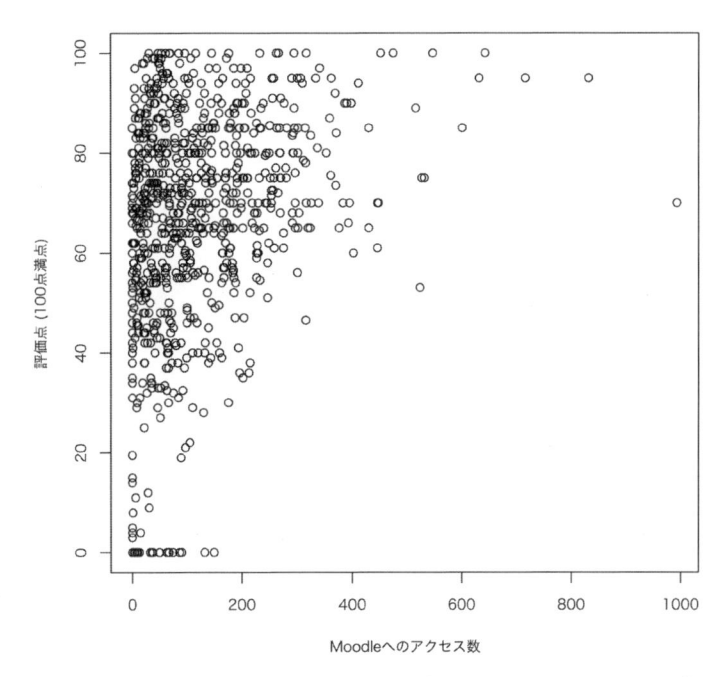

図 5-10　全授業における期末試験成績と Moodle へのアクセス数

　つまり，アクセス数が少ない学生の中には，期末試験の成績が悪い者も，良い者も（学生によっては 100 点近くの者まで），幅広く分布しているということがわかります。一方，アクセス数が多くなるほど，成績が下位の者は減少していきます。

　なお，出席率と期末試験成績との間にも，$\rho = .49$（$p < .01$）の正の相関関係が得られており，このことは，「Moodle に多くアクセスする学生は授業への出席率も高いために，期末試験の成績が良くなるのではないか」という疑似相関の存在を示唆しています（図 5-11）。この散布図からわかることは，出席をほとんどしていない学生の期末試験の成績は軒並み悪いが，たくさん出席している学生の成績は比較的多様だということです。つまり，出席率が非常に高い学生の中にも成績の芳しくない者がそれなりに存在することがわかります。

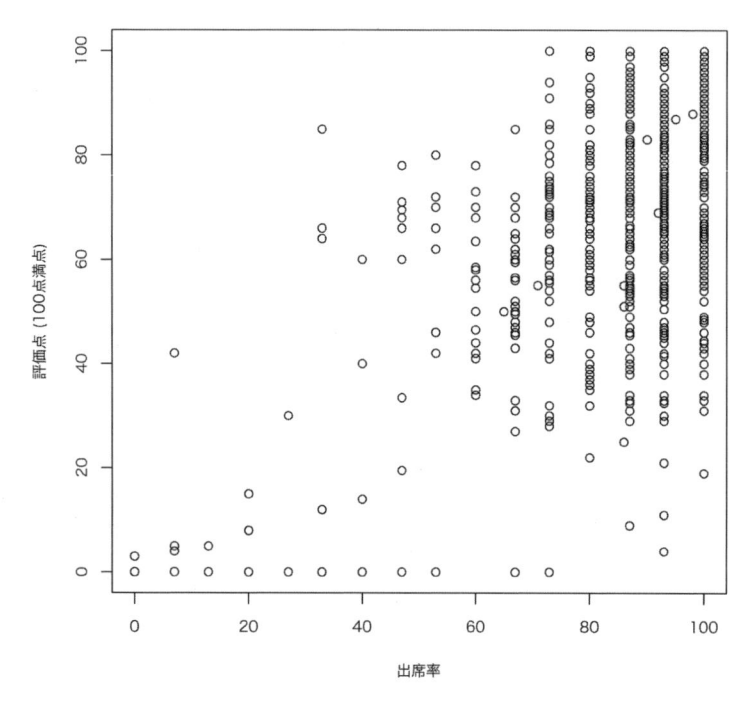

図 5-11 期末試験成績と出席率（全授業）

次に，出席率を統計的に統制した相関係数を求めると，$\rho = .29$（$p < .01$）の弱い正の相関係数が得られました。つまり，この効果は出席率だけでは説明できないことがわかります。出席率が高いか低いかにかかわらず，アクセス数が多い学生ほど，成績が良かったのです。

5.5 授業ごとの分析結果

5.4 の分析は全授業をまとめて行ったものですが，授業によって行っている教育活動はそれぞれ異なります。各授業に特徴的なパターンを検討するために，授業ごとのデータに対して分析を行います。まず，各授業における出席率，評価点，アクセス数のヒストグラムを示します（図 5-12 ～ 図 5-14）。すべての授業のデータをまとめた時と同様，出席率は高い方に偏っていることがわかりま

す。評価点に関しては，基本的に中央付近が高い一峰型の分布を示していますが，科目によっては，極端に低い，あるいは高い点数に峰が来ているものもあります。アクセス数については，科目によりパターンがかなり異なりますが，比較的低い方に偏っているように見えます。ごく少数の「熱心な」ユーザが目立つ分布といえるかもしれません。

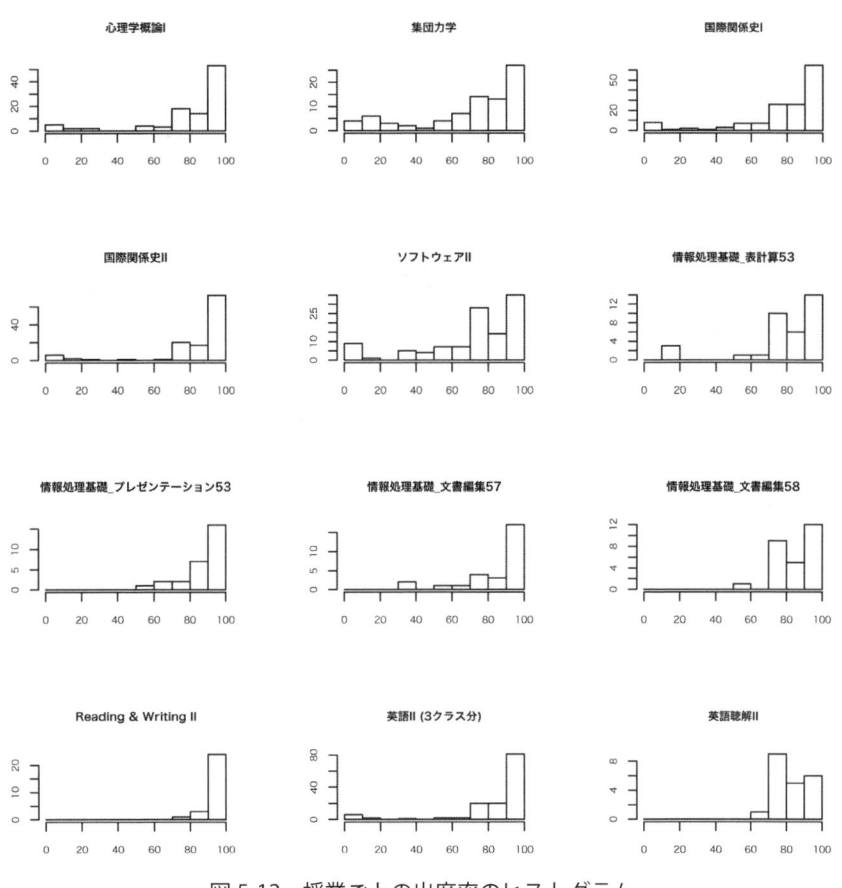

図 5-12　授業ごとの出席率のヒストグラム

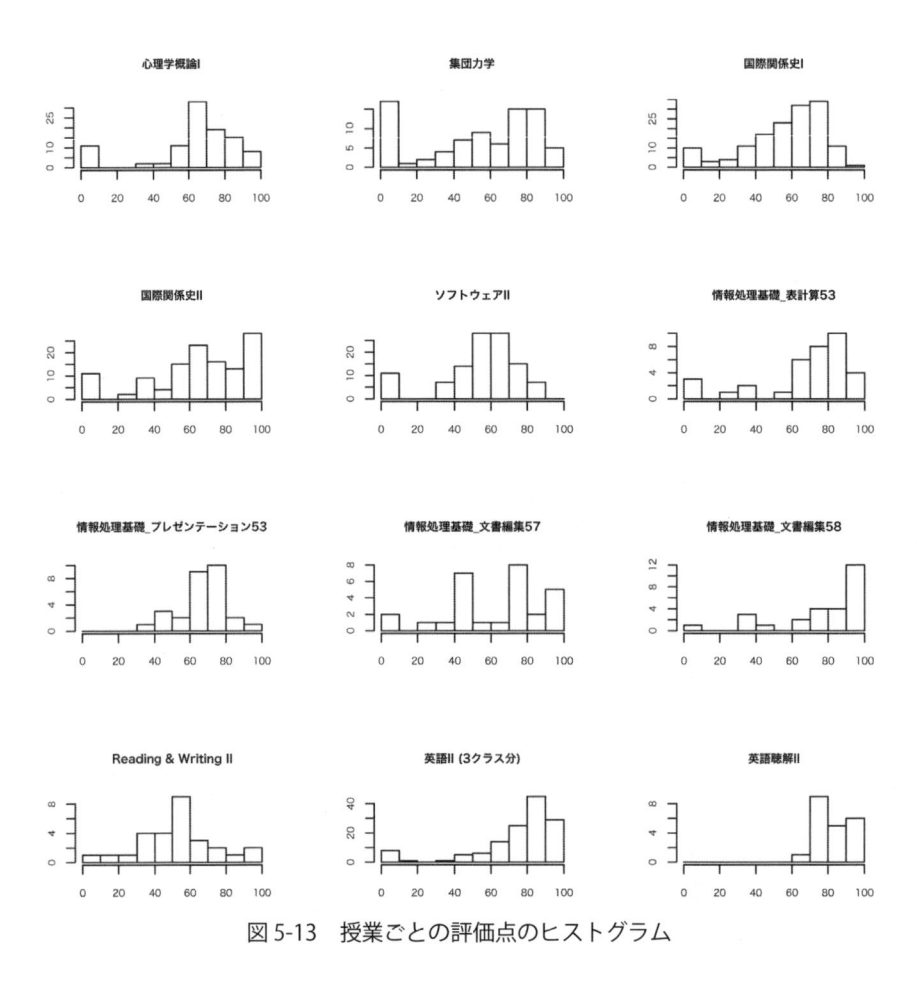

図 5-13　授業ごとの評価点のヒストグラム

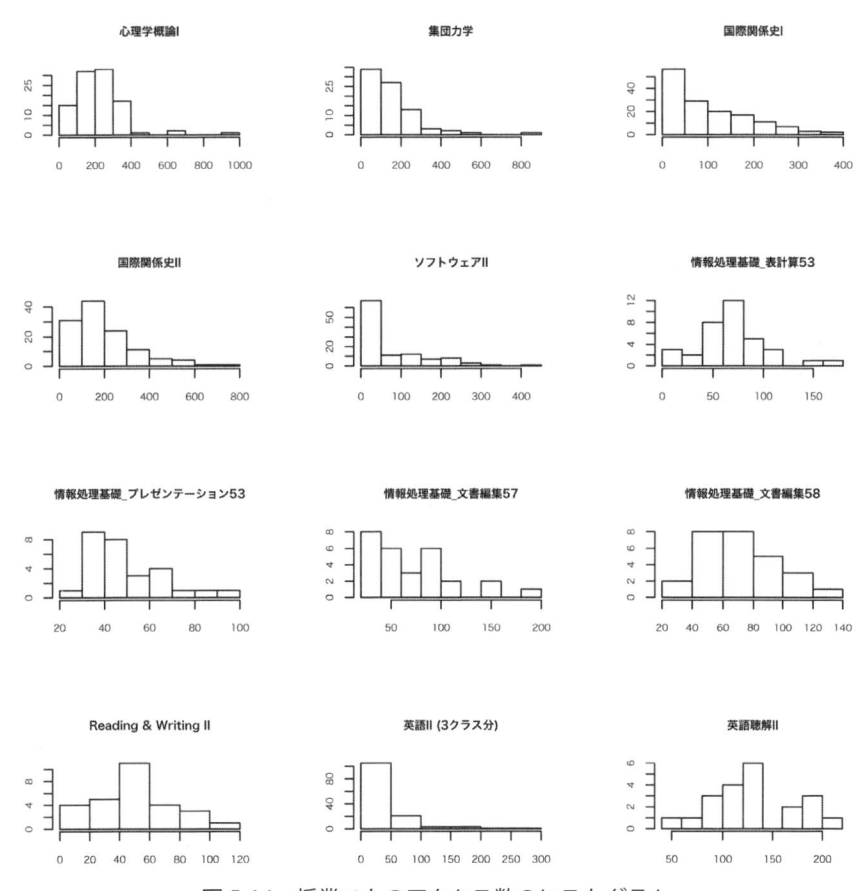

図 5-14　授業ごとのアクセス数のヒストグラム

　次に，各授業の出席率と期末試験の成績との関係を示した散布図を示します（図 5-15）。散布図より，基本的に正の相関関係が読み取れます。相関係数を算出し，無相関検定を行った結果を，表 5-3 に示します。基本的に正の相関関係が得られていますが，当然ながら，分析対象者の少ない科目群については有意な相関は得られていません。これは単に，サンプルサイズの問題と思われます。

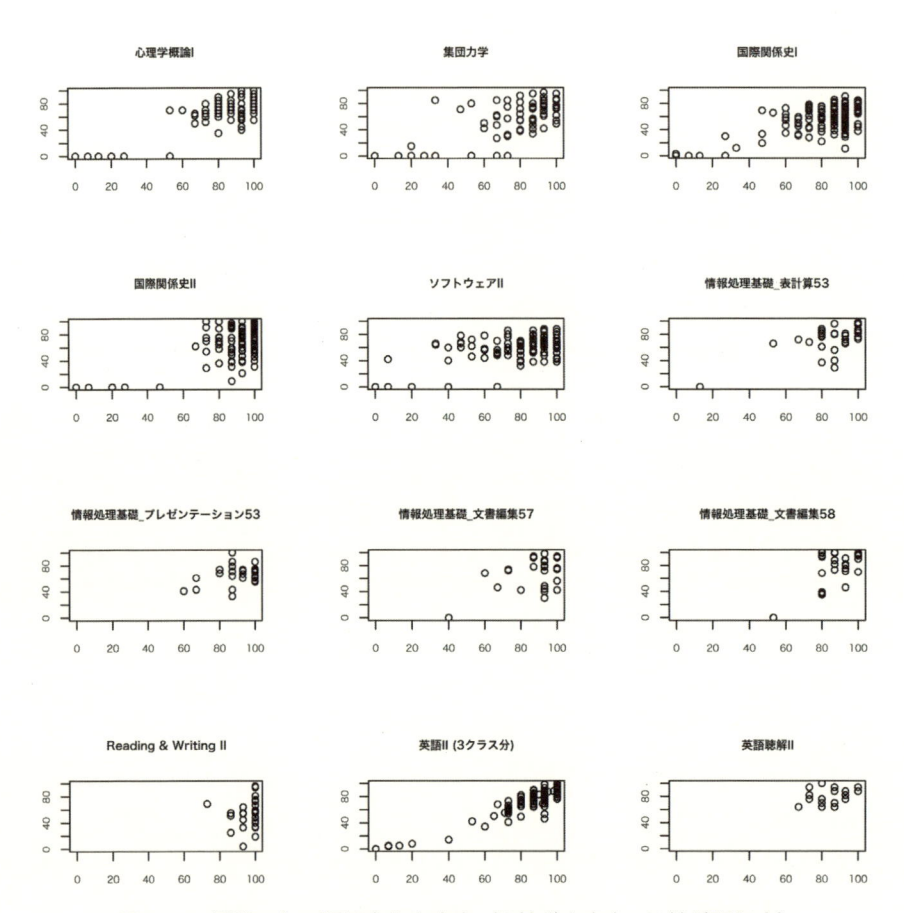

図 5-15 授業ごとの評価点と出席率（X 軸が出席率，Y 軸が評価点）

表 5-3　出席率と評価点の相関係数

授業	履修者数	相関係数（Spearman）
心理学概論 I	101	.51 **
集団力学	81	.68 **
国際関係史 I	146	.45 **
国際関係史 II	121	.37 **
ソフトウエア II	110	.34 **
情報処理基礎（表計算 53）	35	.56 **
情報処理基礎（プレゼンテーション 53）	28	.16
情報処理基礎（文書編集 57）	28	.33
情報処理基礎（文書編集 58）	27	.14
Reading & Writing II	32	.22
英語 II（3 クラス分）	134	.82 **
英語聴解 II	21	.34

** $p < .01$

　次に，アクセス数との関係を検討しましょう。その前に，各授業におけるMoodleへのアクセス数が，半期の間にどのくらいあったのかを時系列で見てみます（図 5-16）。

　図 5-16 より，アクセス数のパターンは科目によってずいぶん異なることがわかります。なお，授業間でアクセス数自体が異なることをわかりやすく図示するために，Y 軸はそろえてあります。講義系科目においては，試験前に急激にアクセス数が増えるパターンの科目もあり，また，定期的なアクセスが確認できる科目もあります。

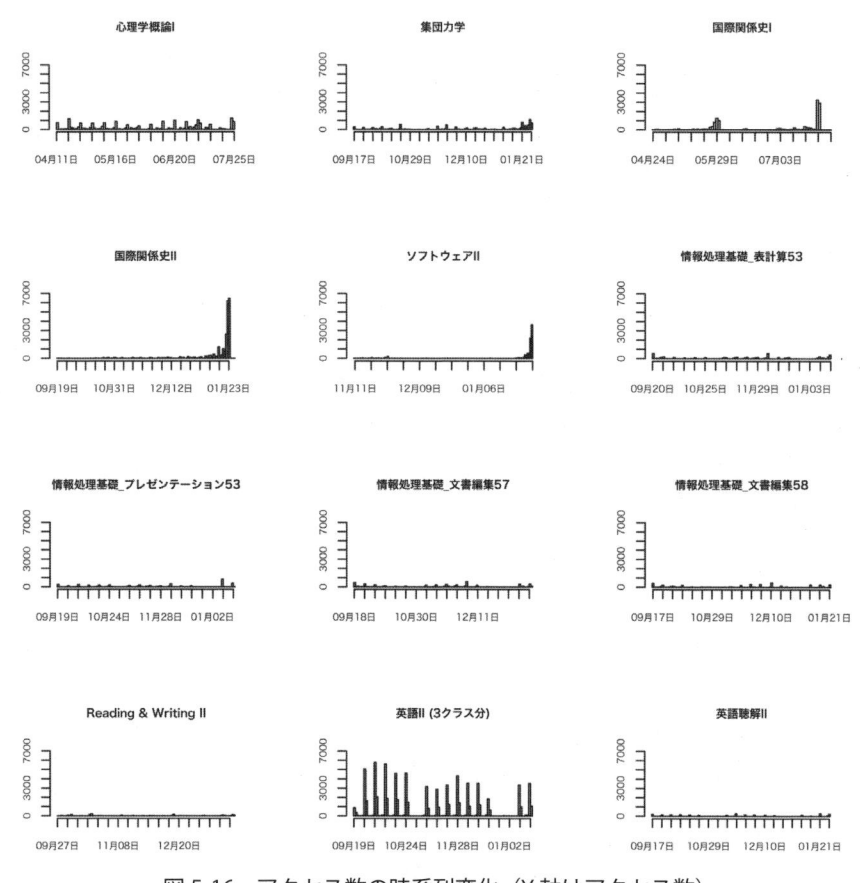

図 5-16　アクセス数の時系列変化（Y 軸はアクセス数）

　それでは，各科目におけるアクセス数と評価点の関係を見てみましょう（図 5-17）。相関関係を読み取りやすいようにするため，X 軸の範囲は授業ごとに調整してあります。散布図より，情報処理系の 4 つの科目，英語系の 2 つの科目（「Reading & Writing II」及び「英語聴解 II」）については，明確な関係は見えにくいですが，これはサンプルサイズの問題もあるでしょう。全体的には，アクセス数が増えるほど成績が向上するパターンが認められます。また，やはりアクセス数が低い学生の間では成績は多様ですが，アクセス数が多くて成績

第 5 章 LMS を利用した教育効果測定の試み 153

が極端に低い学生はほとんどいません。

相関係数と無相関検定の結果を，表 5-4 に示しました。サンプルサイズの小さな科目以外は，基本的に正の相関関係が得られています。また，やはり出席率を統制して相関が消失した科目はありませんでした。つまり，いずれの科目でも，Moodle によくアクセスする人は，出席率が高いから成績が良くなるわけではないことがわかります。

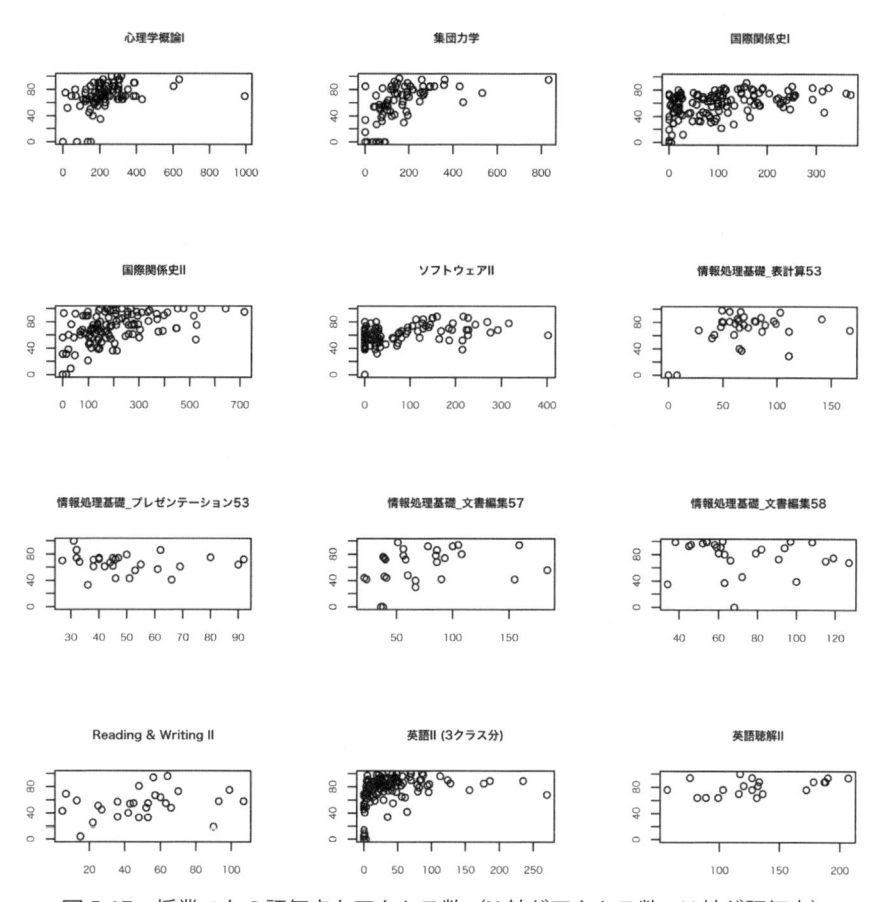

図 5-17　授業ごとの評価点とアクセス数（X 軸がアクセス数，Y 軸が評価点）

表 5-4　アクセス数と評価点の相関係数

授業	履修者数	相関係数 (Spearman)	相関係数 (Spearman) 出席率統制
心理学概論 I	101	.54 **	.36 **
集団力学	81	.74 **	.50 **
国際関係史 I	146	.51 **	.45 **
国際関係史 II	121	.57 **	.53 **
ソフトウエア II	110	.55 **	.50 **
情報処理基礎（表計算 53）	35	.26	.07
情報処理基礎（プレゼンテーション 53）	28	-.20	-.28
情報処理基礎（文書編集 57）	28	.37	.30
情報処理基礎（文書編集 58）	27	-.34	-.38 *
Reading & Writing II	32	.36	.33 *
英語 II（3 クラス分）	134	.52 **	.41 **
英語聴解 II	21	.42	.31

$** \ p<.01, \ * \ p<.05$

　2012 年度の「心理学概論 I」の授業は，出席率を統制することで，アクセス数と評価点の相関係数が消失しましたが，2013 年度では，相関係数が維持されています[1]。表 5-2 を見ればわかりますが，この年には小テストを課しているのが大きな違いです。単に資料をダウンロードさせるために使うのではなく，フィードバックを含んだ課題を与えることが，教育効果に貢献している可能性があります。

5.6　教育実験の必要性

　本章では，実際に行われた授業を，事後的に分析した結果を見てきました。Moodle の活用は教育効果にポジティブに影響するという結果がおおむね得られていますが，こうした分析方法ではわからないことがあります。それは，これらの分析で扱っていない，第 3 の変数が影響したかもしれないという可能性です。たとえば，学生の「意欲」に関してはどうでしょうか。意欲が高い

学生は Moodle へのアクセス数も多いと考えられます。また，そういう学生は試験勉強もがんばるので，期末試験の成績も優秀です。とすれば，そもそも Moodle を使わなくても，こうした学生は成績が良くなったかもしれません。

それでは，事前に「どのくらいこの科目の勉強に意欲的ですか？」といった質問をして，その変数で統制した分析を行ったらどうでしょうか。この場合には，おそらく意欲的な学生ほど Moodle にアクセスするという正の相関関係が検出されるでしょう。やはりこの場合も，「Moodle にアクセスすることによって成績が良くなった」という因果関係を特定することは難しいと思われます。問題は，「意欲」と「Moodle にアクセスするかどうかの意思決定」が，独立ではないという点です（図 5-18）。

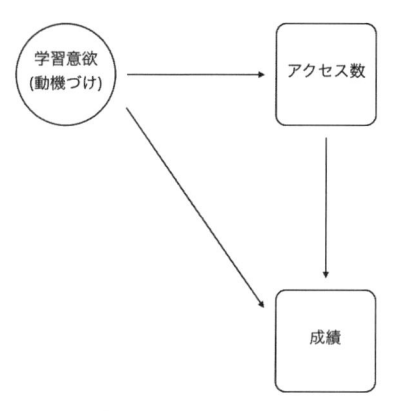

図 5-18　因果関係の特定

それでは，Moodle にアクセスすることの「真の教育効果」は，どのように測定したらよいのでしょうか。そのためには，実験が必要です。Moodle へのアクセスを許す群（実験群）と，代わりに同じ内容をアナログ教材（紙など）で提供する群（統制群）とに，学生をランダムに分けた（無作為割当）上で，授業をするという方法が考えられます（図 5-19）。どちらの群に属するかは学生の意志ではなくランダムであるため，ここで「意欲」の問題を排除することができるわけです。

```
            学生
          (母集団)
           /  \
      無作為割当
         /      \
     実験群      統制群
```

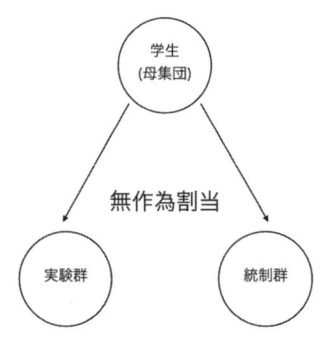

図 5-19　実験による検討方法

　これはまさに，製薬会社が新薬を開発する場合の臨床試験と同じです。新薬を投与した群としなかった群とで治療効果に違いが出れば，その新薬には「効果がある」ということになります。しかし，新薬開発の場合にはもう 1 つ大きな問題があります。「偽薬（placebo）効果」です。患者は，「自分には新薬が投与されている」と思うだけで，治療に対する意欲（また「意欲」の問題です）が出てきて，治療効果が上がるという現象です。

　図 5-20 を見てください。これは，偽薬効果をわかりやすく説明するために作成したサンプルデータです。Y 軸は病気が完治した率です。治療なし群でも 20％程度は病気が完治しているというデータですが，これは自然治癒率と考えてください。これに対して，偽薬を与えると治癒率が 40％まで上昇します。自然治癒率との差の 20％が，「偽薬効果」です。つまり，偽薬を与えただけでも効果があったということです。一方，新薬を与えた群の治癒率は 60％でした。ここから，偽薬効果と自然治癒率の合計 40％を除いた 20％が，真の新薬効果ということになります。

　これは擬似的なデータですが，偽薬効果の存在は珍しくありません。偽薬効果の存在は広く知られているため，新薬を開発する際には基本的に偽薬群との比較を行います。たとえば，筆者が毎日飲んでいるアレロックという抗ヒスタミン剤（アレルギー治療のための薬）のデータを見てみましょう（図 5-21）。こうしたデータは公開されています。

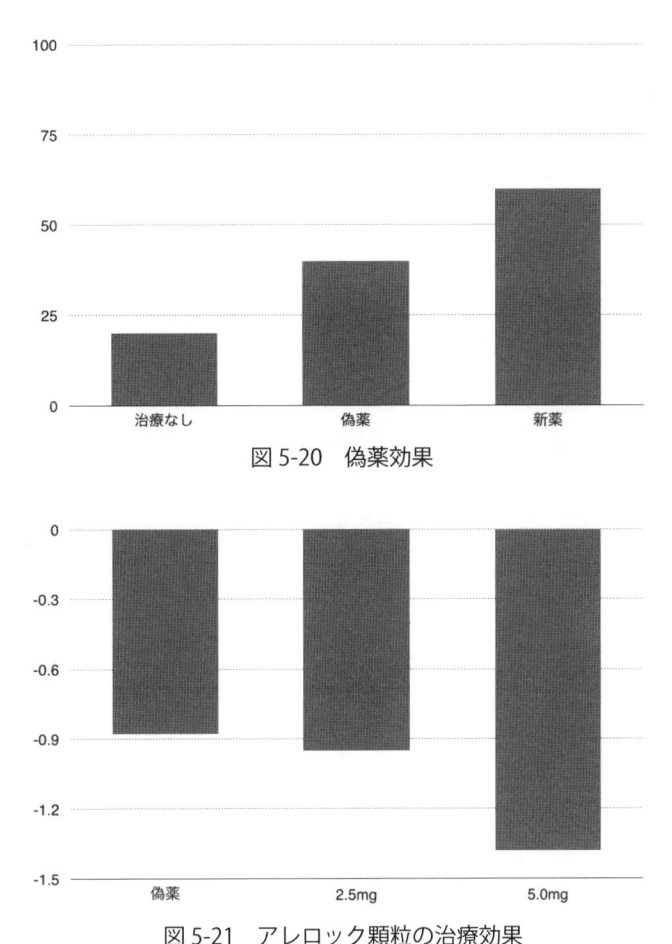

第 5 章　LMS を利用した教育効果測定の試み　　157

図 5-20　偽薬効果

図 5-21　アレロック顆粒の治療効果
（医薬品医療機器総合機構のウェブページ（http://www.info.pmda.go.jp/shinyaku/
P201100134/23012400_22300AMX00595_K102_1.pdf）をもとに作成）

　これは，小児に対してアレロック顆粒の投与により，アレルギー性鼻炎がどの程度改善したかを示すグラフです．偽薬を与える群 97 例，アレロック顆粒を 2.5 mg 与える群 103 例，アレロック顆粒を 5.0 mg 与える群 100 例に対して，分析を行いました．投与 2 週間後に，どの程度症状が改善されていたかを示しています．値が低いほど症状が改善されていることを示しています．偽薬を与

えた群と，アレロック顆粒を 2.5 mg を与えた群の間には差が認められませんが，アレロック顆粒を 5.0 mg を与えた群との間には統計的に有意な差が得られています。こうした臨床試験から，この薬については，小児に対して 5.0 mg を投与すると，偽薬効果を超えた「真の効果」が得られるということがわかります。

この実験は，「二重盲検法（double blind test）」と呼ばれるやり方で行われています。二重盲検法では，治療を受ける側（患者）にも，その効果を測定する観察者の側（医師）にも，どの薬を投与しているかを隠します。なぜこうした方法を採用するかといえば，患者の側には，特定の薬を投与されていることによって「自分の病気は治るだろう（あるいは治らないだろう）」という予期が生まれ，それが効果に影響する可能性があるからです。また，医師の側には，「この薬を投与しているのだから患者は治るだろう（あるいは治らないだろう）」という予断が生まれることを避けるためです。治療を受ける患者も治療効果を測定する医師も，どの群にどの薬が割り当てられているか知らされないため，純粋に薬の効果を測定できるというわけです。

5.7 「目の輝き」は測定できるか

教育効果を測定する場合にも，二重盲検法は有効でしょう。教育の場合には，「自分がどの教育を受けているか」を学生に隠すことは，その性質から難しいですが，少なくとも，その効果を判断する者を第三者にすることは可能なはずです。教員にしてみれば，教育を行ったことの効果はあったと信じたいところです。その予断を防ぐためには，第三者が作成したテストを使ったり，第三者が教室を観察して効果を測定したりすることが有効です。

たとえば，ある教育法を開発した教員が自分の教室を見て，「この教育法によって学生の目の輝きが変わった」と信じているとします。この場合，少し考えただけでも，2 点の重大な問題があることがわかります。まず，教員自身がその教育法には効果があるという一種の「偏見」を抱いていることです。自分が開発したやり方なので，効果があってほしいと願うのは十分考えられること

です。次に，「目の輝き」という測定不可能な概念によって，教育効果を測定しようとしていることです。「目の輝き」というのはメタファーなので，本当に目が物理的に輝いているかどうかを測定しても意味がありません。「目の輝き」という表現によって実際に測定したいのは，学生の意欲が高まったり，あるいは受けている教育に対するポジティブな感情が高まったりする現象ですが，それを客観的な方法で測定しようとせずに，主観的に判断しようとしています。

　ある新しい教育法を開発し，それによって「学生の目の輝きが変わった」と思い込んでしまうくらい，それに惚れ込んでいる教師は楽しいかもしれませんが，実際に教育効果が上がっていないとしたらどうでしょうか。それは大きな問題です。しかし，新薬開発の場と異なり，教育の場では，どれだけその効果について皆がまじめに考えているでしょうか。ある会合で，「自分の教育した効果は第三者には判断できない」と言い切った教育学者がいます。「第三者には判断できない」教育というのはいったい何なのかということを聞きたいところですが，いわゆる「教育者」のこのような偏見は，重大な問題ではないでしょうか。

　望ましいのは，教育を行う者（教員）とその効果を測定する者を分けることですが，大学などの場では，それは難しいかもしれません。いずれにしても，こうした問題を意識して，可能な限り客観的な方法で効果を測定する必要があります。

5.8　実験を行う際の倫理的問題をどうクリアするか

　ここで，特定の教育法で教育する群と，従来型の教育を施す群を無作為に分けて，その効果を測定するという実験を計画するとします。その場合，問題となるのはどのようなことでしょうか。効果の測定を，可能な限り客観的な方法で行う必要があるという点については，すでに述べました。もう1つの問題は，倫理的な問題です。

　たとえば，Moodleが教育効果にポジティブな影響を与えているかどうかを知りたい場合，多くの教員は，「Moodleには効果がある」と信じています。少

なくとも，「効果がない」と思って始める教員はいないでしょう。「効果がある」と思っているので，本当は全学生にその教育法を試してみたいと思っても不思議はありません。ところが，実験を行う場合には，その教育法を実施しない群が必要です。自分では効果が弱いと思っている教育法を適用する学生が生まれてしまうわけです。これはもちろん，新薬開発の例でもいえることです。むしろ人の命がかかっているわけですから，さらに大きな問題が新薬開発の現場にはあります。

しかし，特定の教育法（あるいは特定の薬や治療法）に効果があるかどうかは，本当は調べてみないとわからないことなのです。「教育現場を実験の場にするなんてけしからん」と思う人もいるでしょう。その思いの半分くらいは共感しますが，それでもやはり，効果は測定してみないとわからないのです。もしかしたら，全く効果がない方法を，「効果がある」と信じて実施しているかもしれません。そのことのリスクと，実験を行うことによる倫理的問題を，天秤にかけて判断しなければいけません。実験をしないから（すべての学生に自分が信じる教育を施すから）良いということは，全くいえません。

それでも，当然教育する側には抵抗があります。もし，2つの教育法に学生を無作為割り当てして，片方の群だけ期末試験の成績が悪かったらどうでしょう。しかも，実験を行う場合には，そのことを期待しているわけです。これら2つの群に統計的な有意差が検出されることによって，論文を書けるかもしれません。しかし，効果が弱かった群の学生には，どのように説明すればよいでしょうか。何度も繰り返しますが，これは，人の生死が関わっている新薬開発の場では常に起こっていることです。

この問題を回避する1つのやり方として，授業期間を半分に分け，A群の学生には前半でMoodleを使わせ，B群の学生には後半でMoodleを使わせるとよいかもしれません。そして，前半終了時点で客観的な中間試験を行い，前半部分のデータのみでA群とB群の差を検討します（図5-22）。

前半で従来型の課題を与えられた群の学生は，後半の授業ではMoodleを使う機会があり，また，前半でMoodleを使う機会があった群の学生は後半で従

来型の課題を与えられるため，両群で機会の平等が保たれます。この方法で検討して，Moodle の教育効果が明らかになれば，次年度からすべての学生に Moodle を使った教育を行えばよいでしょう。

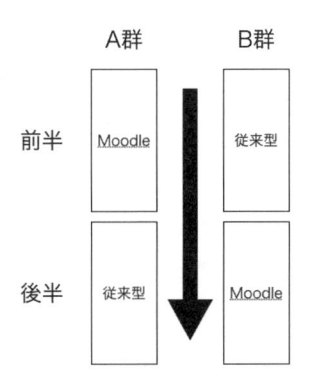

図 5-22　倫理的問題に対応した実験計画の例

5.9　教育効果を測定する変数

　5.7 では，「目の輝き」という比喩を例に，客観的な測定が重要だと書きましたが，これについては，当然反論も予想できます。教育で必要なのは単に知識を授けるだけではなく，学生の動機づけを高めて，科目に対する興味や関心を喚起することだという反論です。これも半分くらいは理解できる話です。しかし，こうした考え方には大きな問題があります。

　まず，そもそも「単に知識を授けるだけ」ということが成功しているかどうかを確認する必要があるということです。知識を授けた上で，そうした学習の重要性を学生が理解することが最も望ましいわけですが，学生は知識を与えられていないのに，「知識を授けるだけではだめだ」と言ってもむなしいだけです。「だけ」と言うからには，最低限，知識だけは授けているということになりますが，それができているかどうかは，調べてみなければわかりません。

　次に，「興味や関心」というものを，どのように測定すればよいのでしょうか。たとえば，心理学者がすぐに思いつくのは，図 5-23 のように，「あなたは

○○学にどのくらい興味がありますか」とたずねて，7段階で評定させるやり方です（リッカートスケールによる測定）。

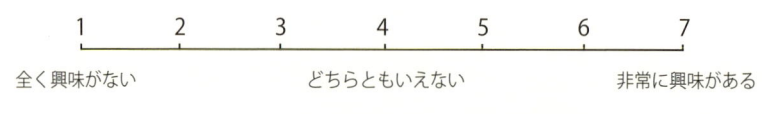

```
   1    2    3    4    5    6    7
全く興味がない      どちらともいえない      非常に興味がある
```

図 5-23　リッカートスケールによる測定

　一応，このやり方で主観的な興味を測定することはできますが，このようなやり方で興味を測定するのは，「興味があっても期末試験の成績が悪い」学生が存在する場合にだけ，意味があります。もし，興味のある学生がすべて期末試験の成績も良いのであれば，わざわざこのようなやり方で測定する必要はありません。期末試験の成績が良い学生を，「科目に対する興味が高い学生」と見なせばよいわけです。

　それでは，うまく（？）興味と期末試験の成績との間に相関がなく，興味を測定することに成功したとしましょう。次に問題になるのは，「期末試験の成績が悪く，知識がついていないのに興味があると回答した学生はいったい何なのか」ということです。あるいは，期末試験の成績が悪くても「興味がある」と回答するような学生を増やすことが重要なのでしょうか。

　「興味がある」というからには，今は成績が悪くても自宅学習をがんばったり，あるいは科目に関連する本やテレビ番組を見たりして，今後，知識の増大が見込めなければいけません。それが真の興味だとすれば，単にリッカートスケールで学生の表面的な興味を測定するだけでは不十分なことが理解できると思います。私は心理学者ですが，こうした方法を蔓延させたことは，心理学者の罪だと考えています。

　意識が高いだけの学生を育てることが，教育の目的ではないはずです。つまり，学生が受けている教育について「面白い」とか「興味がある」と主観的に思うことはそれなりに重要なことですが，なぜそれが重要かといえば，それ自体が重要なのではなくて，面白いと思うことによって，今後の学習が促進され

るからこそ重要なのです．それならば，主観的な報告に頼るよりも，どのくらい自主的に，その科目に関連する情報を集めたかを，量的に測定する方法を考えた方がよいでしょう．

5.10 おわりに

本章の初めでは，単に代表値に頼ることの問題点について指摘しました．実際に今回行った分析は，その問題点を完全にクリアできているとは思いませんが，まず Moodle の効果を測定することのスタート地点には立ったと考えられます．様々な情報を捨象した上で，全体的な傾向を本章では検討したわけですが，各科目における Moodle の使い方をさらに詳しく見ていくことで，LMS を使った教育の可能性について多角的に検討する必要があります．

第6章 LMSを利用した実践における効果の測定に向けて

　第5章では，広島修道大学におけるMoodleを利用した実践を振り返り，その効果を測定する試みを紹介しました。これらの実践は，事前に効果を測定することを意図しておらず，結果としてあらわれたアクセスログや成績をもとに検討を行いました。できれば事前に，測定について慎重に検討した上で，実践を行った方がよいのはいうまでもありません。そこで本章では，このような実践を行う際に気を付けたい作法について紹介します。

6.1　目的に応じた研究手法の選択のために
水本篤（関西大学）

6.1.1　研究手法の選択

　2004年に，『英語教師のための教育データ分析入門 —授業が変わるテスト・評価・研究』[1]が出版されました。この本では，英語教育学研究で使用されている主要な量的分析が初学者にもわかりやすく説明されており，当時，大学院生だった筆者も常に参考としていました（この本がなければ筆者は博士論文を書けなかったといっても過言ではありません）。そして，この名著を参考にしながら，博士課程を修了した若手研究者を中心として，2012年に『外国語教育研究ハンドブック —研究手法のより良い理解のために』[2]を出版しました。同書では，『英語教師のための教育データ分析入門』のコンセプトを継承し，初学者（特に大学院生）でもわかるような書き方を心がけました。ま

た，『英語教師のための教育データ分析入門』が出版されるまでの8年の間に新しく用いられるようになった「効果量」や「メタ分析」なども紹介し，自ら実際にデータを触りながら分析に対する理解を深める目的で，コンパニオン・ウェブサイト（http://mizumot.com/handbook）も作成しました。同サイトでは，Microsoft Excel，IBM SPSS，R，そして，その他の統計解析ソフトウエアでどのように操作すればよいかという説明も行っています。さらに重要なこととして，外国語教育研究分野では，研究手法のパラダイム（分野における認識の枠組み）にも変化が起きていて，以前までは量的アプローチがほとんどであったものが，質的アプローチも広く用いられるようになってきています。そのような背景から，『外国語教育研究ハンドブック』では，量的研究だけではなく，質的研究のセクションも設け，その基盤となる科学観やよく用いられる分析方法を詳しく説明しています。このように，研究手法も多様化している中で，LMSを利用した教育効果の測定を行うためにも，目的に応じた研究手法の選択が必要とされる時代になってきているといえるでしょう。

図6-1は，『外国語教育研究ハンドブック』で示した，「第二言語習得研究や英語教育研究の「立ち位置」について」[3]に基づく，外国語教育研究の立ち位置です。図中の左側は「科学」となっていて，第二言語習得（SLA：Second Language Acquisition）研究などでは，量的なアプローチで客観的に研究を行うことが多く，外国語教育の分野では，そのような研究がほとんどでした。しかし，外国語教育研究は，図中の右側にあるように実践も研究対象に含んだ分野

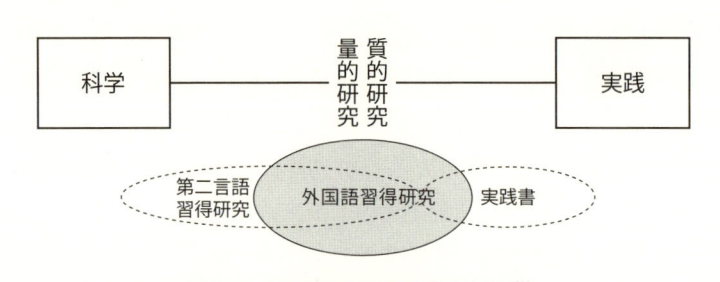

図6-1 外国語教育研究の立ち位置
（『外国語教育研究ハンドブック —研究手法のより良い理解のために』[2] より引用）

であるため，実践と融和性が高い質的なアプローチの研究も，近年，国内外で増えてきています。

　たとえば，動機づけの研究では，これまで，質問紙を用いて，数値化したデータを基に量的アプローチで行うものがほとんどでした。しかし，質問紙調査でわかることは，その質問紙で想定されている概念（構成概念）のみになり，定義された動機づけの説明・理解だけになります。しかし，多くの教員が本当に知りたいことは，「どうすれば，学習者の動機づけが高まるか」ということであるため，そもそも，知ろうとしている内容と測定していることが，ずれているのです。「授業への反応を通して捉える英語学習者の動機づけ」[4] では，この点について以下のように述べています。

> 動機づけ研究の目的が行動の「理解」にあるとすれば，意欲を高めるというのは行動を「変容」することにあると言える。行動を変容するためには，行動の背景を理解することはもちろん必要であろうが，理解するだけでは変容のための具体的な方策についての答えは出ない。(p.4)

　このような研究目的と手法のミスマッチが起こる理由の1つに，外国語教育研究の分野として量的アプローチばかりの実証主義的な論文が多いため，本当は質的アプローチを含めると研究手法の多様性があるにもかかわらず，量的アプローチ以外の認識論が理解されていない（もしくは理解しようとしない）ということが考えられます[5]。実際，「A systematic review of published articles in ARELE 1–24: Focusing on their themes, methods, and outcomes」[6] では，全国英語教育学会の紀要である「ARELE」（Annual Review of English Language Education in Japan）の第1号から第24号（1990–2013年）に掲載された論文413本のうち，82.6％（341本）が量的研究であり，質的研究はわずか3％（13本）しかなかったことを報告しています。論文を執筆し，ジャーナルに投稿する場合には，その分野での先行研究やその先行研究で用いられている分析方法を踏襲するというのが，最もよく使われるストラテジーであるということを考えても，質的アプローチの論文が当該分野のトップ・ジャーナルで掲載されていない場合は，そのような方法を実際のデザインに落とし込むことができず，論文にも

なりづらいというサイクルが考えられます。ただし，国内外で，これまでの量的・実証主義的なアプローチのみをよしとする考え方が見直されつつあるので，今後は，質的アプローチの論文も増えることが予想されます。

　ここで大切なことは，「量的アプローチの方が，手本となる先行研究が多いので論文が執筆しやすい」とか，「質的アプローチや，量的と質的を合わせた混合研究法（mixed methods）の方が現在の流れでは掲載されやすい」ということではなく，「質的アプローチの認識論にも造詣を深めながら，目的に応じた研究手法の選択をしていけるようにする」ということです。ただし，量的，質的アプローチはもともと依拠する科学観が違うため[7]，「その選択は研究者の関心によって相対的に決定されるものである」という科学観に基づいた構造構成主義[8]を，『外国語教育研究ハンドブック』では推奨しています（図6-2）。構造構成主義によって，「共通了解可能な知識を獲得する」（文献[7]のp.249より）という意味での一般化が可能になり，「量的 or 質的」という対立した考え方ではなく，同じ次元で目的に応じて研究手法を選択することができます。そのような広い視野から研究対象に向き合うためにも，量的アプローチ以外の認識論も理解し，研究者自身の引き出しを増やしていくように努めなければな

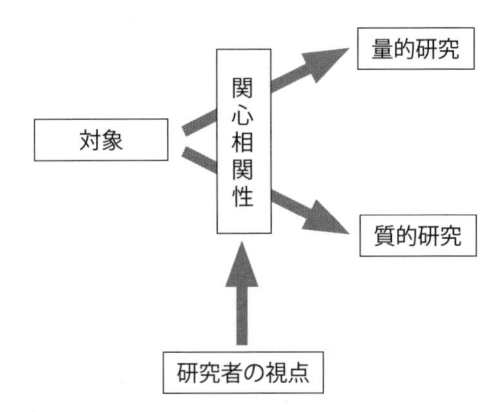

図6-2　構造構成主義における量的研究と質的研究の位置付け
（「質的研究入門―基盤概念を知るには」[7]のp.248より引用）

第 6 章　LMS を利用した実践における効果の測定に向けて　　169

りません。

　具体的には，教育効果を「測定」（measurement）という側面で考えると，従来の量的・実証主義的なアプローチでは，テストや質問紙（アンケート）を教育介入の前後で実施し，結果を数量化することで，その教育効果の検討を行うという方法が，現在でも最も多く行われています。しかし，測定もその概念に含む「アセスメント（assessment）」（「評価」と訳されることもあります）を教育効果検証の対象とした場合，アセスメントはテストや質問紙の結果だけではなく，学習者がどのようなことができるかという証拠を系統的に収集する過程となります[9]。そのため，ポートフォリオ，観察，ジャーナル，パフォーマンス，自己評価，学習者同士の相互評価など，学習プロセスに焦点を当てた新しい評価（alternative assessment）を用いることも可能です。このようなアプローチは，教育実践の観点からも好ましいことがわかります。指導後にのみテストや質問紙で測定を行うものは「学習の評価」（Assessment of learning）ですが，学習プロセスに焦点をあてる新しい評価は「学習のための評価」（Assessment for learning）と呼ばれ[10]，近年では後者の重要性が認識されています。前述の動機づけ研究の例のように，テストや質問紙では，測定していない概念以外の学習効果を調べることはできません。しかし，（LMS を利用した）教育効果の測定においても，学習プロセスに焦点をあてた新しい評価，そして質的アプローチを用いることによって，量的アプローチでは見えなかった教育効果が見えてくるかもしれません。そのため，教育効果の検証を研究対象として考える場合には，様々なアプローチを考慮しつつ，目的に応じて研究手法を選択するべきです。

　ただし，新しい評価や質的アプローチを用いた教育効果の検証においても，やみくもにデータ（証拠）を収集するだけではいけません。研究として成立させるためには，何を研究対象としたいかという点について，データを収集する前に考えておくべきです。そうすれば，自ずとどのような分析方法が必要とされるかわかるため，分析方法を考えずにデータを収集してから，自分でもどうすべきかわからないので誰かに相談するというようなことは，なくなるはずで

す．

　「教育効果の測定」というテーマは，外国語教育研究の分野のみならず，教育心理学など様々な分野で研究が行われているため，研究対象や必要とされる手法は，先行研究を概観することで確認することができます．現在では，Google Scholar（http://scholar.google.com）や研究機関で提供されているデータベースで，多くの先行研究を確認することが可能です．また，専門書でも初学者向けに日本語で書かれた文献が多く存在するので，それらの書籍で主要な先行研究を知るきっかけを得てもよいでしょう．

　前述したように，現在，量的・実証主義的なアプローチの論文が先行研究でも多いはずですが，量的なもので興味のある内容が先行研究にあれば，追試を検討すべきです．これまでは，「独創的な研究」が求められ，一度だけの実験で終わるものがほとんどでした．しかし，分野として，量的アプローチでは再現性を重視するために，追試を推奨するという風潮になってきています（国際誌の「Language Teaching」では，2008年からReplication Studiesのセクションが追加されました）．追試によって，同じような研究を積み重ねれば，再現性がどの程度あるのか，また，同等の研究結果を統合して，その効果を検討することができるメタ分析も可能になります．そのため，「良い追試は，リサーチ・デザインのきちんと練られていない独創的な研究よりも，分野としての発展に貢献する可能性が高い」（文献 [2] の p.341 より）といえるでしょう．特に，「LMSを利用した教育効果の測定」という内容を考えてみると，CALL（Computer Assisted Language Learning）や教育工学の分野で似たようなアプローチの先行研究があると考えられるため，追試やメタ分析を行うことによって，知見の蓄積に役立つであろうと思われます．

6.1.2　量的アプローチで教育効果の測定を行うときの注意点

　量的アプローチで用いるテストや質問紙では，「英語力」や「動機づけ」など，理論上は想定できる特性ではあっても，実際には観測できない構成概念の測定を行います．そのため，教育効果の測定で用いる測定道具は妥当性と信頼

性を持ったものでなくてはなりません。

　妥当性の定義とその検証方法は時代と共に変化していますが（詳細は文献 [2] の第 2 章参照），「測定しようとしているものを正しく測定している程度」という定義は常に同じで，構成概念の測定において，最も重要な観点になります。新しくテストや質問紙を作る場合は，必ず妥当性の検討・検証が必要であり，既存の測定道具を使う場合にも，開発段階で，妥当性の検討・検証がされているものを使用すべきです。

　信頼性は，「その測定を何度繰り返しても同じ人には同じ結果が得られるだろうという精度」のことを指します。体重計に何度のっても同じ結果が得られるように，テストや質問紙の得点も，同じ人が回答した結果がほぼ同じであれば，「信頼性が高い」と考えられます。信頼性を示す指標（係数）としては，テストや質問紙を一度実施することで算出が可能なクロンバックのアルファが，現在では最もよく用いられます。

　「構成概念を妥当性・信頼性を持った道具を用いて測定を行う」という場合に，「測定しているものは 1 つの構成概念だけである」という一次元性の定義も覚えておくべきです。テストや質問紙では，測定しようとするもの（構成概念）があって，それに対して数問の項目を用意し，その回答の合計得点を算出することで，たとえば，「この 30 問のリスニング・テストの受験者 40 名の平均点は 15.51 点（標準偏差 3.21）で，この学習者の得点は 19.82 点であるので平均点より高い」という判断や，「動機づけの質問紙のうち，外発的動機づけの尺度（5 項目）で得点が高かったため，この学習者は外発的動機づけの高い学習者である」などという判断を行います。このような形で合計得点を素点で算出する方法は，古典的テスト理論と呼ばれることもあります。近年，測定の観点からはより好ましいとされ，テストや質問紙の開発で用いられることが多くなってきた項目応答理論という方法がありますが，それと対比をするために，しばしばこのような用語が用いられます（文献 [2] の第 15 章参照）。ただし，現在でもテストや質問紙を使った研究では，古典的テスト理論に基づく分析を行っている場合がほとんどなので，言語能力をテストで測定する場合や，人の

特性を質問紙で測定する場合には,「想定している構成概念1つだけを測定していて,素点を足し合わせた合計得点が,その測定しようとしている能力や特性を代表する指標となっているか」という,一次元性を常に考慮しなければなりません。

「合計得点に意味がある」(一次元性がある)ということは,測定において当たり前のことだと思うかもしれませんが,意外とそうではないこともあります。実際に,項目分析をしてみると,その項目と合計得点の相関である項目－全体得点相関係数が低い項目もあります。これは,測定しようとしている構成概念以外のものを,その項目が測定している可能性を示唆しています。そのような場合は,当該項目を削除してから合計得点を計算する方が,測定しようとしている構成概念をより的確に反映した得点になり,信頼性係数も高くなります。テストの合計得点を絶対的なものと考えている人には,「ある項目を外してから合計得点を再度計算する」という方法は違和感があるかもしれませんが,この方が,測定の観点からは好ましいといえます。

6.1.3 教育効果の測定にふさわしい研究デザインと分析方法

教育(介入)効果の測定を行う場合には,指導を行う処置群と指導を行わない対照群とに,「無作為に」振り分けるのが最も望ましい方法ですが(処置群は実験群,対照群は統制群とも呼ばれることがあります),実際には,教室環境で指導の効果を見ることが多いため,そのような統制はできずに,無作為に振り分けられていない通常のクラスを対象とした準実験デザインとなることが多いでしょう[11][12]。その場合にも,ある教育介入の効果を検証するという目的であるのなら,処置群だけではなく対照群を設ける必要があります。また,教育介入後に行う事後テストのみで処置群と対照群を比較した場合には,もともとの能力の違いが結果に影響しているという可能性を排除できないため,教育介入前に行う事前テストを実施するべきです(テストは,項目応答理論を使って同一の尺度に等化した別フォームを使用するのが望ましいですが,同じものを使う場合もあります。その場合,事前テストの内容を覚えていて,事後

テストで影響が出るという練習効果に注意すべきです）。表 6-1 に，これらの点をまとめました。教室環境で指導の効果を見る場合には，様々な制約があるため，ケース 2 やケース 3 のような研究デザインになる可能性もありますが，厳密な教育効果の検証では，できる限りケース 4 のような研究デザインが求められます。

ただし，教室環境で対照群を設定するのは倫理的にも問題があるので，先行研究で教育効果があるとわかっている指導内容であれば，ケース 2 のように処置群のみに事前・事後テストを行うことも考えられます。その場合には，先行研究で，どの程度の効果があるとわかっているかを詳しく説明すべきです。また，対照群を設けた場合には，実験期間後には処置群と同じ指導を行うなど，倫理的に問題がないように配慮すべきです（第 5 章を参照）。

表 6-1 教育効果の測定における準実験デザインの 4 ケース

ケース	グループ	測定	問題点	評価
1	処置群のみ	事後テストのみ	何も主張できない	×
2	処置群のみ	事前・事後テスト	指導による効果かどうかわからない	△
3	処置群・対照群	事後テストのみ	もともとの学力の差が影響しうる	×
4	処置群・対照群	事前・事後テスト	無作為な割り当てができていない	○

（注）グループが 2 群以上で，事後テストの後にさらに遅延テスト（delayed test）がある場合もある。

このように処置群と対照群を作り，指導の前と後に事前・事後テストを実施する準実験デザイン（2 群事前・事後テストデザイン）では，次の表 6-2 のようなデータが得られます。表 6-3 は，表 6-2 のデータを集計した記述統計です。また，図 6-3 はこの結果を図示したものになります。

表6-2　2群事前・事後テストデザインのデータ（仮想）

名前（ランダム生成）	グループ	事前テスト	事後テスト	差得点（事後 − 事前）
丸川　諒一	処置群	31	48	17
厚地　悠二	処置群	39	51	12
盛下　未季	処置群	56	67	11
江上　れな	処置群	47	44	-3
熊倉　実夢	処置群	29	33	4
（以下25名略）				
君塚　晴夏	対照群	36	42	6
奥芝　未菜	対照群	39	41	2
綾戸　海輝	対照群	39	44	5
宮司　恭祐	対照群	42	30	-12
伊島　雄樹	対照群	17	13	-4
（以下25名略）				

表6-3　データの記述統計

グループ	人数	テスト	平均	標準偏差
処置群	30	事前	37.73	9.45
		事後	49.57	11.01
対照群	30	事前	38.37	10.58
		事後	40.13	12.03

このようなデータの分析方法として、『外国語教育研究ハンドブック』では二元配置分散分析を行い、グループ（処置群・対照群）とテスト（事前・事後）の交互作用に注目するという方法を紹介しています。この二元配置分散分析での交互作用の結果と、差得点（事後テストから事前テストの得点を引いたもの）を使った群間の t 検定は、同じ結果が得られます。ただし、差得点は信頼性が低い場合も往々にしてあるため、差得点の信頼性係数[13]を確認して、値が低い場合には、相関係数などで他の変数との関係を探る目的で使用しないようにしましょう[14]。これらの方法よりもふさわしい方法として、事前テストの得点を共変量として、事後テストの得点を（従属変数として）使い、共

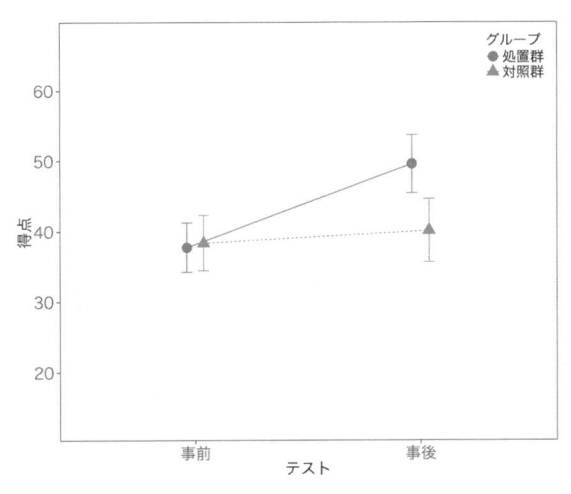

第 6 章　LMS を利用した実践における効果の測定に向けて

図 6-3　結果の図示（エラー・バーは 95%信頼区間を示す）

分散分析を行うという方法が，精度が高く，推奨されます[11][15][16]。ただし，事前テストで 2 群の得点差が大きい場合は，事前テストでもともと得点が高い群が，「変化が大きい」という結果になってしまい，誤った解釈につながるという指摘もあるので[17]，図 6-3 のように結果を図示することで，解釈に間違いがないか確認するようにします。

　事前・事後のテストデザインで教育効果の測定を行う際に，必ず知っておかなければならないことがあります。それは，「平均への回帰」と呼ばれる現象です。これは，教育介入の事前・事後でデータを取った場合，事前テストで平均点よりも高い得点だった人は事後テストで得点が低くなり，事前テストで平均点よりも低い得点だった人は事後テストで点数が高くなる傾向があるというものです。聞いたことがなければ，にわかには信じ難い話ですが，平均への回帰は普遍的な現象であるため，「上位群が事前テストと比べて事後テストで得点が下がった」「下位群が事前テストと比べて事後テストで得点が上がった」というような結果が得られた場合には，もしかすると，教育介入の効果ではなく，平均への回帰による変化である可能性もあるので，解釈に注意が必要です

（上位群と下位群に分けて分析を行った場合も同様です）。「テスト得点解釈の留意点」[18] では，このような平均への回帰への対処として，(a)データ収集前の対策（[a1] 2群事前・事後テストデザインを用いる，[a2] 共分散となり得る第3の要因を測定しておく，[a3] 信頼性の高いテストを使用する）と，(b)データ収集後の対策（[b1] 視覚化，[b2] 差得点と事前テスト得点の相関がマイナスでないかの確認，[b3] 実際の得点の変化が回帰効果を上回っているかの確認，[b4] 共分散分析や共分散構造分析などの統計的手法を用い回帰効果の影響を調整する）などの方法を紹介しています。

また，（多くの研究がそうであるように）事前・事後テストの得点を素点による合計得点で算出する場合は，古典的テスト理論の欠点である，「そのテストの受験者の能力とテスト項目の難易度によって，結果と点数の持つ意味が変わる」という大きな問題があります。特に，事前テストでほとんどの受験者が満点に近い得点であった場合には，天井効果が起こっていて，実際にはもっと高い能力があるにもかかわらず，満点以上の点数（難易度）がないために，それ以上の能力の正確な測定ができていないと考えられます。床面効果は，天井効果の逆で，0点以下の能力であっても，0点が取り得る最低の得点であるため，それ以下の能力の正確な測定ができていないケースです。そのような問題には，前述の項目応答理論を用いることで対処することが可能な場合もあります[14]。

ここまで，教育介入の事前・事後の2回のみの測定を行った前提で説明をしてきましたが，個人の能力における変化の軌跡（trajectory）やプロセスを正しく測定するには，3回以上，測定を繰り返す方が好ましいといわれています。その理由として，『Applied Longitudinal Data Analysis: Modeling Change and Event Occurrence』[19] では，「2回の測定では真の変化と測定誤差を区別することができない」（p.10）ということを指摘しています。これまでは，このような3回以上繰り返し測定を行ったデータに対しては，繰り返しあり（反復測定）の分散分析を用いることが多かったのですが（『外国語教育研究ハンドブック』参照），最近では，データの構造や個人の変化の測定により適切な方法である，

マルチレベルモデル（multilevel model）や，潜在曲線モデル（latent growth curve modeling）の使用が増えてきています。マルチレベルモデルは，分野によって，線形混合モデル（linear mixed model），階層線形モデル（hierarchical linear model: HLM）とも呼ばれます（詳細は文献 [20] を参照）。潜在曲線モデルは，構造方程式モデリング（SEM）を用いたものです[21]。マルチレベルモデルと潜在曲線モデルの違いは，「潜在曲線モデル」[22] や「Measuring patterns of change in personality assessments: an annotated application of latent growth curve modeling」[23] などに詳しい説明がありますが，どちらも縦断データを分析する適切な方法で，推定方法に違いはあるものの，似ている結果が得られます。

　教育効果の測定結果を報告する際には，追試ができるような情報を書くことを心がけます。具体的には，(a)サンプルサイズ（人数），(b)平均値，(c)標準偏差，(d)（項目間や尺度間の）相関係数，(e)測定道具の信頼性係数などが記載してあれば，結果の再現を行うことができます。また，これらの情報に加えて，結果はわかりやすく図示するように心がけます[24]。結果の解釈においては，効果量が実質的な差を確認するのに役立ちます[25]。特に，これまでの同じような研究結果を統合して比べるメタ分析で得られている効果量を，教育介入の実質的効果のベンチマークとして使用することも可能です。たとえば，コンピュータを使って外国語の指導を行った研究を対象とした「A meta-analysis of effectiveness studies on computer technology-supported language learning」[26] のメタ分析では，事前・事後テストのデザインで，効果量（Hedges'g）が 0.35（95％信頼区間 [0.26, 0.44]）と報告しているので，この値を超えるものはある程度の効果があると考えることができます。

6.1.4　テストの使用目的と分析方法の一致

　「教育効果の測定」という目的に関連して，最後にもう1つ，覚えておいてほしいことがあります。それは，テストの使用目的と分析方法を一致させるということです。教育効果の測定を行うときに，前節までの考え方として，指導の内容に直接は関連のない習熟度を測定するテストを用いることが多いと思

います。英語のテストでいうと，TOEIC や TOEFL がこのようなテストですが，この種のテストは集団基準準拠テスト（norm-referenced test: NRT）と呼ばれ，テスト受験者の能力を他の受験者と相対的に比較し，入学試験などで合格・不合格を選別するような目的で使用されます。そのような目的のため，集団基準準拠テストの問題は，通常，ある一定期間の指導で行おうとしている内容以外のものを多く含みます。つまり，教育効果の測定に集団基準準拠テストを用いても，習熟度に変化が現れるには時間がかかるため，指導によって何らかの効果があったにもかかわらず，それが得点に反映されないということも十分あり得ます。たとえば，一般的にテスト対策は得点向上にある程度の効果が得られるということがわかっていますが[27]，TOEIC では，信頼できる点数向上のためには，50時間程度の集中的な指導が必要であるという結果も報告されています[28]。大学の授業で，週1回90分の授業を15回行ったとしても，合計22.5時間しか指導時間はありません。LMS をうまく活用すれば変化は現れるかもしれませんが，なかなか難しいということは想像できます。

　一方，授業で指導した内容に基づいた項目しかテストに含まず，学習者がある特定の知識やスキルがあるかどうか，もしくは特定のレベルに到達しているかを診断する目的のテストを，目標規準準拠テスト（criterion-referenced test: CRT）といいます。最近では，standards-based assessment と呼ばれることもあります[29]。目標規準準拠テストを使用するような状況では，指導もそのテストに関連したものを行い，カリキュラム（指導）とテスト（測定）がセットになっていることが理想的です。つまり，普段の教室での指導の効果測定を「教育効果の測定」と考えるのであれば，集団基準準拠テスト（NRT）よりも，目標規準準拠テスト（CRT）を積極的に使用していくべきだということがわかります。そもそもの目的が違うことからも，目標規準準拠テスト（CRT）では，妥当性・信頼性，項目分析などの考え方が，集団基準準拠テスト（NRT）とは違いますが[29][30][31][32][33]，指導やカリキュラムを改善したり，学習者がどのような内容を習得できていないかという点を検討する上で，非常に有益な情報が得られます。教育効果の測定においても，その目的に応じて，テストの使用

目的（集団基準準拠テスト・目標規準準拠テスト）と分析方法を一致させることが重要です。

＜謝辞＞
　本稿の執筆にあたり，小泉利恵先生（順天堂大学），印南洋先生（中央大学），熊澤孝昭先生（関東学院大学）に，建設的なコメントとフィードバックをいただきました。ここに記して感謝いたします。

6.2　LMSを利用した教育における成果の測定及びその評価
前田啓朗（広島大学）

6.2.1　測定する目的や場面の計画
　LMSを利用した教育に限らず，教育の成果を測定するためには，事前に周到な計画をしておくことが不可欠です。それまで経験的に行ってきたような自作テストや，いわゆる外部試験などを実施して，それだけで成果を十分に語ることができる場合は，あまり多くないといえるでしょう。教育の成果というものは，学習者，教材，指導方法などといった，学習者を取り巻く様々な要因の交互作用であるからです。どのような学習者に対し，どのような教材を使い，どのような指導を行い，どのような教育の成果を見込んでいるのかということを見極めた上で，測定する目的や場面を計画しなければなりません。また，単純に測定を行うだけではなく，指導の一環として測定を行うという事実をも考慮に入れると，指導にも役立つ測定であることが望ましいとも指摘できます。

6.2.2　3つの評価
　測定する時期や目的に応じて，診断的評価，形成的評価，総括的評価といった3つに，評価を分けて考えることも有用です。
　診断的評価は，指導の開始前に行われます。指導しようとする事柄について，学習者の習熟の度合いや苦手としているところといった実態を把握し，その後の指導に役立てようとするものです。典型的には，習熟度別クラス編成に先立つプレイスメント・テストなどがこれに相当するといえるでしょう。

形成的評価は，指導の過程の中で行われます。指導している途中で学習者の理解や習熟に関する情報を得ることで，指導を見直したり，その後の指導について検討する情報源としたりするものです。また，指導が良好に進行しているなら，学習者にフィードバックを与えることで，自身の能力の向上を実感して励みになるという面もあります。従来型の対面式授業における，前回の授業の復習の小テストや，授業内での発問などが，これに相当するといえるでしょう。

総括的評価は，一定期間の指導の終了後に行われます。この一定期間とは，いわゆる学期や学年というだけではなく，ある単元やモジュールごとでもあります。その期間や単元の総括として，知識や能力を測定します。学期や学年のまとめとして，評定や成績評価を行うことが典型的です。

このように，測定する時期や目的を便宜的に3つに分けて考えると，教育を行う過程で測定を計画するとき，その役割を整理しやすくなります。ただし，これらには重なりあってなじみやすい部分や，安易に混交させると危険な部分があることにも，留意することが必要となります。

診断的評価と形成的評価は，測定の時期こそ違いますが，その目的は非常に似通ったものです。学習者の実情を把握し，指導の内容や方法を検討したり修正したりするために行うものだからです。実務上に整理する目的で，こちらはプレイスメント・テストであって，こちらは指導途中での学習者の知識や能力を把握するためのテストである，などとすることはありえます。とはいえ，その本来の目的は，学習の事前あるいは途上にある進捗を理解し，指導に生かすためのものだからです。

総括的評価は，他の2つと性質を異にすると考えるのが妥当な場合が多いと指摘できます。一定期間や一定範囲の学習の成果を評価するという総括的評価のときに，学習の途上の状況である形成的評価はもとより，学習の開始前の状況である診断的評価をも含めてしまうことは，その期間や範囲の成績評価を総括するという目的において，必ずしも妥当であるとはいえません。

診断的評価と総括的評価とを混交させることの危険について指摘します。たとえば，診断的評価としてあるテストを実施し，総括的評価として同等のテ

ストを実施し，そのスコアの差得点を成績評価に含めるという場合があったとします。すると，6.1.3 で触れたように，事前にスコアが低かった学習者ほど，事後にスコアが高くなりやすいという平均への回帰の問題をはじめ，測定誤差の問題も加味すると，総括的評価の場面で知識や能力が高かった学習者の方が，診断的評価の場面で，偶然にもスコアが低かった学習者よりも，良くない成績評価を与えられるという逆転した現象が起こりかねないということが指摘できます。

　形成的評価と総括的評価については，分別すべき部分と，指導の上でやむを得ず混ぜ合わせることもあり得る部分とがあるといえます。分別すべき部分は，学習の途中における誤りなどです。最終的には，一定の期間で一定の内容を身に付けることが指導の目的であるのに，その途中における練習などの成否を含めてよいものか，慎重になることが肝要だといえます。指導の上でやむを得ず混ぜ合わせることもあり得る部分は，総括的評価までの期間がある程度の長さがある場合などに，生じやすいです。学習の途中の成否は問わずに，一定期間の終わりに測定を 1 回行い，それのみによって成績評価を行うというのは，指導の上で，学習者に対する良いメッセージとはいえません。意欲的な学習者を除いては，いくら途中で形成的評価を行ったりそれに基づくフィードバックを行ったりしても，それらの測定が最終的な成績評価に含まれるものではないということが自明であったとしたら，日常的に積極的に学習に取り組むことは少ないでしょう。そのため，いわゆる小テストや中間テストを，形成的評価としての役割を持たせて実施しつつ，その成果を総括的評価にも用いることを前提としておくことは，指導の上でやむを得ないことだとも指摘できます。

6.2.3　その他の目的の評価

　学習者に自身の習熟を実感させるための評価ということに焦点を絞るのも，学習者へのフィードバックとして有用です。学習者にとって，自身の習熟を実感するということは，よほど普段から自分の学習状況を自らモニタリングしていない限り，あまり多くはないでしょう。たとえば，一定期間の指導において

使用する教材があったとしたら，総括的評価として使用する期末試験問題ほどの本格的なものではなくとも，学習者が初見であったり不得手としていそうなもの（たとえば英単語，文法問題，専門用語の定義など）を抜粋し，テストを作成します。それを，指導前の診断的評価として実施して学習者の状態を把握した上で，指導期間の終了間際，総括的評価に近い場面で，同じテストを実施します。その上で，指導前の各自の解答と比較させることで，（各学習者がきちんと学習を行った限り）習熟を実感でき，好ましい影響を与えることになるでしょう。

また，実務上の問題として，教育の効果を示さなければならない場合の評価というものも存在します。いわゆる外部テスト等を使って，事前・事後で測定することが多いですが，前述のように平均への回帰や誤差といった問題がつきまとってしまいます。また，後述する，テストの受験に対する学習者にとっての利害という面も無視できません。その後に指導を行う教材から選び出したテストを使って事前に測定し，指導を行った事後に同じテストを実施するので，事後のスコアが高くなるのは当然ともいえます。ただし，指導の本来の目的に立ち返って考えると，指導の目的を定め，それに即した教材を選び，指導を行うわけです。教育の成果を測定するという点を重視し，実際に教育の効果があったことを示す手段としては，本来の目的に沿ったものであるといえます。

6.2.4 測定するための道具

測定するための道具としては，多様な手段があります。ここでは，一般的に用いられることが多いペーパーテスト，LMSを使用した場合に特有なデータともいえるログ，そして学習者の満足度について触れます。

テストの1つ1つの項目を，テスト・アイテムと呼びます。これらは，本章で触れた古典的テスト理論や項目応答理論を用いて，テストを実施した後に項目分析を行ったり，どの程度までねらい通りに測定することができたかを検討したりすることができます。たとえば，診断的評価としてテストをより良いものに作り変えようとしたり，テスト後に不適切な項目がなかったかどうかを検

討したりするためには，項目分析という手法が有用です。もちろん，どのような知識や能力を測定しようとするのかを明確にした上で，その知識や能力ごとに過不足ない程度の数のテスト・アイテムを作成することが前提となります。

　テストの形式については，それによって測定される能力と実際の能力をできるだけ峻別して考えることが必要です。たとえば，リスニング形式の，あるテスト・アイテムがあったとします。再生される会話を聞き，その内容に関する問いと複数の選択肢が印刷されていて，正解を選ぶ形式だとします。そのテスト・アイテムで測定される能力は，リスニング形式だからリスニング力だと断言できるものでしょうか。多肢選択式ならではの，まぐれ当たりはもとより，問いや選択肢を読んで理解する速さやそれらにおける既知語の有無といった要因も，含まれることとなります。

　一般に，ある知識や能力を測定するときには，あくまでその大きな構成概念の側面を切り出して，つまり間接的に測定し，その結果から構成概念の値を推定しているに過ぎないといえます。リーディング形式だからリーディング能力であり，リスニング形式だからリスニング能力であると判断するのは明快ではあります。しかし，どのようなものを測定しようとし，どのようなテスト・アイテムを備えたテストの形式であるのかを見極めることのないままに，外部テストであれ自主開発のテストであれ，安易にテストの形式と構成概念とを混同することは慎むべきだといえます。

6.2.5 LMSのログ

　LMSを用いると，様々なデータがログとして残ります。たとえば，ログイン回数，ログインからログオフまでの時間，1つの課題に要した時間，練習問題の正答率などがあるでしょう。ただし，これらを，どの程度まで活用するかについては，課題が少なくありません。

　非対面でLMSを通じて学習を求めている以上は，実際にどのように学習しているのかという実態は把握できないということを前提としなければなりません。たとえば，積極的に学習させることを意図して，ログイン回数や，ログイ

ンからログオフまでの時間を成績評価に含めるとよいのではないかと考えたとします。しかし、それは、身に付けるべき内容をどれだけ学習できたのかという総括的評価に、正体がわからないものを混ぜ込むという危険を伴います。なぜなら、どのようにログインし、どのように学習したのか、さらにはその本人が学習したのかということすらわかりかねるからです。

　別の例として、真面目に学習させることを意図して、練習問題の正答率を成績評価に含めるとよいのではないかと考えたとします。しかし、それは、学習の過程での測定である形成的評価を、最終的な総括的評価に混ぜ込むという危うさを招き入れることに他なりません。なりすましがあり得るという前提に加えて、練習問題の正答の漏洩なども想定される中では、得策とはいえないでしょう。

　なりすましや、ごまかした学習というものが防げないことを前提として、そこから学習者のふるまいを分析し、成績評価ではなく指導に生かすという方向であれば、LMSのログは有効に活用できるでしょう。たとえば、対面式の授業でLMSを活用し、事前に課した課題の遂行状況や正答状況を分析することを形成的評価として、授業で活用するという方策です。学習者の多くが苦手としていた類の事項や、不可欠な事項なのに数は少ないながらも理解が不十分な学習者がいた類の事項などについて、指導を行うわけです。学習者側としても、事前にLMSを使って学習しておけば、その結果をフィードバックとして授業内で扱われることとなり、同じ教室で学ぶ学習者全体の中での自分の理解度を把握することもできるので、学習者自身の利益にもつながることを強調し、あくまで形成的評価として活用するのが妥当でしょう。

6.2.6　測定における実務的な制約

　測定には、手間がかかります。印刷や採点といった作業はもとより、前述したテスト・アイテムやテスト形式の部分でも触れたように、学力という構成概念を間接的に測定するという道は、果てしないものだといえます。ただし、実務上は、測定をすることは必要です。ここでは、そういった実務的な部分につ

いて触れます。

　測定する時期や回数については，形成的評価という観点からすると，多い方が望ましいといえます。もしも，何かに関する学力というような大きな構成概念を測定しようとするのであれば，高い頻度できちんとしたテストを用意するのは無理難題です。ただし，形成的評価は，指導した内容が定着した度合いを確認するのが目的です。すなわち，前時に扱った内容のうちから抜粋した事項や，LMSを用いて期限ごとに学習すべき課題を定めているならその範囲から抜粋した事項を用いて，教材に準拠したテストを行うことで十分であるといえます。

　測定する際には，学習者にとっての利害が，どのくらい真面目に受験するかどうかという問題に直結することを忘れてはいけません。たとえば，事前・事後で外部テストを使用し，教育の成果を測定しようとしたときを考えます。その事前テストは単なる実力確認であるなら，学習者にとっての利益は小さく，真面目に受験する可能性は低くなるでしょう。事後テストが占めるのは成績評価の1割だとしたら，これも学習者にとっての利害は小さくなり，3割や4割にしてしまうと，利害は大きくなりますが，大きくなりすぎた結果として，成績評価を終えたときに落第する人数が少なからず出てきてしまうでしょう。従来から行われてきたような利害が大きいはずの通常の試験であっても，欠席する受験者や，あきめてしまう受験者が皆無ではないことを鑑み，測定をできるだけ成功させるためには，その測定が学習者に対して与える利害の大きさも考慮する必要があるといえます。

6.2.7　ある実践の例

　ここでは，ある実践について紹介します。この実践例が素晴らしいものであるとか，このようにすべきであると主張するために示すのではありません。対面式の授業でLMSを活用するときの，教育の成果を測定する上での実際の一例として，これまでに触れてきた事項について振り返る材料として提示するものです。また，これに類似した教育実践については，筆者の文献[34][35][36]等

に示されているので，ここでは概略を示すことと，LMSを利用した教育においてその成果を測定することに焦点を当てます。

指導の目的は，TOEICテストで測定されるようなリスニングやリーディングの能力を向上させるものでした。形式は，対面式の授業でした。LMSとしては「ぎゅっとe」を用い，教材には，リーディング中級（40英文）・リスニング中級（800問）・グラマー（421問）と，独自開発した語彙リスト（2000語）を用いました。

全16回にわたった授業の手順は，表6-4の通りです。授業内で行った指導については，各回の概要の欄に示しています。また，測定や評価を行ったねらいについては，評価のねらいの欄に示しています。

まず，学習すべき教材の全体を与えただけで総括的評価を行うのでは，学習者にとって身に付いたかどうかを確認することも，指導者としてどの程度まで身に付いたかを点検することもできません。そのため，教材を10分割し，10

表6-4　全16回の授業の手順

回	各回の概要	評価のねらい
第1回	授業の進め方の説明，演習等	
第2回	演習	
第3回	TOEIC IP テスト	診断的評価， 成果を確認するための事前テスト
第4～8回	小テスト（教材の1/10～5/10を各回），演習	形成的評価（ログ分析）に基づく形成的評価，総括的評価
第9回	中間試験（教材の1/10～5/10），演習	形成的評価（ログ分析）に基づく形成的評価，総括的評価
第10～14回	小テスト（教材の6/10～10/10を各回），演習	形成的評価（ログ分析）に基づく形成的評価，総括的評価
第15回	TOEIC IP テスト	総括的評価， 成果を確認するための事後テスト
第16回	期末試験（教材の6/10～10/10）， TOEIC IP テスト返却， 授業評価アンケート	総括的評価， 学習者の満足度

回（第 4 ～ 8 回と第 10 ～ 14 回）で，それぞれの範囲の定着について確認を行う（たとえば，第 4 回には，10 分割した教材の 1 つ目のまとまりを範囲とする）という，形成的評価の測定を行いました。ただし，単に定着を確認するという目的だけでは，一部の意欲的な学習者を除くと，全体的には積極的に学習させることは容易ではありません。そこで，これら全 10 回の小テストの合計点を，最終的な成績評価において，4 割の比重としました。

　また，これらの形成的評価においては，LMS を使うことの利点ともいえる，学習ログを活用しました。すなわち，その旨を学習者に説明した上で，授業の前日までに指定された教材の範囲を学習しておくことを奨励しつつ，正答率が高くなかった項目のうちで，重要だと判断したものを中心に，教材に準拠したテストを行いました。学習者にとっては，LMS を使って事前に学習し，よくわからないものなどについては復習をしておくことで，次時の形成的評価においてその定着の確認ができ，ひいては総括的評価である成績評価にも利があるということをねらったわけです。90 分間の授業において，おおむね 30 分程度をその形成的評価に用い，残る 60 分は，演習として次回までに学習すべき次の範囲の教材のうちで重要だと思われる事項を一斉指導しました。もちろん，その 60 分ですべての教材を扱うことはできないので，残る大部分は各自で LMS を用いて次時までに学習をしておくこととしました。

　また，一度の学習だけで定着するということは稀です。そのため，第 9 回と第 16 回には，中間試験と期末試験の機会を設け，10 分割した教材の前半 5 つ分，後半 5 つ分を範囲として，教材に準拠したテストを行いました。これら 2 回の試験の直前となる回（第 8 回と第 14 回）には，LMS から抽出し集計した，各項目に対する全体の正答率を昇順に並べたものを示し，LMS が備えている，任意の項目群を復習できる機能を活用するということを奨励しました。これら 2 回の試験は，総括的評価である成績評価において，それぞれ 2 割の比重を持たせましたが，そこまでの振り返りを行って学習を促進するという形成的評価の側面も考慮しました。

　診断的評価として第 3 回に実施した TOEIC IP テストは，あくまで診断的

評価とすることにとどめました。一方，総括的評価の一環とした第15回のTOEIC IPテストは，成績評価において2割の比重を持たせました。テストに対する学習者の利害については前述しましたが，一般的にその単位に合格となるには6割の得点が必要となることを考慮すると，2割よりも比重が少なければ学習者にとっての利害が小さくなりすぎて不真面目な受験が増える恐れがあることや，逆に比重が重ければ当日の不測な事態によって，そのテストの結果だけで合格できないという判断に基づいたものです。

ここまで，LMSを用いながら対面式で行ったある授業の実践例について，その評価のタイミングや意図について，説明をしてきました。理論的には形成的評価と総括的評価を混交させることは不適切になりかねないことについては前述の通りですが，受験する学習者の利害という観点を欠くことはできません。また，学習の成果を測定するのが目的ではなく，指導をすることが目的でもあるので，総括的評価を純然たる総括的評価としたいがために，途中の経過をまったく無視してよいものかという悩みは尽きません。

指導について，『個性と教育環境の交互作用 —教育心理学の課題』[37] において，あらゆる個人差に対して適合性を持つ万能薬的な教授方法が実現されていない現状では，複数の教授方法による最適化は次善の策として現実的であると指摘するように，教授方法に付随するその成果の測定についても，現実的な制約の中で様々な方法を組み合わせ，釣り合いをとらせていくことが現実的だといえます。その際に，学習者にとってその学習ログの利害が大きくない限り（不正などでログが歪んでしまっていない限り）においては，とりわけ形成的評価にその分析結果を活用する可能性は，LMSを用いた教育における利点といえるでしょう。

6.3 LMSを利用した実践の効果の測定・評価に関する参考文献

大澤真也（広島修道大学）

本章では，LMSを利用した実践の効果を測定及び評価する際に大切な作法

について紹介しました．いざ自分の実践を振り返ってみようと思ったら，まずは先行研究を探してみることが大切です．そこで，本章のまとめに代えて，最後にいくつかの先行研究を紹介します．

LMSの効果を測定しようと試みた研究は残念ながらあまり体系的に行われているとはいえませんが，それでもいくつかの論文を見つけることができます．「Moodleの利用による学習効果の評価」[38] では，コンピュータ概論の科目で，授業資料の提示と小テストの実施の目的でMoodleを利用し，Moodleが学力向上にどの程度寄与するかを調査しています．その結果，コースと小テストのアクセス数と試験のスコアの間には，正の相関があることが明らかになりました．また，Moodleは時間外の学習にも貢献するだろうと主張しています．「Moodle上の社会データ分析入門におけるアクセスログ分析と小テスト効果の検証」[39] では，社会データ分析入門の科目で，テキスト教材の提示と小テストの実施の目的でMoodleを利用しています．そして，小テストとアクセスログの関係を調査した結果，両者の間にはかなり強い正の相関があると主張しています．一方で，論文 [38] とは異なり，授業時間外のアクセスは成績にはあまり貢献しないと結論付けています．海外に目を向けると，「The impact of student activity in a virtual learning environment on their final mark」[40] が，コンピュータの利用を学ぶ科目において，Moodle上の課題やフォーラムなど各種課題の閲覧と成績の間には正の相関があると主張しています．このように，MoodleなどのLMSを利用した学習はある程度効果があるだろうということは容易に推測できるのですが，その結果については，まだばらつきがあるというのが現状です．

そこで近年は，先行研究の結果を統合し，メタ分析をするといった試みも見られるようになりました．代表的なところでいえば，「A meta-analysis of effectiveness studies on computer technology-supported language learning」[26] をあげることができます．この論文では，1970年から2006年の間に行われた研究を収集し，ESL/EFL環境において，CALLを利用する指導の効果について検証しています．この研究は，単にCALLを一括りにしてしまうのではなく，LMSを単独で利用するか，あるいは他のものと組み合わせて利用するかなど細かく

分類しているので，自身で実践及び研究を行ってみようと思った時に，参考にするとよいでしょう。また，あまり知られていないかもしれませんが，U.S. Department of Education による報告書[41]も参考になります。この報告書は，1996年から2008年までの間に行われた研究を対象としてメタ分析を行っています。本来の目的は，アメリカのK-12（高校卒業までの教育期間）におけるオンライン学習の効果を検証するものだったのですが，実際には高等教育機関で行われた研究が多かったため，高等教育機関を対象とした研究を行う際にも大いに参考になると思います。

第7章 ゼロからはじめる Moodle

　既に自分の勤務校に Moodle や他の LMS が導入されている方は幸せです。Moodle が導入されている場合には，筆者らが執筆したマニュアル（『Moodle 事始めマニュアル』）を読めば，とりあえず一通りのことはできます。対応するバージョンが 2.4 と若干古いのですが，(2015 年 7 月現在での最新のバージョンである) 2.8.3 でも，それほど違いません。

　ところが，あなたが非常勤講師で授業に行く先の大学に LMS がない（あるいはあっても使えない）とか，勤務先に LMS が導入されていない場合には，どうしたらよいでしょう？　情報部局なりにかけあって，システムを導入してもらいますか？　十分コストをかける価値のある職場なら，そうしましょう。あるいは，LMS が導入されていても，使い勝手の悪いシステムかもしれません。有料なのに，非常に使いにくいシステムが，世の中には存在します。

　たとえば，「小テストを作成するためには専用のオーサリングツールが必要です。オーサリングツールは Windows 用しかありません」といったことが，実際に起こり得るのです。しかも，このオーサリングツールのインターフェースがよくありません。

　Moodle も完璧ではありませんが（というよりも，かなりいらいらさせられることが多いシステムですが），「悪くはない」LMS です。少なくとも，ソフトウエア自体は無料です。職場になければ，自分でインストールしてしまえばいいわけです。

7.1 Moodle 導入の形態

ところが，Moodle をインストールして使うというのは，Microsoft Word を PC にインストールするような簡単なことではありません。Moodle をゼロから構築するというのは，「サーバを構築して管理する」ということとイコールです。Moodle サーバを運用するには，いくつかの方法があります。

7.1.1 業者への委託

年に 20 万円とか 30 万円の出費を厭わないのであれば，専門の業者に Moodle サーバの構築を任せ，管理を委託するのが最もおすすめです。高いと思われるかもしれませんが，自分で管理することを考えると，その程度のコストは支払いたいところです。実際，広島修道大学の Moodle は当初，心理学専攻で学内の教育用予算を獲得し，その資金で業者にインストールと運用を委託していました。現在は情報センターで管理していますが，Moodle パートナーとの契約を行い，トラブル発生時にはアドバイスを求めています。業者委託の場合には，Moodle について知識のあるところを選びましょう（どこでもできるといえばできますが，ソースコードのレベルから Moodle を理解している業者に委託するのがおすすめです）。有料の商用 e ラーニングシステムを使った場合は，年に数十万円の出費では済まないので，業者のサポートに頼るというのは悪くない方法です。

7.1.2 研究室サーバとしての運用

これは，サーバのハードウエアを用意して，研究室で稼働させる導入方法です。自由度が高く，高スペックな構成で Moodle を動かせるのは魅力です。10 万円から 20 万円程度のサーバを購入して，サーバ OS をインストール・セットアップし，Moodle をインストールします。実際に筆者も，Mac mini を運用し，Moodle や Mahara のテストサーバや授業用の WordPress サーバとして使っていますが，いろいろな問題があります。まず，電気代が非常にかかります（ただ，これについては幸いにも大学側が払ってくれます）。夏は，それでなく

ても熱い研究室がさらに熱くなります。また，ハードが故障した場合には，それに対応する必要があります。代替機を準備する，修理の手続きをするなど，考えただけで気が遠くなります。無停電電源装置の設置も必須です。大学の施設点検などに伴う停電や予期せぬ停電（筆者の大学では先日，新しい校舎を建設中に電源ケーブルを工事業者に切られてしまい，突然停電するという事件がありました）への対応のためです。電源断の場合には，自動起動するように設定しておく必要もあるでしょう。無停電電源装置のバッテリーの交換などの作業も必要です。サーバ，無停電電源装置，バックアップ用ディスクを設置するための場所を確保する必要もあります。何より，これらのハードを揃えるには，初年度に相当の出費を覚悟しなければなりません。数年ごとに，更新の費用も必要です。このように，必ずしも研究室にサーバを設置することはおすすめできる方法ではありません。ただし，サーバ管理ができるスタッフが常駐している場合には，その限りではありません。

7.1.3　VPS サービスの利用

　業務委託を行う予算が存在せず，個人研究室にサーバを構築する面倒を避けたい場合は，VPS（Virtual Private Server）サービスを利用するのがおすすめです。サーバの構築と管理はする必要がありますが，少なくともハードの管理をする必要はありません。これだけでも相当楽ができます。本章では，VPS システムを使った CloudCore VPS を利用した Moodle サーバ運用を，例として紹介します。CloudCore VPS は最も安いプランであれば，2015 年 7 月現在，年間 14,400 円（月額あたり 1,200 円）で，Moodle を稼働させるのに十分なスペックが手に入ります（CPU 仮想 2 コア，メモリ 2GB，ハードディスク 100GB）。多くの場合，100 名から 200 名程度の 1 クラスの授業で使うには十分な性能でしょう（動画や音声など，容量の大きな教材に 100 名以上が一斉にアクセスするような状況では処理が滞る可能性もありますが）。

7.2 VPSを利用したMoodleサーバ構築

それではさっそく，VPSを利用したMoodleのインストール作業を行います。まずはインストール作業の前に，申し込み・契約を行い，ドメイン名を取得する必要があります。

7.2.1 契約

申し込みは，CloudCore VPSのサイト（http://www.cloudcore.jp/vps/）から，オンラインで行うことができます。

「お申し込み」のリンクから申し込めば，すぐに利用することができます。「【重要】サーバー設定が完了いたしました」という件名のメールが届くはずです。ユーザ名はそのメールに記載されていますが，パスワードは別便で届きます。少し時間がかかるようです。サーバには既に，CentOSがインストールされています。

ユーザ名とパスワードが入手できたら，コントロールパネルログイン画面（https://admin.cloudcore.jp/login）でログインをすれば，様々な設定をすることができます。

7.2.2 ドメイン名の取得

もちろんIPアドレスのままでも運用ができますが，自分好みのドメイン名を申請して運用したいものです。ドメイン名はいろいろなウェブサイトで取得できますが，ここでは，「お名前.com」の例を紹介します。

まず，「お名前.com」のウェブサイト（http://www.onamae.com/）にアクセスし，「ドメイン」から「ドメインを登録する」を選びます。ドメインを検索し，好みのものを選んでください。ドメインの種類（.com, .jpなど）によって値段が異なります。ドメインを取得し，支払いが済んだら，「お名前.com」のサイトにログインしてください。

申し込み時に「Whois情報公開代行」を申請することをお勧めします。有料ですが，これを申請しないと，自分の住所や電話番号を公開しなければいけま

せん。ぜひ申請しましょう。

次に，ログインした状態で，「ドメイン設定」のタブを開いてください。「ネームサーバーの設定」から「DNS関連機能の設定」に進みます（図7-1）。「DNSレコード設定を利用する」の右にある「設定する」を選んでください。入力欄のホスト名に「www」，Type欄に「A」，TTLに「3600」，VALUE欄に今回取得したIPアドレスを入力し，「追加」をクリックします。設定が済んだら，「確認画面に進む」をクリックして，次の画面で「設定する」をクリックします。

図7-1 「お名前.com」でのネームサーバーの設定

7.2.3 サーバの設定

Macならターミナル.appを開きましょう（Windowsなら適当なsshクライアントをインストールして使ってください）。Macのターミナル.appは「アプリケーションフォルダ」の中の「ユーティリティ」フォルダにあります（図7-2）。よく使うので，Dockに登録しておきましょう。

図 7-2　Mac のターミナル

ここで，

　　ssh root@***.***.***.***

と入力します。「***.***.***.***」の箇所には，CloudCore VPS から発行された IP アドレスを入れます。なお，この箇所にはドメインを取得していれば，そのドメインでもかまいません。たとえば，ssh root@www.hoge.jp（「www.hoge.jp」の箇所は，あなたが申請したドメインに読み替えてください）のように入力します。ただし，ドメインを設定してしばらくはドメイン名でアクセスできないので（DNS の情報が更新されるまでに一定の時間がかかります。このことを「DNS の浸透」などと呼ぶ人もいますが，実際にはそのようなアナログなプロセスではありません），すぐに設定したい場合には IP アドレスでアクセスしてください。

　パスワードを聞かれるので，やはり CloudCore VPS から発行されたパスワードを入力してください。なお，パスワードはマスクされる（* などの文字になる）ので，間違えないように注意して入力してください（CloudCore VPS から

来たメールから，コピー＆ペーストしてもよいでしょう）。

次に，サーバをアップデートしましょう。以下のコマンドで簡単にできます。

  yum update

このコマンドを実行すると，

  Total download size: 51 M

  Is this ok [y/N]:

などと聞かれるので，「y」と入力してReturnキー（WindowsならEnterキー）を押してください（図7-3）。

```
 ● ● ●         nakanisi — root@cvps-158-199-140-138:~ — ssh — 80×24
 grub                    x86_64    1:0.97-84.el6_5                updates    933 k
 httpd                   x86_64    2.2.15-31.el6.centos           updates    824 k
 httpd-tools             x86_64    2.2.15-31.el6.centos           updates     73 k
 initscripts             x86_64    9.03.40-2.el6.centos.3         updates    940 k
 kernel-firmware         noarch    2.6.32-431.23.3.el6            updates     13 M
 libcom_err              x86_64    1.41.12-18.el6_5.1             updates     37 k
 libss                   x86_64    1.41.12-18.el6_5.1             updates     41 k
 libxml2                 x86_64    2.7.6-14.el6_5.2               updates    800 k
 nspr                    x86_64    4.10.6-1.el6_5                 updates    113 k
 nss                     x86_64    3.16.1-4.el6_5                 updates    832 k
 nss-sysinit             x86_64    3.16.1-4.el6_5                 updates     41 k
 nss-tools               x86_64    3.16.1-4.el6_5                 updates    360 k
 nss-util                x86_64    3.16.1-1.el6_5                 updates     64 k
 ql2400-firmware         noarch    7.03.00-1.el6_5                updates     94 k
 ql2500-firmware         noarch    7.03.00-1.el6_5                updates    118 k
 tzdata                  noarch    2014e-1.el6                    updates    453 k

 Transaction Summary
 ================================================================================
 Install       1 Package(s)
 Upgrade      21 Package(s)

 Total download size: 51 M
 Is this ok [y/N]:
```

図7-3　yum updateを実行したところ

アップデート後のOS（CentOSというOSがデフォルトでインストールされています）を，以下のコマンドで確認しましょう。

  cat /etc/redhat-release

なお，ターミナルには通常入力の補完機能があるので，たとえば，

  cat /etc/redhat-re

まで入力してTabキーを押せば，最後まで自動で補完入力してくれます。これ

は，長いファイル名などを入力する際にとても便利な機能なので，ぜひ使いましょう。なお，候補が複数ある場合は，文字が枝分かれする部分まで自動入力されます。2015年7月20日現在では，

　　CentOS release 6.6 (Final)

と表示されます。

7.2.4　セキュリティ設定

　CentOSはLinuxの一種です。Linuxには，スーパーユーザ（root）と一般ユーザという2種類のユーザが存在します。スーパーユーザはMac（OS X）やWindowsでいうと管理者（Administrator）にあたり，何でもできるユーザです。つまり，大事なファイルなどを変更したり削除したりすることが可能です。

　インストール時にはrootユーザだけが登録されていますが，このユーザでずっとCentOSを使うのはリスキーで，Linuxにはスーパーユーザとしてrootが設定されているため，システムに侵入して悪事を働こうとしている不届き者がrootでログインを試みてアタックしてくるかもしれません。ですので，rootでログインできなくすることが大事です。一般ユーザとして適当なものを作成し，まずはそのユーザでログインしなければ何もできないようにするわけです。不届き者は，「このシステムにログインできるユーザは何なのか？」から調べなければならないので，侵入される可能性が減ります（そういう意味で，一般ユーザ名も，うかつに他人に話すべきではありません）。

(1)　root パスワードの設定

　　rootパスワードは，初期のものから変更しておきましょう。

　　　passwd

　　コマンドで変更ができます。

(2)　一般ユーザの作成

　　rootでsshログインができてしまうのは危険なので，作業用の一般ユーザを作成し，通常はそのユーザで作業をすることにします。次の例では「hoge」というユーザを作成し，パスワードを「fuga67」にしています。最後の

usermod コマンドは，hoge ユーザを wheel グループに追加するものです。

 useradd hoge

 passwd hoge

 fuga67

 usermod -G wheel hoge

なお，ユーザを削除するためのコマンドは

 userdel -r hoge

です。

(3) **root になれるユーザを制限する**

wheel グループのユーザだけが root になれるようにしましょう。

 vi /etc/pam.d/su

と入力して Return キーを押すと vi エディタが起動し，etc/pam.d ディレクトリにあるファイル su が開きます（vi エディタの使い方については，「7.2.9 付録」を参考にしてください）。

 #auth required pam_wheel.so use_uid

となっている箇所の # を削除し，

 auth required pam_wheel.so use_uid

として，上書き保存（Esc キーを押してから :wq + Return キー）します。

root ユーザでログインできなくする前に，一般ユーザ hoge でログインし，そこから root になれることを確認しましょう。

 exit   ←ターミナルを一度閉じて開き直す

 ssh hoge@***.***.***.****

 パスワードを入力

 su -   ←「-」を忘れないこと。これで root になれる

 （su - hoge で一般ユーザに戻る）

 root のパスワードを入れる

 [hoge@cvps-***-***-***-*** ~]# だったものが [root@cvps-***-***-***-*** ~]# となることを確認する

なお，以降の設定は特に断らない限り，基本的に root での操作を前提としています。コマンドの前にある文字が $ の場合には一般ユーザ，# の場合にはスーパーユーザを意味します。したがって，$ や # は，コマンドを実行するときには入力しないでください。

(4) **ファイアウォールの設定**

ファイアウォールの設定で，必要のないポートを閉じてしまいましょう。とりあえず現状の設定ファイルをバックアップします。

  # cp -a /etc/sysconfig/iptables /etc/sysconfig/iptables.org

  # vi /etc/sysconfig/iptables で iptables ファイルを開き，

  -A INPUT -m state --state NEW -m tcp -p tcp --dport 80 -j ACCEPT

  -A INPUT -m state --state NEW -m tcp -p tcp --dport 3306 -j ACCEPT

という行を追加します。1 行目は，80 番ポートへのアクセスを許可するという設定です。80 番ポートとは http での通信に使われるポートで，ウェブサーバとして使う場合には開放しておく必要があります。下の 3306 番ポートは MySQL 5（データベース）で使うポートです。Moodle を使うためにはデータベースが必須ですので，開放しておきます。他には，既に 22 番ポートが開放されていると思います。これは ssh でサーバに接続する上で必ず必要なので，設定をいじらないようにしてください。

次のコマンドで，iptables を停止することができます。

  # /etc/rc.d/init.d/iptables stop

iptables を起動するためには，stop となっているところを start に変えて実行してください。

  # /etc/rc.d/init.d/iptables start

次のコマンドを使えば，停止と実行が同時に行えます（つまり，iptables が再起動します）。

  # /etc/rc.d/init.d/iptables restart

このままでは，システムを立ち上げ直した場合，手動で iptables を起動しなければならないので，次のコマンドで，自動で iptables が起動するように

します。自動起動を解除するためには，on となっているところを off にしてください。

  # chkconfig iptables on

(5) **SELinux を無効にする**

  SELinux が有効化されていると何かと面倒なので（強力なアクセス制御をしてくれるので，使い方によってはよいのですが，結構難しい），無効化します。

  # vi /etc/selinux/config

「SELINUX=disabled」にして，サーバを再起動してください。

  # reboot

7.2.5 AMP 環境の構築

  AMP 環境とは，Apache（ウェブサーバ），MySQL（データベース），PHP（汎用スクリプト言語）の頭文字を取ったものです。Moodle の稼働には必須です。実は，データベースは MySQL ではなく PostgreSQL でも使えるのですが，ここでは標準的な MySQL を使いましょう。

(1) **Apache のインストール**

  # yum install httpd
  # service httpd on   ← httpd の起動
  # chkconfig httpd on   ←システムの再起動時に httpd が起動する設定

＜ httpd.conf の編集＞

  Apache の設定は，httpd.conf ファイルにより行います。vi エディタで，/etc/httpd/conf/httpd.conf ファイルを編集します。

  # vi /etc/httpd/conf/httpd.conf

変更箇所は，以下の通りです。

DirectoryIndex index.html index.html.var の行を，次のように変更します（index.php を追加（許可））。

  DirectoryIndex index.html index.html.var index.php   ← index.php を追加

AddType に，1 行追加します（.php ファイルを使えるようにする）。

　　AddType application/x-compress .Z

　　AddType application/x-gzip .gz .tgz

　　AddType application/x-httpd-php .php　　　　　← 1 行追加

次の 1 行を追加します。

　　LoadModule php5_module modules/libphp5.so

ファイルの修正が終わったら，上書き保存して終了（Esc キーを押してから :wq ＋ Return キー）してください。

次のコマンドで httpd を再起動し，サーバ再起動時の自動起動を有効にします。

　　# service httpd restart

(2) PHP のインストール

そのまま yum install php とすると，php 5.3 がインストールされてしまいます。これは Moodle 2.7 以降に対応していないので，新しいものをインストールするために，少々面倒な手続きを踏みます。

　　# rpm -Uvh http://dl.fedoraproject.org/pub/epel/6/x86_64/epel-release-6-8.noarch.rpm

　　# rpm -Uvh http://rpms.famillecollet.com/enterprise/remi-release-6.rpm

　　# yum install --enablerepo=remi --enablerepo=remi-php55 php php-mysql php-gd php-mbstring php-xmlrpc php-soap php-intl php-opcache

なお，後で追加のパッケージをインストールしたい場合は，

　　# yum install --enablerepo=remi --enablerepo=remi-php55 インストールしたいパッケージ

としてください。「インストールしたいパッケージ」の箇所には，スペース区切りで複数のパッケージを含めることができます。たとえば，php-mbstring と php-mysql をインストールし忘れた場合には，

　　# yum install --enablerepo=remi --enablerepo=remi-php55 php-mbstring php-mysql

とします。一度インストールしたパッケージをアンインストールしたい場合には,

　　# yum remove アンインストールしたいパッケージ

とコマンドを実行してください。

　インストールが完了したら,php –version を実行し,

　　PHP 5.5.13（cli）（built: Jun 5 2014 16:44:19）

　　Copyright（c）1997-2014 The PHP Group

　　Zend Engine v2.5.0, Copyright（c）1998-2014 Zend Technologies

などと表示されたら成功です。

＜php.ini の設定＞

　次に,php.ini の初期設定を行います。

　　# vi /etc/php.ini

で vi エディタから php.ini ファイル（php の設定情報を記録するファイル）を開きます。以下の指示に従って編集を行ってください。

　次は,文頭の ; を削除して,コメントアウトを解除。

　　date.timezone = Asia/Tokyo

　次の記述をファイルに追加。

　　extension=mbstring.so

　　extension=xmlrpc.so

　　extension=soap.so

　　extension=intl.so

　php.ini の mbstring に関連する記述を,次のように変更（ほとんどは ; を削除するだけ）

　　mbstring.language = Japanese

　　mbstring.internal_encoding = UTF-8

　　mbstring.http_input = pass（もともと UTF-8）

　　mbstring.http_output = pass

　　mbstring.encoding_translation = Off

mbstring.detect_order = UTF-8,SJIS,EUC-JP,JIS,ASCII（もともと auto）

mbstring.substitute_character = none;

mbstring.strict_detection = Off（もともと on）

post_max_size = 1000M（もともと 8M：サーバ容量に合わせて適宜変更してください）

upload_max_filesize = 1000MB（もともと 2M：サーバ容量に合わせて適宜変更してください）

＜ opchache の設定＞

次に，高速にページを表示するために，opchache 関連の設定をします。まずは設定ファイルの opcache.ini を vi エディタで開いてください。

vi /etc/php.d/opcache.ini

設定ファイルでは，2 行（元の記述）の文頭にある ; を削除し，次のように変更してください。

;opcache.enable_cli=0　　　←元の記述

opcache.enable_cli=1　　　←このように変更

;opcache.revalidate_freq=2　　　←元の記述

opcache.revalidate_freq=60　　　←このように変更

ここまで設定が終わったら，次のコマンドで httpd（ウェブサーバ）を再起動します。

service httpd restart

＜ PHP の動作チェック＞

PHP のインストールと設定が正常に完了したかどうかを確認しましょう。確認のため，PHP の動作状況を表示するウェブサイトを作ります。CentOS のウェブサイトのファイルをアップロードするディレクトリは，デフォルトでは /var/www/html です。cd コマンドで，このディレクトリに移動してください。

cd /var/www/html

ここに，info.php というファイルを vi エディタで作成します。

vi info.php

info.php には次の内容を記述し，上書き保存して終了（Esc キーを押してから :wq ＋ Return キー）してください．

<?php

phpinfo();

?>

次の URL に，適当な端末の適当なブラウザから接続してください．

http://***.***.***.***/info.php

図 7-4 のような PHP 情報が表示されたら成功です．

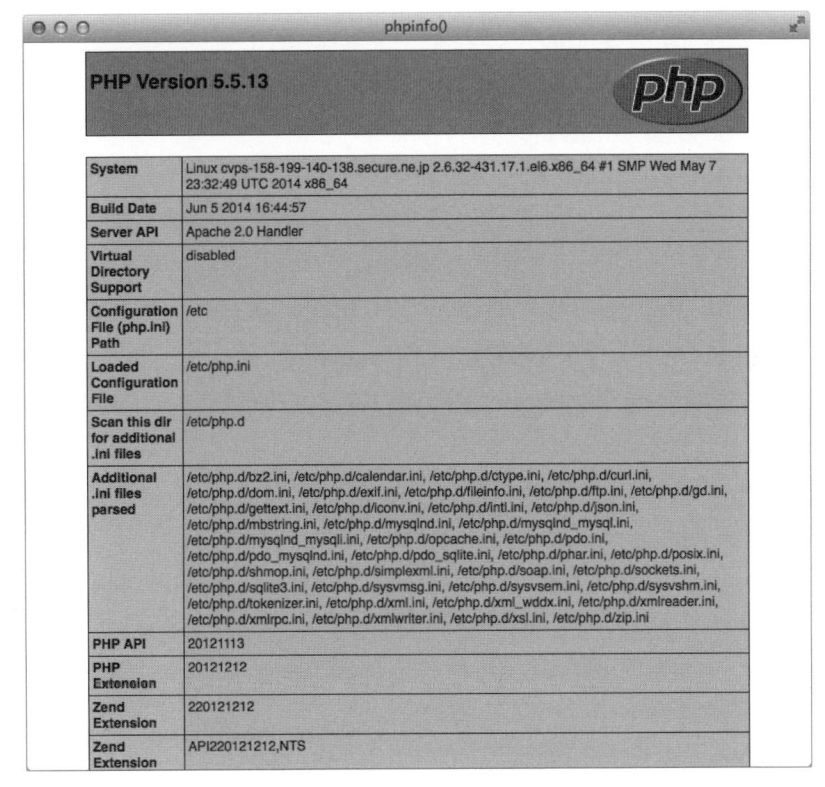

図 7-4　PHP のインストール状況の確認

(3) **MySQL のインストール**

次に，データベース（MySQL）をインストールします。PHP は Moodle のプログラムを実行するための環境，MySQL は Moodle の様々なデータを管理するためのシステムです。

＜ MySQL のインストール＞

インストールには，次のように yum コマンドを使います。

yum --enablerepo=remi -y install mysql mysql-server

単に yum install mysql-server だと，古いバージョンがインストールされてしまうので注意してください。

$ mysql --version を実行し，

mysql Ver 14.14 Distrib 5.5.38, for Linux（x86_64）using readline 5.1

などと表示されたら成功です。

＜ MySQL の起動関係設定＞

mysqld をスタートし，サーバ起動時に自動的に立ち上がるように設定します。

service mysqld start

chkconfig mysqld on

＜ MySQL のセキュリティ設定＞

インストール直後の MySQL はセキュリティが脆弱なので，次のコマンドでセキュリティの設定をします。

/usr/bin/mysql_secure_installation

Set root passward に Y

Remove anonymous users? に Y

Disallow root login remotely? に Y

Remove test database and access to it? に Y

Reload privilege tables now? に Y

＜ MySQl へのログイン方法＞

MySQL を使うには，次のコマンドを使います。

```
# mysql -u root -p
```
先ほど設定した root パスワードでログインします。
```
mysql>
```
の状態になったら成功です。次に、Moodle で使うデータベースを作成します。データベース名は「moodle」でよいでしょう。
```
mysql > create database moodle;
```
次に、今作成した moodle データベースに接続するためのユーザを作成します。moodleuser というユーザを作成し、moodle データベースに接続できるようにします。
```
mysql > grant all privileges on moodle.* to moodleuser@localhost identified by '設定したいパスワード';
```
MySQL は exit で終了します。

7.2.6 cron の設定

Moodle には、ディスカッションフォーラムに投稿があった場合に、定期的にメールを送信する機能があります。この機能を使うためには、一定時間ごとにプログラムを実行することのできる cron という機能を設定する必要があります。CentOS での cron の設定には、次のコマンドを使います。
```
# yum -y install cronie-noanacron
```
インストールが完了したら、次のように crond の起動、自動起動設定をしておきます。
```
# /etc/rc.d/init.d/crond start
# chkconfig crond on
```
cron のインストール、自動起動の設定が完了したら、crontab コマンドを使って Moodle のスクリプト（cron.php）を自動的に実行する設定をします。次のコマンドを実行すると、vi エディタが起動します。
```
# crontab -e
```
次の一行を入力し、保存して終了（Esc キーを押してから :wq ＋ Return キー）

します。

```
***** /usr/bin/php -f /var/www/html/moodle/admin/cli/cron.php > /dev/null 2>&1
```

7.2.7　メール送信の設定

Moodle のシステムからメールを送信するためのメール送信設定を行います。

yum install postfix

＜postfix の設定＞

vi /etc/postfix/main.cf

- 次のコメント（#）を解除します。

  #myhostname = virtual.domain.tld を

  　myhostname =www.hoge.jp とする（自分の環境で読み替えてください）。

  #mydomain = domain.tld を

  　mydomain = hoge.jp とする（自分の環境で読み替えてください）。

  #myorigin = $mydomain を

  　myorigin = $mydomain とする。

- 次の localhost を all に変更してください。

  inet_interfaces = localhost を

  　inet_interfaces = all とする。

- 次のコメント（#）を解除します。

  #home_mailbox = Maildir/ を

  　home_mailbox = Maildir/ とする。

- 次の $mail_name を unknown に変更し，コメント（#）を解除します。

  #smtpd_banner = $myhostname ESMTP $mail_name を

  　smtpd_banner = $myhostname ESMTP unknown とする。

- 次の変更をしてください。

  inet_protocols = all を

  　inet_protocols = ipv4 とする（たぶんそのままでも問題ありません）。

以上の変更が終了したら，上書き保存して終了（Esc キーを押してから

:wq ＋ Return キー）してください。

以下のコマンドで postfix を起動し，システム起動時の自動起動をオンにします。

```
#postfix start
#chkconfig postfix on
```

7.2.8 Moodle のインストール

(1) Moodle のダウンロードとディレクトリへのアップロード

Moodle の最新バージョンは，https://download.moodle.org/ のウェブサイトからダウンロードしてください（図 7-5）。Standard Moodle の Latest release を選びます。ファイル形式は TGZ でも ZIP でも，どちらでもかまいません。

ダウンロードしたファイルは解凍し，/var/www/html/ 以下に moodle フォルダごとコピーします。FTP クライアントで ssh 接続するのが最も簡単です。

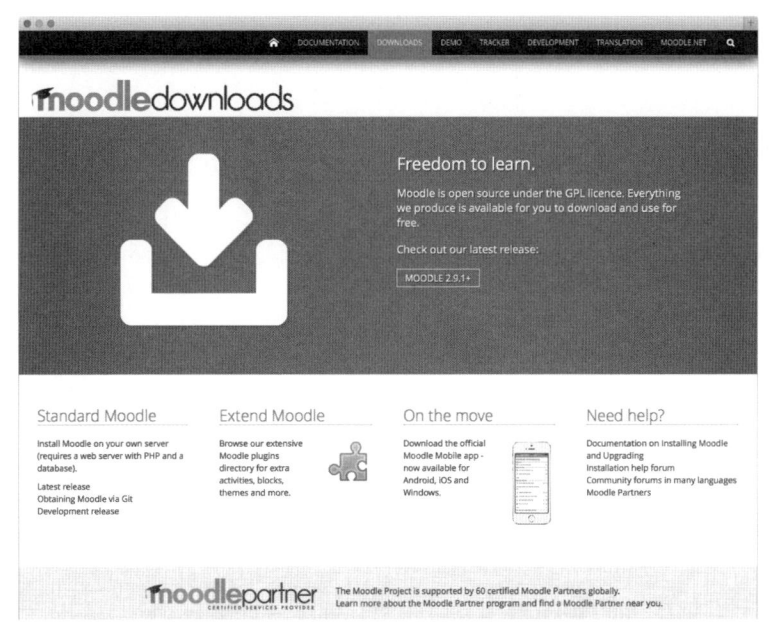

図 7-5　Moodle のダウンロードサイト

次のコマンドで，www ディレクトリの所有者を apache（httpd.conf ファイルで設定してあるウェブサーバの実行ユーザと同じユーザ）にし，アクセス権限（パーミッション）を 755（読み込みと実行は誰でもできるが，書き込みは所有者だけ）にします。

　　# chown -R apache /var/www/ 　　　　←所有者を apache にする
　　# chmod -R 0755 /var/www/html/moodle　　←パーミッションの変更

(2) **Moodle のインストール**

ウェブサイトにアクセスしてインストールする方法が簡単です。http://www.hoge.jp/moodle（www.hoge.jp の箇所は自分が取得して登録したドメイン名で読み替えてください）にアクセスします。図 7-6 のようなインストール画面が表示されたら成功です。Language はデフォルトでは英語になっていますが，「日本語 (ja)」に変更することができます。

図 7-6　言語の設定

次に，パス（Moodle のファイルを置く場所）の設定をします（図 7-7）。ウェブアドレスと Moodle ディレクトリはグレーアウトされていて変更できないはずです。データディレクトリの欄には「/var/www/moodledata」と入力しましょう。自動的にデータディレクトリが作成されるはずです。もし，このディレクトリが作成できないというエラーが発生したら，おそらく www ディレクトリの所有者の変更がうまくできていない可能性があります。確認をしてください。

図 7-7　データディレクトリのパス設定

「データベースドライバを選択する」の画面（図 7-8）では，「Improved MySQL（ネイティブ /mysqli）」を選択してください。

図 7-8　データベースドライバの選択

　次に，データベースの設定を行います（図 7-9）。データベース名に「moodle」，データベースユーザに「moodleuser」と入力し，moodleuser のパスワード（データベースパスワード）を入力します。他は編集する必要はありません。

図7-9　データベース設定

　図7-10のような「著作権表示」が現れたら成功です。「続ける」ボタンで進みましょう。

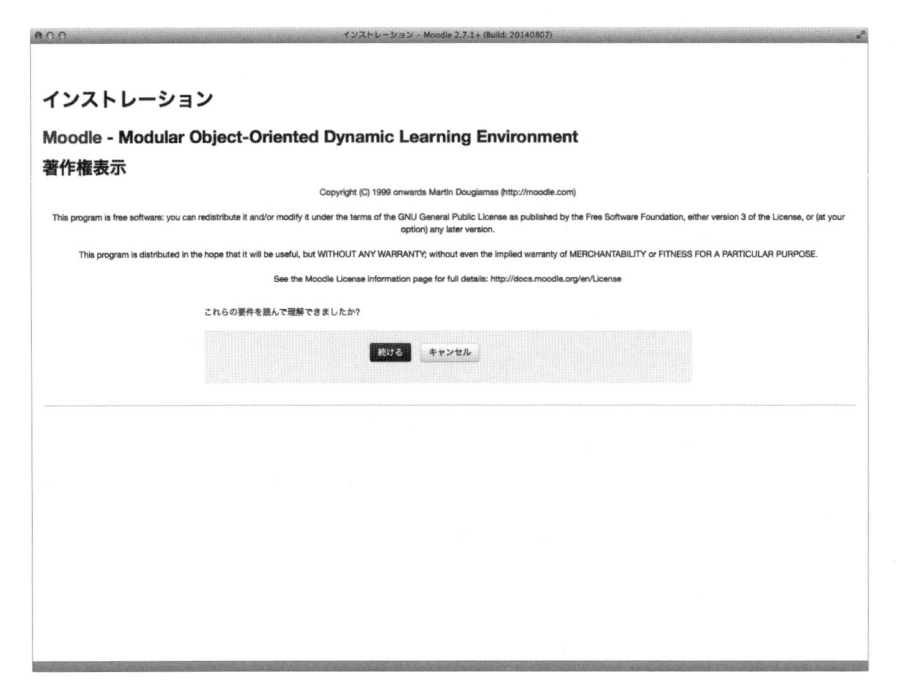

図 7-10　著作権表示

　システムが，サーバに Moodle がインストールできる環境が整っているかどうか，自動でチェックを行います（図 7-11）。状態がすべて「OK」になっていたら成功です。状態が「OK」になっていないものがある場合には，インストールし忘れているモジュールがあるはずです。サーバの設定を確認してください。

図 7-11　サーバチェック

　インストールは自動的に進みます。「続ける」ボタンを押して進めてください。インストールが無事に進むと，図 7-12 のような設定画面が現れます。管理ユーザ（admin）のパスワードやメールアドレスを設定してください。ここで，Moodle の管理を行う管理ユーザが作成されます。

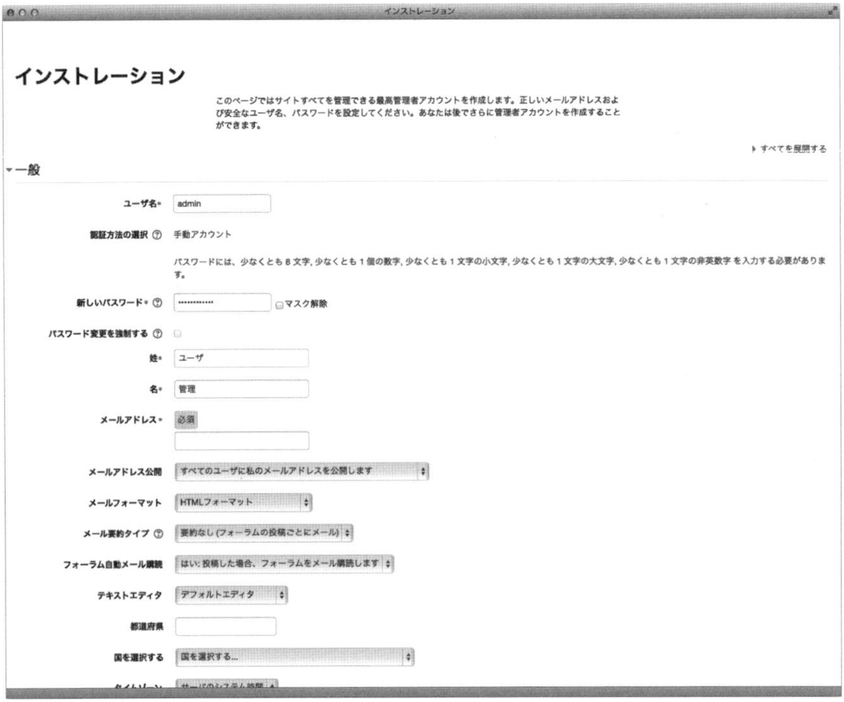

図 7-12　管理ユーザの作成

　管理ユーザが無事作成されると，次はフロントページ（Moodle の「表紙」）の設定に進みます（図 7-13）。「長いサイト名」と「サイト省略名」を設定します。「長いサイト名」には，たとえば，「ほげ大学ほげ研究室 Moodle」，「サイト省略名」には，「ほげ Moodle」などと入力しておけばよいでしょう。「自己登録」の欄は，学生に自分でアカウントを作成させる場合には設定する必要がありますが，教員側がコントロールする場合には「No」のままでかまいません。設定が完了したら，「変更を保存する」ボタンをクリックします。

図 7-13　フロントページ設定

　すべての設定がうまくいくと，Moodle のトップページが無事表示されます（図 7-14）。

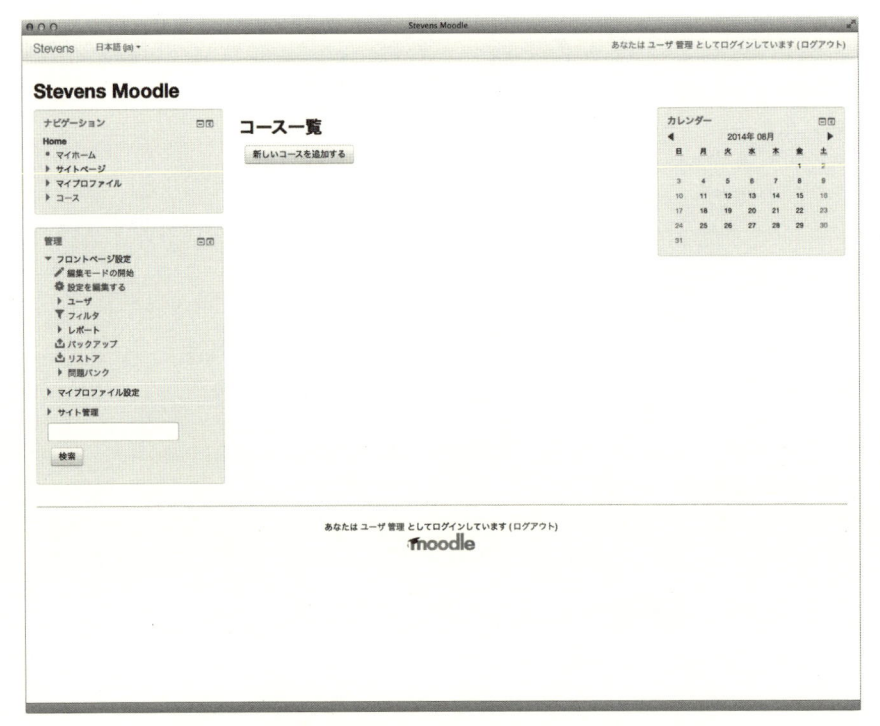

図7-14　無事に表示された Moodle のトップページの例

(3) Moodle の設定

　インストールが無事に完了したら，Moodle の基本的な設定を行ってしまいましょう。まずは最も重要なバックアップです。作成したコースを自動的にバックアップしておけば，何かあった時にもとに戻すことができます。

＜自動バックアップ＞

　Moodle にログインし，左側の「管理」メニューから「サイト管理」→「コース」→「バックアップ」→「自動バックアップ設定」と進んでください（図7-15）。

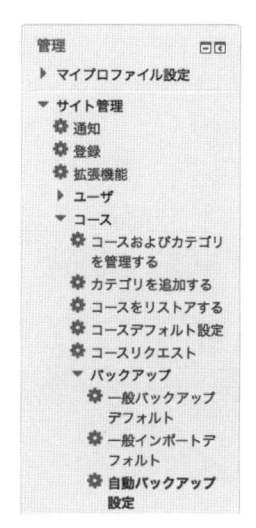

第 7 章　ゼロからはじめる Moodle　219

図 7-15　管理メニューのバックアップ設定

　自動バックアップ設定では，どの頻度でバックアップするか，どこにバックアップするかなどを決めることができます。なお，直近バックアップの数（「保存」の数）はデフォルトでは 1 になっていますが，いくつかの世代のバックアップをとっておきたい場合には，この数値を増やしてください。たとえば，「上書きしてはまずいデータ」でバックアップが置き換えられてしまうと，前の状態に戻すことができなくなるので，ここの値は 1 以外にすることをお勧めします。

　「自動バックアップストレージ」は，「コースバックアップファイルエリア」でもかまいませんが，バックアップを二重化するために，「コースバックアップファイルエリアおよび指定ディレクトリ」を選択し，「保存先」には後で設定する Dropbox の同期ディレクトリを指定しておくとよいでしょう。そうすることによって，Moodle のバックアップが自動的に Dropbox 側にもクラウドで同期されるので，サーバがたとえ水没したような場合でも，バックアップは失われません。

＜Dropboxの設定＞

　https://www.dropbox.com/download?plat=lnx.x86_64 にアクセスし，ファイルをダウンロードします（wget コマンドを使ってもかまいません。# yum install wget でインストールしておきましょう。後で使います）。ダウンロードしたファイルは FTP クライアントで適当なディレクトリに入れてください（一般ユーザのホームディレクトリがよいと思います。たとえば /home/hoge）。そのディレクトリに移動し，次のコマンドで解凍します（ファイル名は実際のものに合わせてください）。

　　$ tar xzf dropbox-lnx.x86_64-2.10.28.tar.gz

　そのディレクトリで ls -al のコマンドを実行すると，「.dropbox-dist」というディレクトリが見えると思います。

　　$ ~/.dropbox-dist/dropboxd

を実行すると，「このコンピュータは Dropbox アカウントにリンクされていません…このデバイスをリンクするには，https://hoge にアクセスしてください」と URL が表示されます。この URL をコピーしてブラウザで開いて，認証をしてください。うまくいくと，「このコンピュータは Dropbox にリンクされました。ようこそ，hoge さん」と表示されます。とりあえず Ctrl ＋ C キーを押して，コマンド入力状態に戻ります。ls コマンドで，「Dropbox」というディレクトリが作成されていることを確認してください。

　次に，以下のコマンドで，Dropbox のツールをインストールします。

　　$ mkdir -p ~/bin

　　$ wget -O ~/bin/dropbox.py "http://www.dropbox.com/download?dl=packages/dropbox.py"

　　$ chmod 755 ~/bin/dropbox.py

以下のコマンドで，Dropbox の状態を確認できます。

　　$ python2.6 ~/bin/dropbox.py status

おそらく，"Drobox isn't runnning!" と表示されるはずです。

　　$ python2.6 ~/bin/dropbox.py start

で，Dropbox を起動します。Dropbox のディレクトリは，hoge というユーザの場合には，/home/hoge/Dropbox です。このディレクトリに移動して，MoodleBackup というディレクトリを作成します。

　　$ cd /home/hoge/Dropbox

　　$ mkdir MoodleBackup

　Moodle バックアップの設定で，「コースバックアップファイルエリアおよび指定ディレクトリ」を指定し，「保存先」を /home/hoge/Dropbox/MoodleBackup にしておきます。

　次に，サーバ起動時に自動で Dropbox が稼働するようにしておきましょう。

　　　　su -　　　　　　　　　←スーパーユーザになります。

　　# vi /etc/init.d/dropbox

　vi エディタが起動するので，次の内容を記述して，上書き保存して終了（ESC キーを押してから :wq ＋ Return キー）してください。「hoge」は，自分のユーザ名に読み替えてください。

```
#!/bin/sh

# chkconfig: 345 99 01
# description: dropbox
# processname: dropbox

exec="/home/hoge/bin/dropbox.py"
user="hoge"

start() {
        echo -n $"Starting $prog: "
        su -c " ${exec} start" ${user}
}

stop() {
        echo -n $"Stopping $prog: "
```

```
            su -c " ${exec} stop" ${user}
}

status() {
            su -c " ${exec} status" ${user}
}

restart() {
            stop
            start
}

case " $1" in
            start)
                        $1
            ;;
            stop)
                        $1
                        ;;
            restart)
                        $1
                        ;;
            status)
                        $1
                        ;;
            *)
            echo $"Usage: $0 {start|stop|status|restart}"
            exit 2
esac
exit $?
```

以上のファイル編集が終わったら，以下のコマンドを実行してください．

　　# chmod u+x /etc/init.d/dropbox

　　# chkconfig --add dropbox

```
# chkconfig dropbox on
# chkconfig --list dropbox
```

なお，この設定は，http://easyramble.com/install-dropbox-into-centos.html（「CentOS6.4 に Dropbox をインストール」）を参考にしました。

＜サイトポリシーの設定＞

デフォルトの設定では，Moodle へログインする際のパスワードのポリシーがかなり厳しくなっています。セキュリティ的にはもちろん望ましいのですが，条件を緩めたいと思うこともあるかもしれませんので，その設定方法について説明します。Moodle にログインし，「管理」→「サイト管理」→「セキュリティ」→「サイトポリシー」の「パスワードポリシー」を編集することで，ポリシーを変更することができます。テスト運用などでは，ポリシー自体を OFF にしてしまえば，どのようなパスワードでも大丈夫です。なお，この設定ページは，「ユーザクオータ」と「リモートアクセスの cron パスワード」の欄に，なぜかユーザ名とかパスワードが自動入力されてしまうことがあります（図 7-16）。この 2 つの欄に自動でパスワードなどが入力されてしまっている場合には，削除してから，「変更を保存する」ボタンをクリックしてください。

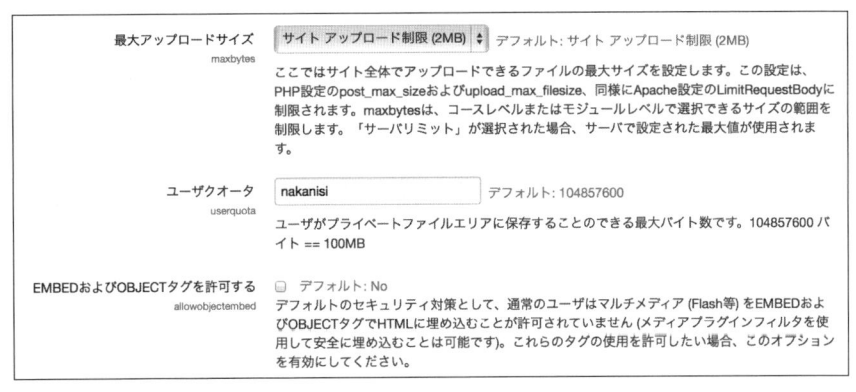

図 7-16 なぜか「ユーザクオータ」の欄にユーザ名が自動入力されてしまう（Mac の Safari 利用）

<一般ユーザの作成>

　Moodleを授業で利用するためには，最低でも1人の教師が必要です。これまでインストール作業や設定作業では管理ユーザを使っていましたが，普段から管理ユーザで操作するのは危険なので，一般ユーザ（教師ユーザ）を作成しましょう。コースを作ったり，設定変更をしたりするのは管理ユーザで，普段の授業では一般ユーザで作業をすることをお勧めします。

　ユーザを新規に作成するには，「管理」→「サイト管理」→「ユーザ」→「アカウント」から「新しいユーザを追加する」を選択してください。ここから，個別にユーザを追加することができます。なお，「ユーザをアップロードする」を選択すれば，CSVファイルで複数のユーザを一気に追加することができます。

　まず，Excelなどで図7-17のようなファイルを作成します。最低限必要な

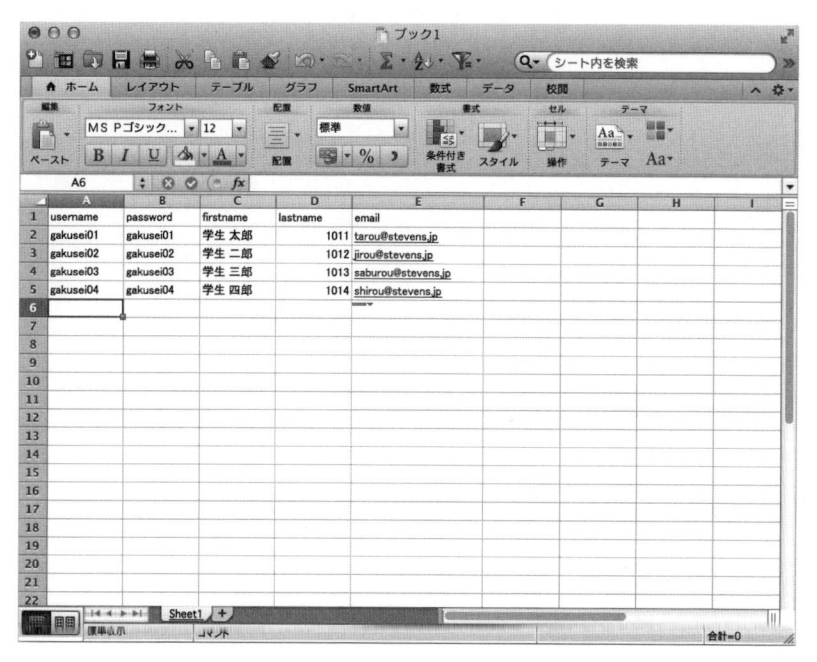

図7-17　Excelでのファイル作成

項目は，username（ユニークなものである必要があります。学籍番号などを使えばよいでしょう），password，firstname（名。運用上は氏名をここに入れてしまった方が便利かもしれません），lastname（姓。運用上は学籍番号をここに入れると便利です。学籍番号順に学生を並び替えるのが簡単にできるようになります），email（メールアドレス）です。他にも様々なフィールドがあります（詳細については moodle.org を確認してください）。たとえば，course1 というフィールド（列）を作成し，そのフィールドにコースの省略名（shortname）を入れると，はじめから特定のコースにその学生を登録しておくことができます（これは後でもできます）。

ファイルを作成したら，CSV 形式で保存してください（図 7-18）。保存したファイルは「ユーザをアップロードする」からアップロードします（図 7-19）。アップロードは，ファイルをドラッグ＆ドロップするだけです。なお，Excel で作成したファイルをアップロードする場合には，「エンコーディング」を「CP932」にしておいてください。「アップロードユーザプレビュー」で確認し（図 7-20），正常に表示されていたら，「パスワード変更を強制す

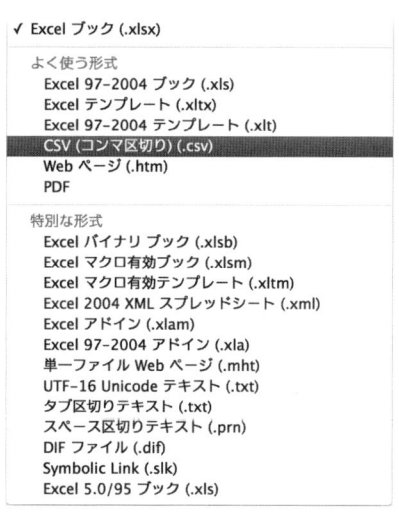

図 7-18 「CSV（コンマ区切り）(.csv)」での保存（Excel の例）

る」を「すべて」にして，「ユーザをアップロードする」ボタンをクリックしてください。これで，複数の学生を一気に登録することができました。

図 7-19　ユーザをアップロードする

図 7-20　アップロードユーザプレビュー

なお，既に作成したユーザを一括して特定のコースにアップロードしたい場合，「アップロードタイプ」を「既存のユーザのみ更新する」にして，usernameとcourse1（あるいはcourse2，course3など，複数のコースに一括登録することもできます）だけで作成されたファイルをアップロードすれば，既存のユーザを特定のコースに追加することができます。

＜コースの作成＞

基本的にMoodleでは，1つの授業について1つのコースを作成して運用します。コースを作成するには，「ナビゲーション」→「コース」と進み，「新しいコースを追加する」を選びます（図7-21）。「コースを管理する」ボタンをクリックすると，コースを整理するカテゴリを作成することができます。たとえば，年度ごとにカテゴリを作成するなどして，コースを見つけやすいようにしましょう。

なお，「サイト管理」にある「コース」メニューから「コースをアップロードする」を選ぶと，複数のコースをCSVファイルで一括してアップロードすることもできます。

図7-21 新しいコースを追加する

コースを作成する前に,「コースデフォルト設定」を変更しておきましょう。「フォーマット」は,デフォルトで「ウィークリーフォーマット」になっていますが,少なくとも日本の大学での実際の運用を考えると,「トピックフォーマット」が使いやすいと思います。たとえば,祝日で授業が繰り越しになったり,お盆や正月の休暇のために日程がずれたりします。そのため,カレンダーベースのウィークリーフォーマットよりも,授業回数ベースのトピックフォーマットの方が使いやすいと思われます。「セッション数」は,通常の半期授業なら15,通年授業(あるいは半期授業だが,いわゆるゼミナール形式の授業など,前期と後期がセットになっているもの)では30にしておけばよいでしょう。「ファイルおよびアップロード」の「最大アップロードサイズ」は,サーバ容量が許すだけ,できるだけ大きな値にしておきましょう。

さて,いよいよコースを作成しましょう。「ナビゲーション」→「コース」から,「新しいコースを追加する」ボタンをクリックしてください。「長いコース名」には,授業名をそのまま入れればよいでしょう。たとえば,「心理学概論I」などと入力します。コース省略名も同じでかまいません(もちろん,省略した名称を考えたり,英語の名前を入れてもかまいません)。「開講日」に,授業の開始日を入れます。すぐに学生にコースを見せたくない場合には,「可視性」を「非表示」にしておきましょう。「変更を保存する」ボタンをクリックするとコースが作成され,ユーザを登録する画面に移行します(図7-22)。今すぐ学生を登録したい場合には,この画面で登録を行いましょう。「ユーザを登録する」ボタンから,手動で登録ができます。一括して多くの学生を登録する場合には,ユーザのアップロードの手続きを参考に,CSVファイルをアップロードしてください。

画面左上のHomeをクリックすると,Moodleのトップページに戻ることができます。「コース一覧」に,今作成したコースが表示されていたら成功です(図7-23)。

図7-22　コースへのユーザ登録

図7-23　コースが作成された

(4) Moodleコースの編集方法

　　Moodleのコースに様々な教材を貼り付ける方法については，インターネッ

ト上に様々な情報があります。また，筆者らが作成した『Moodle 事始めマニュアル』（Google などで検索してください）も，無償で入手できます。これらの資料を見れば，多少バージョンの違いはあっても，コースの構築は比較的容易にできると思います。ここでは，必要最小限の内容だけを説明します。

　コース一覧から今作成したコースを選択すると，まっさらなコースが出現します（図 7-24）。コースを編集したい場合には，右上の「編集モードの開始」ボタンをクリックしてください。「活動またはリソースを追加する」というボタンが現れると思います。ここから，様々な課題を作成することができます（学生にレポートを課したい場合には「課題」，議論する場所を作りたい場合には「フォーラム」，簡単なアンケート調査をしたい場合には「投票」を使います）。また，適当なファイルをコース上のトピックにドラッグ＆ドロップすると，そのトピックにダウンロード可能なファイルとして登録されます。

　コースにユーザ（学生）を登録するには，「コース管理」→「ユーザ」か

図 7-24　新規に作成したコース

ら,「登録ユーザ」をたどってください。「ユーザを登録する」ボタンをクリックすれば,学生をコースに登録することができます。ここから教師を登録したら,次回からは教師のアカウントで Moodle にログインするようにしましょう。

7.2.9 付録

Moodle をインストールするにあたり,必要な CentOS のコマンド操作などの情報です。

(1) シェルの操作

cd ディレクトリ	ディレクトリに移動
cd ..	1 階層上に移動
ls	そのディレクトリのファイル,ディレクトリの一覧を表示
cp ファイル 1 ファイル 2	ファイル 1 をファイル 2 にコピー
cp ファイル ディレクトリ /	ファイルをディレクトリ以下にコピー
cp -R ディレクトリ 1/ ディレクトリ 2/	ディレクトリをまるごと ディレクトリ 2 にコピー
cp -p ファイル 1 ファイル 2	ファイル 1 をパーミッションを維持してファイル 2 にコピー
(cp のかわりに mv とすると移動)	
rm ファイル	ファイルを削除
rm -r ディレクトリ	ディレクトリを削除
rm -f ファイル	確認せずにファイルを削除
(rm コマンドの操作は大変危険です。気を付けて使ってください。絶対に「rm -rf /」などを実行してはいけません。インターネット上でこうしたコマンドを実行するように書いてあっても信用してはいけません)	

(2) vi エディタの操作

vi エディタには,編集モードとコマンドモードがあります。vi エディタを立ち上げると,最初はコマンドモードになっています。このモードでは,ファイルを保存したり,検索したり,終了したりすることができます。次では,一部のコマンドのみを紹介しています。詳しくは,Google などで検索すればいくらでも出てきますので,参考にしてください。

＜コマンドモードにおける操作＞

i	コマンドモードから編集モードに移る
:q!	保存せずに終了
:w	保存
:wq	保存して終了
h	カーソルを左に移動
j	カーソルを下に移動
k	カーソルを上に移動
l	カーソルを右に移動
x	1文字削除
dd	1行削除
/キーワード	キーワードを検索（下方向）
?キーワード	キーワードを検索（上方向）
n	次を検索
N	前を検索
u	直前の編集状態に戻す（undo：アンドゥ）

＜編集モードにおける操作＞

Esc	編集モードからコマンドモードに移る

(3) root でのログインを禁止し，セキュリティをさらに強固にする

　次の設定で，root でのログインができなくなります。一般ユーザでログインして，su - によってスーパーユーザにならない限り root での操作ができないので，セキュリティがより強固になります。しかし，この設定をすると，FTP クライアントからファイルのコピーなどができなくなるので，不便にはなります（しかしながら，強く推奨します）。

　　# vi /etc/ssh/sshd_config

　#PermitRootLogin yes を

　　PermitRootLogin no にする（root でのログイン禁止）

　#PermitEmptyPasswords no を

　　PermitEmptyPasswords no にする（空のパスワードを禁止）

上書き保存して vi エディタを終了し，reboot コマンドで再起動してください。

7.3　発展編：Mahara を Moodle と連携させる

　2010 年度より，広島修道大学では Moodle と Mahara を導入しています。Moodle は全学規模で運用されており，数十名の教員，1000 名を超える学生が常用しています。一方，Mahara を常用しているのは，2 名の教員と数十名の学生にとどまっています（Mahara が普及しない原因ははっきりしており，それは Moodle との連携がなされていないからです）。ここでは，Moodle との連携の仕方や連携によって得られるメリットについて紹介します。

7.3.1　Moodle と Mahara の違い

　Moodle は，Mahara と親和性の高い LMS で，Mahara と連携させることが可能です。Moodle は基本的には授業単位でコースを作成し，学生は教員が提示した教材を使って学習をします。

　Moodle でも，ディスカッションフォーラムや調査，投票，Wiki などの機能を使えば，教員と履修者との間で双方向のやり取りが可能です。また，最近のバージョンでは，Google のサービス（Docs や Picasa など）や Dropbox，Flickr との連携もサポートされており，その機能は豊富です。

　一方，Moodle では，ユーザ（学生）が自らの学習成果を蓄積して振り返るために工夫された仕組みは，ほとんど存在しません。最近のバージョンでは自分のファイルを保管するスペース（マイプライベートファイル）が設けられましたが，Mahara のように，ユーザ自身が自分の学習成果をまとめて整理したり，保管したりする機能は存在しません。その代わり，Moodle には Mahara と連携する設定が可能です（図 7-25）。

図 7-25　Mahara との連携

　Moodle にはブログ機能も内蔵されていますが（図 7-26），ブログは 1 ユーザにつき 1 つしか作成できず，公開範囲の設定項目は，「あなたのみ閲覧可（下書き）」か「このサイトの誰でも閲覧可」の 2 つしかありません。Moodle を使っていない人にも見せたり（パブリックへの公開），同じコースの履修者のみに公開したり，指導教員のみに提出するといった設定ができず，その機能は限定的です。これは，執筆時点（2015 年 7 月）の最新バージョンである 2.9 でも同様です。
　しかし，学生の個々の活動について採点をしたり，出席管理をしたりといったルーティンの学習活動に関する管理機能は豊富にあります。たとえば，フォーラム（スレッド型のいわゆる「掲示板」）では，個々の学生の投稿内容を採点することもでき，設定によっては，学生同士がお互いに投稿内容に点を付けることもできます。しかも，こうして採点された内容は，「評定」の画面から簡単に一覧で見ることができ，その内容を CSV や Microsoft Excel のスプレッドシートにエクスポートすることも簡単です。

図 7-26　Moodle 2.6 のブログ

このように，Moodle は「学習管理システム」であって，教員側から多くの学生の学習活動を管理する面に特化して発展してきているのです。

7.3.2　Moodle を Mahara と連携する意義

正直なところ，多くの大学教員にとって，これまでの教育活動を置き換えるソリューションとして優れているのは，Mahara ではなく Moodle です。学生にとっても，Mahara のインターフェースは複雑で，ページを作成することやファイルをアップロードすることはできても，それを公開することがなかなかできないという事例がありました。

また，Mahara は，「こう使えば誰でもうまく使いこなせる」という事例が紹介しにくいという問題もあります。ポートフォリオの概念を理解して使いこなすとなれば，さらにハードルは上がるでしょう。しかも，多くの学生には，自らのポートフォリオを作成し，それを他者に公開するというインセンティブが存在しません。授業でそれを評価するという方法はあり得ますが，その場合，

複数の授業や活動など，分野をまたいだポートフォリオの評価はどうするのかといった問題が出てきます（そもそもポートフォリオと評価というのは相性が悪いのかもしれません）。

このように，導入には様々な障壁があり，必ずしも誰でも快適に使えるシステムであるとはいえませんが，筆者らの勤務校（広島修道大学）で最も大きな問題となっているのは，Moodle との連携ができていないという点です。

現在，広島修道大学では，Moodle のサーバは学内の情報センターが管理しており，Mahara はホスティングで学外にサーバが存在します。学外でホスティングにしているのは，Mahara が学内の教育用予算で導入したものであり，教員組織が管理しているため，情報センターが管理する対象となっていないからです。また，Moodle は学内のシステムで認証されますが，学外に置いたシステムについては，学内のシステムで認証することが許されていません。そのため，Mahara を POP 認証や LDAP 認証で利用することができず，当然，学生ユーザーの登録も手動で行わなければいけないという問題が出ています。

こうした事情は広島修道大学の特殊な例かもしれませんが，このような問題があるために，Moodle が急速に多くの教員に普及したのとは反対に，Mahara は全く普及の兆しを見せません。Mahara を一部の授業で活用してきた筆者らでさえ，活用している範囲は極めて狭いものになっています（せいぜい，ゼミクラスか大学院の準備クラス程度の規模です）。

とはいえ，もし，Mahara が Moodle と連携し，SSO（Single Sign On: 一度の利用者認証で，複数のシステムが利用可能になる認証機能）ができるようになれば，Mahara を使った活動は随分楽になります。たとえば，筆者の所属している心理学専攻では，実験レポートを Moodle で提出させることが多いのですが，提出させるのは実験レポートそのものだけであり，途中の分析用のデータや，データを分析するための統計処理ソフトのスクリプト，使った質問紙などのマテリアル，引用した論文類などは，いちいちチェックしていません。本来であれば，これらをセットにしてページ（ビュー）にしたもの（図7-27）を学生に提出させ，そうすれば，最終的なレポートの仕上がりが悪かった場合に，

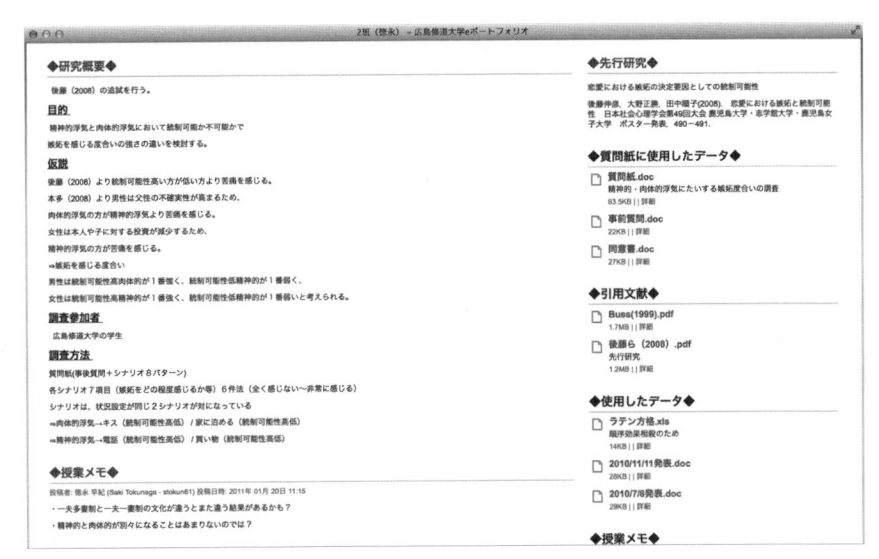

図 7-27　心理学実習で作成させたページ（ビュー）の例

どこでつまずいたのかを詳細に検討することができるかもしれません。

　しかし，既に Moodle を使っている学生に，さらに Mahara を紹介すると（しかも，2 つのシステムは SSO で連携してない！），たいてい「たくさんシステムがあってわかりにくい」と言われ，評判が良くありません。また，授業内で Mahara の解説を入れると，その分，それでなくても足りない時間が逼迫して，実習活動そのものの内容が薄くなってしまうという問題があります。

　Mahara が Moodle と連携していれば，この面倒臭さはかなり軽減します。筆者らは，学内の研究用予算で Mac mini server（Mac OS X 10.9）を研究室に設置し，Moodle 2.6 と Mahara 1.10 をインストールしてテスト運用を行いました。もちろん，これらのシステムは SSO で統合しました。

　Moodle と Mahara を連携すると，図 7-28 の左下にあるようなリンクが表示され，そこから再度のログオンの必要なしに，すぐに Mahara に移動できます（図 7-29）。Mahara からも同様に，すぐに Moodle に帰ってくることができます。

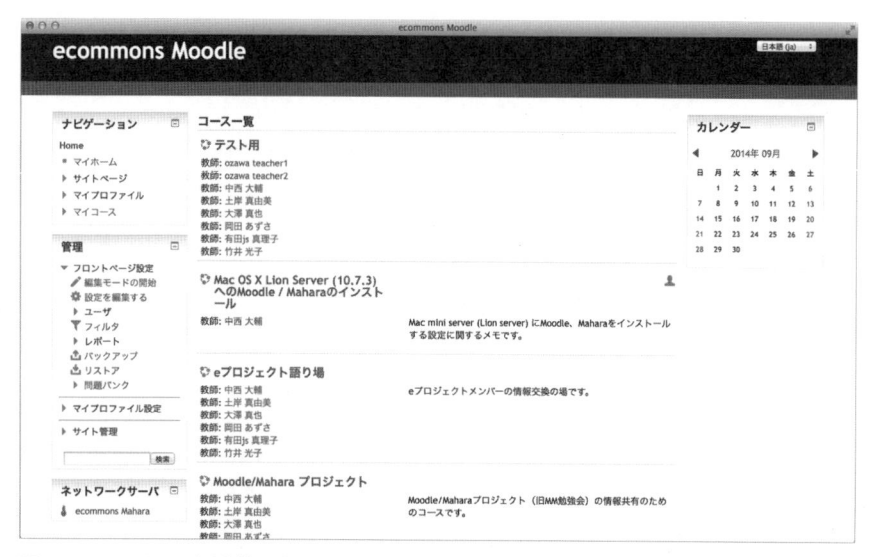

図 7-28　Mahara と連携した Moodle（左下の「ネットワークサーバ」に「ecommons mahara」というリンクが表示されている）

図 7-29　Moodle から Mahara に SSO したところ

MoodleとMaharaを連携すると，Moodleの活動のうち，フォーラムへの投稿や提出したファイル（ファイルのアップロード機能）は，Maharaに持ってくることができます。

図 7-30 のように，1つ1つの投稿に「ポートフォリオにエクスポートする」のリンクが現れ，また，最上段に「すべてのディスカッションをエクスポートする」というボタンも表示されます。なお，エクスポートする際にはHTMLかLEAP2Aを選択することができます。

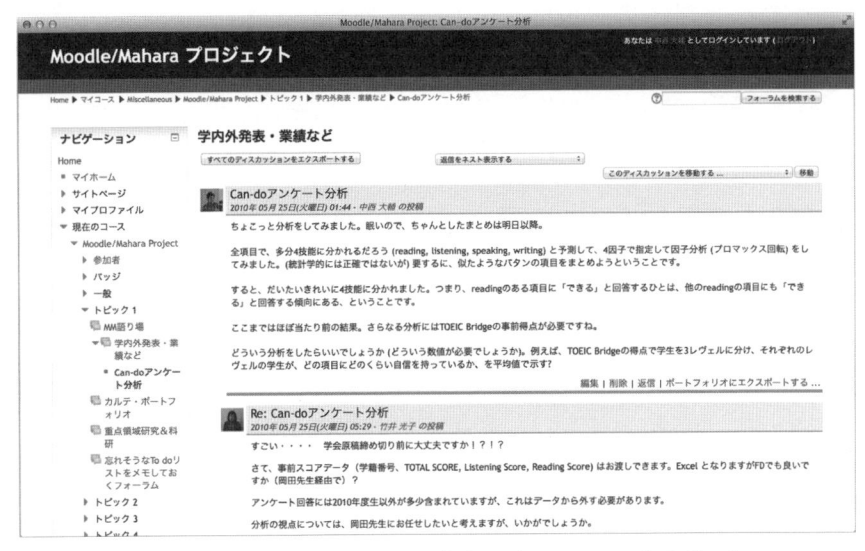

図 7-30　Moodle のフォーラムから Mahara へのエクスポート

図 7-31 は，LEAP2A ポートフォリオフォーマットで Moodle のディスカッションフォーラムを Mahara にインポートしたところです。

LEAP2A で Mahara にフォーラムへの投稿内容をエクスポートすると，「日誌（ブログ）」にデータが入ります。フォーラムの1つがまるごと1つの日誌となり，それぞれの投稿内容は日誌のエントリとして登録されます（投稿内容の日時・時間も保持される）。なお，HTML でエクスポートすると，その内容

は「ファイル」に「incoming」というフォルダが作成され，HTML ファイルがそこにアップロードされるようです。

しかし，いずれの方法でエクスポートをしても，不親切なことに，Moodle 側からは Mahara のどこにエクスポートされたかが明示されません。

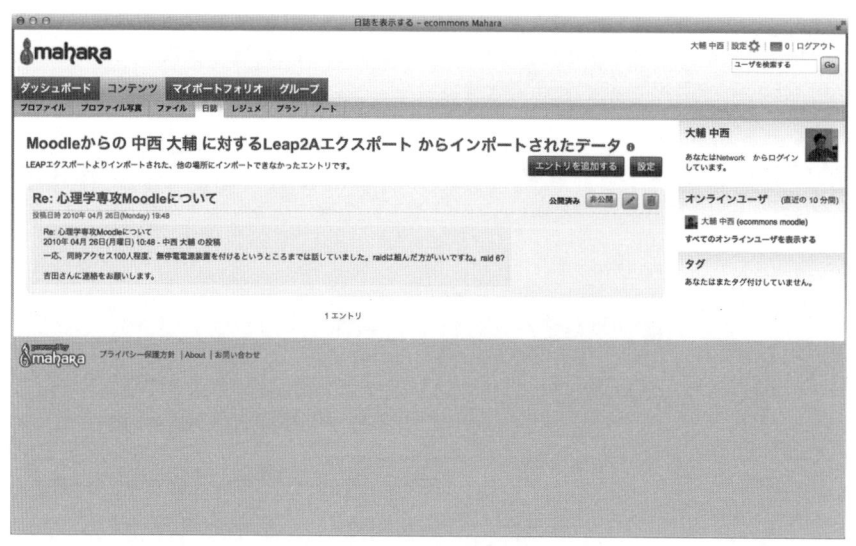

図 7-31　Moodle のフォーラムを LEAP2A で Mahara にインポートした結果

7.3.3　Moodle と Mahara をどう使い分けるか？

たとえば，Mahara のフォーラム機能は Moodle よりも見栄えが良いが，添付ファイルを同封できないという致命的な欠陥を持っています（思想的に，あえてそうしているのかもしれません）。したがって，グループに設置されたフォーラムでファイルのやり取りをする場合，わざわざ「ファイル」にアップロードをして，「ここにアップロードしました」とフォーラムに書かなければいけません。Moodle ではファイルの添付ができます。

ただ，添付ファイルのやり取りによって学習を進めて行く方法にも問題はあります。振り返ったときに，複雑に入り組んだスレッドからファイルを探し出

すのは骨の折れる作業です。それならば、最初からページとして整理したものを作成し、それをアップデートしていくやり方の方がよいのかもしれません。学生が、自分の学習活動の履歴を記録していくシステムとして、Moodle は使いにくいものです。Mahara があれば、学生は自分のファイルを整理して保管でき、ウェブサイトも簡単に作成できます。グループの作成を許可しておけば、サークル活動や資格取得などで、学生同士のネットワークを生かした活動を支援できるでしょう。

　Mahara の場合、「結局 Facebook や LINE の方が便利なのではないか？」という疑問にどう答えるかが、Mahara の存在意義の試金石になるのかもしれません。Facebook などの外部の SNS と比べて、「塀で囲まれた」Mahara は安心して使えるという考え方はありますが、むしろ、ほとんどの学生が Facebook や LINE などの SNS を使っている中で、あえて新しい SNS（＋α）のシステムを学ばせる意味はあるのだろうかということを、本気で考える必要があります。

　既に別の様々なシステムを使っている学生にとっては、新しく学ばせる Mahara の敷居は、可能な限り低くなくてはいけません。そのため、Moodle との SSO とともに、Mahara のインターフェースを改善していく必要があります。

7.3.4　Moodle を Mahara と連携するためには？

　最後に、Moodle を Mahara と連携させるための具体的な方法を紹介します。筆者のテスト環境では、同一サーバにインストールした Moodle と Mahara を用いて統合環境を構築していますが、おそらく別サーバでも、同様に動作できるはずです（当テスト環境は Moodle 2.3 と Mahara 1.5）。なお、Moodle と Mahara の統合については、「Moodle と mahara の SSO 連携」のウェブページ（http://joint.aichi-u.ac.jp/mt3/2009/10/29_175152.php）を参考にしています。

(1)　**Moodle 側の設定 ①**

　　まず、Moodle 側では、ネットワーキングを ON にする必要があります。「サイト設定」の「拡張機能」にある「ネットワーキング」を ON にします

（これはバージョン 2.x の場合です。1.9 では，「サイト管理」から「ネットワーキング」→「設定」とたどり，「ネットワーキング」を「ON」にします）。ついでに，「拡張機能」にある「ポートフォリオを有効にする」もチェックを入れておきます。

このままでは，Mahara サイト内を散策する権限を持ったユーザが存在しないので，「サイト管理」→「ユーザ」→「パーミッション」→「ロールの定義」→「認証済みユーザ（user）」をクリックし，「編集」ボタンをクリックし，「MNet 経由でリモートアプリケーションを散策する（moodle/site: mnetlogintoremote）」の「許可」にチェックを入れておきましょう。

(2) **Mahara 側の設定**

Mahara 側でも，「サイト管理」の「サイト設定」から「ネットワーキング」のタブをたどり，「ネットワーキングを有効にする」を「Yes」にします。Mahara（この例ではバージョン 1.5）では，「サイト管理」からインスティテューション管理の「インスティテューション」とたどり，既存のインス

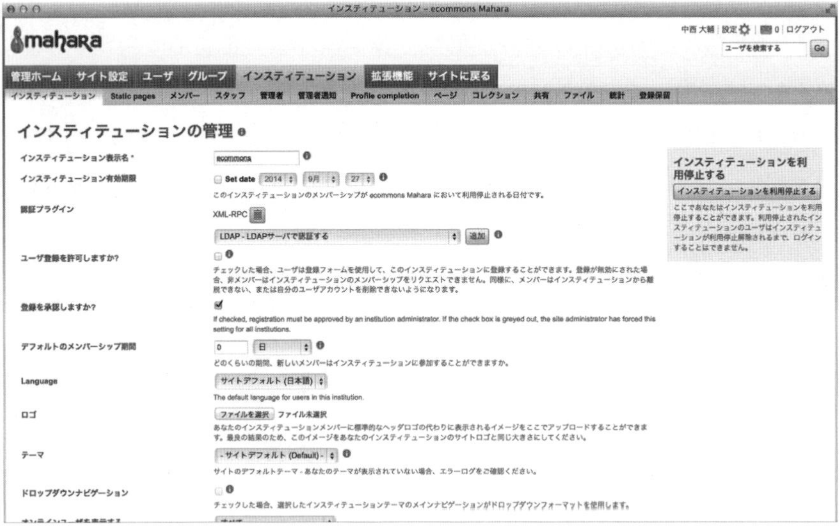

図 7-32　Mahara のインスティテューションの設定

第 7 章　ゼロからはじめる Moodle　　243

ティテューション（この例では「ecommons」という名称）の右側にある「編集」ボタンをクリックし，図 7-32 の画面を表示させます。

　次に，「認証プラグイン」で「XML-RPC」を追加し，「内部」より上位にしてください。次に，「XML-RPC」をクリックすると，図 7-33 のように「認証局を編集する」ウィンドウが表示されます。「認証局名」や「サイト名」には任意のわかりやすい名称（この場合「ecommons」と「ecommons moodle」）を入力し，「WWW ルート」には，Moodle サイトの URL を入力します。「アプリケーション」は「Moodle」を選択してください。

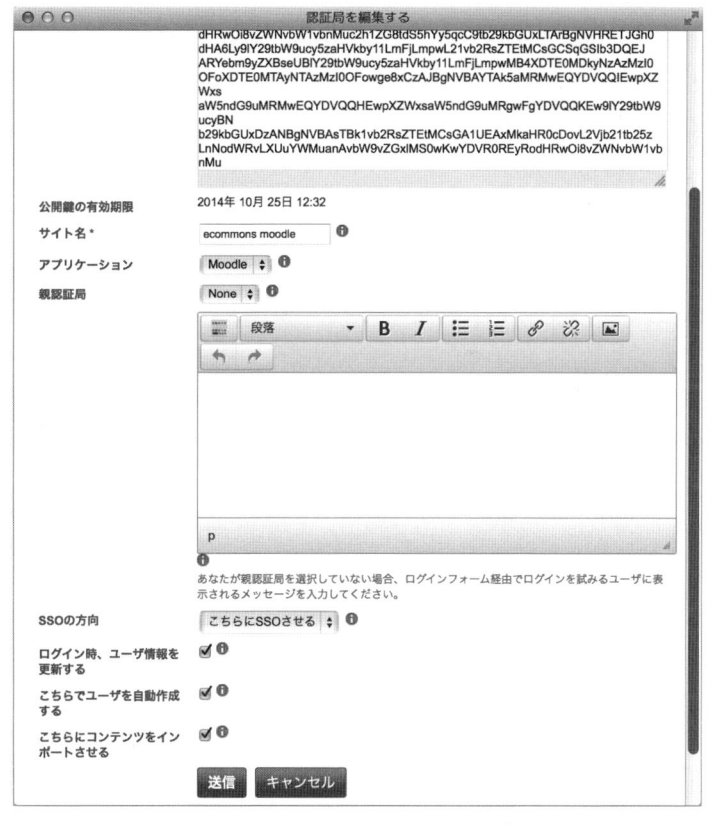

図 7-33　Mahara の認証局の編集

「SSO の方向」は，Moodle を親にする（つまり，Moodle のアカウントを持っているユーザが Mahara を使えるようにする）場合は，「こちらに SSO させる」を選択し，逆の場合（Mahara を親にして，ユーザ情報は基本的に Mahara を利用する）には「あちらへ SSO させる」を選びます。

「ログイン時，ユーザ情報を更新する」，「こちらでユーザを自動作成する」，「こちらにコンテンツをインポートさせる」は，せっかくなので，いずれもチェックを入れておきましょう。こうすることで，Moodle 側のユーザ情報（姓名など）が Mahara 上に反映され，もし，Mahara 上にユーザが存在しない場合には自動的に作成する設定となります。したがって，既存のユーザが Mahara でユーザ情報を書き換えたとしても，自動的に Moodle で管理しているものに変更されるようになります。以上の一連の手続きは，ユーザ情報の一元管理の上から大変便利です。

(3) Moodle 側の設定 ②

ここまで設定が済んだら，Moodle に戻りましょう。Moodle の「サイト管理」から「ネットワーキング」→「ピアを管理する」とたどり，「新しいホストを追加する」の「ホスト名」に Mahara の URL を入力します。「アプリケーションタイプ」は「mahara」を選択してください。「公開鍵」を入力する画面が表示されるため，図 7-33 のウィンドウ内上部に表示されている公開鍵をコピー＆ペーストしてください（あるいは，自動的に表示されているかもしれません）。

「サービス」というタブがあるので，そのタブに移動してください（図 7-34）。「リモート登録サービス」と「ポートフォリオサービス」は「公開」「登録」ともにチェックし，「SSO」は，「アイデンティティプロバイダ」は「公開」，「サービスプロバイダ」は「登録」にチェックします（Moodle でユーザ情報を管理する場合）。

次に，Moodle のトップページに戻り，「設定」から「フロントページ設定」→「編集モードの開始」のリンクをクリックし，「ブロックを追加する」から「ネットワークサーバ」を選択します。うまくいくと，図 7-35 のように

mahara サイトへのリンクが表示されます。このリンクをたどることで，ログインなしに Mahara のサイトに移動できます。

なお，「SSO 経由でサインインできません」となった場合には，Mahara 側で新たにインスティテューションを作成し，これまで使っていたインスティテューションの「認証プラグイン」から「XML-RPC」を削除して，新たに作成したインスティテューションに「XML-RPC」を追加する方法で，問題が解決できることがあります。インスティテューションの問題だということはわかっていますが，この問題がなぜ起きるのか，もっと簡単な回復の仕方がないのかなどに関しては，不明です。

図 7-34　サービスのタブ

図 7-35　ネットワークサーバのブロック

また，このエラーに関しては，ユーザに複数インスティテューションを許可していなかったり，Moodle と Mahara のサーバ（別サーバであれば）の時刻がずれている場合に発生するという情報もあります。

参考文献

第 1 章

[1] 青木久美子（2012）.『e ラーニングの理論と実践』, 放送大学教育振興会
[2] 山内祐平（2010）.『デジタル教材の教育学』, 東京大学出版会
[3] Pachler, N., & Daly, C. (2011). *Key issues in e-learning: Research and practice.* London: Continuum.
[4] 日本イーラーニングコンソシアム 編（2008）.『e ラーニング白書 2008/2009 年版』, 東京電機大学出版局
[5] 放送大学 ICT 活用・遠隔教育センター（2011）.「ICT 活用教育の推進に関する調査研究」, 放送大学学園
http://www.mext.go.jp/a_menu/koutou/itaku/1307264.htm
[6] 京都大学高等教育研究開発推進センター（2014）.「高等教育機関等における ICT の利活用に関する調査研究」, 京都大学
http://www.mext.go.jp/a_menu/koutou/itaku/1347642.htm
[7] 滝田辰夫（2002）. e ラーニング 遠隔教育メディアの変遷と今後の課題,「メディア・コミュニケーション」（慶応義塾大学メディア・コミュニケーション研究所紀要）, 52, 109–128.
[8] 吉田文（2005）. 高等教育における e ラーニング —現状と課題—,「大学評価・学位研究」, 2, 135–148.
[9] OECD 教育研究革新センター 編著（2006）.『高等教育における e ラーニング—国際事例の評価と戦略』, 東京電機大学出版局

第 2 章

[1] 井上博樹（2013）．『Moodle 2 ガイドブック ―オープンソースソフトウェアでオンライン教育サイトを構築しよう―』，海文堂出版
[2] 宮添輝美 編著（2011）．『Moodle 活用法―語学の授業に生かす』，海文堂出版
[3] 大澤真也・中西大輔・土岸真由美・岡田あずさ・竹井光子・有田真理子（2012）．学生に自信を付けさせる英語教育プログラムの予備的検討（Can-do アンケートの分析から），「リメディアル教育研究」，7(1)，109-116．

第 3 章

[1] 土岸真由美・大澤真也・岡田あずさ（2012）．英語授業における Moodle 利用に関する教員の意識調査，「広島修大論集」，53(1)，111-126．
[2] Mohamad, F. J. M., & Cranmer, S.（2008）．*Evaluation of e-learning courses*. London: WLE Centre, Institute of Education, University of London.
[3] 山本洋雄（2004）．e-Learning に関する信州大学教員へのアンケート調査報告，「信州大学教育システム研究開発センター紀要」，10, 61-84．
[4] Mori, S., & Omura, Y.（2012）．*An investigation of university English instructors' attitudes toward computers and e-learning*，「近畿大学教養・外国語教育センター紀要（外国語編）」，2(2)，193-210．
[5] Bongalos, Y. Q., Bulaon, D. D. R., Celedonio, L. P., de Guzman, A. B., & Ogarte, C. J. F.（2006）．University teachers' experiences in courseware development. *British Journal of Educational Technology*, 37(5), 695-704.
[6] Steel, C.（2009）．Reconciling university teacher beliefs to create learning designs for LMS environments. *Australian Journal of Educational Technology*, 25(3), 399-420.
[7] Steel, C., & Levy, M.（2009）．Creativity and constraint: Understanding teacher beliefs and the use of LMS technologies. *Proceedings Ascilite Auckland 2009*, 1013-1022.
[8] González, C.（2010）．What do university teachers think elearning is good for in their teaching? *Studies in Higher Education*, 35(1), 61-78.
[9] Christie, M., & Jurado, R. G.（2009）．Barriers to innovation in online pedagogy.

European Journal of Engineering Education, 34(3), 273–279.
［10］ Mahdizadeh, H., Biemans, H., & Mulder, M.（2008）．Determining factors of the use of e-learning environments by university teachers. *Computers & Education*, 51(1), 142–154.
［11］ Liaw, S. S., Huang, H. M., & Chen, G. D.（2007）．Surveying instructor and learner attitudes toward e-learning. *Computers & Education*, 49(4), 1066–1080.
［12］ Davis, F. D.（1989）．Perceived usefulness, perceived ease of use, and user acceptance of information technology. *MIS Quarterly*, 13(3), 319–340.

第 4 章

［1］ Salmon, G.（2013）．*E-tivities: The key to active online learning.* 2nd ed. New York: Routledge.
［2］ 山本勝巳・東淳一・住政二郎（2012）．ブレンド型英語学習環境の構築と実践，「流通科学大学論集 ―人間・社会・自然編」，24(2)，33–37.
［3］ 靜哲人（2007）．『基礎から深く理解するラッシュモデリング ―項目応答理論とは似て非なる測定のパラダイム』，関西大学出版部
［4］ 住政二郎（2012）．ラッシュモデルの導出，「外国語教育メディア学会 関西支部 メソドロジー研究部会 2012 年度報告論集」，83–101.
http://www.mizumot.com/method/2012-07_Sumi.pdf
［5］ Sumi, S., & Takeuchi, O.（2008）．Using an LMS for foreign language teaching/learning: An attempt based on the "cyclic model of learning". *The Journal of Information and Systems in Education*, 7(1), 59–66.
［6］ 矢田部順二（2009）．大学 1 年生に国際関係史をどう教えるか ―初年次における専門導入の試み，「修道法学」，31(2)，197–228.
［7］ 佐藤浩章 編（2010）．『大学教員のための授業方法とデザイン』，玉川大学出版部

第 5 章

[1] 中西大輔（2014）．講義型科目における Moodle の利用が学業成績に与える影響，「リメディアル教育研究」，9(2)，79–87.

第 6 章

[1] 三浦省五 監修，前田啓朗・山森光陽 編著，磯田貴道・廣森友人（2004）．『英語教師のための教育データ分析入門 ―授業が変わるテスト・評価・研究』，大修館書店
[2] 竹内理・水本篤 編著（2012）．『外国語教育研究ハンドブック ―研究手法のより良い理解のために』，松柏社
[3] 柳瀬陽介（2006）．「第二言語習得研究や英語教育研究の「立ち位置」について」http://ha2.seikyou.ne.jp/home/yanase/essay06.html
[4] 磯田貴道（2007）．「授業への反応を通して捉える英語学習者の動機づけ」，早稲田大学大学院教育学研究科博士学位論文
https://dspace.wul.waseda.ac.jp/dspace/bitstream/2065/28785/3/Honbun-4635.pdf
[5] 髙木亜希子（2014）．「質的研究の世界へようこそ」，外国語教育メディア学会関西支部 メソドロジー研究部会 2013 年度第 3 回研究会 講演資料
[6] Mizumoto, A., Urano, K., & Maeda, H.（2014）. A systematic review of published articles in ARELE 1–24: Focusing on their themes, methods, and outcomes. *ARELE (Annual Review of English Language Education in Japan)*, 25, 33–48.
[7] 住政二郎（2012）．「質的研究入門―基盤概念を知るには」，『外国語教育研究ハンドブック ―研究手法のより良い理解のために』（竹内理・水本篤 編著，松柏社），第 17 章（242–257）
[8] 西條剛央（2005）．『構造構成主義とは何か ―次世代人間科学の原理』，北大路書房．
[9] Bachman, L. F.（2004）. *Statistical analyses for language assessment*. Cambridge: Cambridge University Press.
[10] Stiggins, R. J.（2002）. Assessment crisis: The absence of assessment for learning. *Phi*

Delta Kappan, 83(10), 758–765.

http://beta.edtechpolicy.org/CourseInfo/edhd485/AssessmentCrisis.pdf

[11] 南風原朝和（2001）．「準実験と単一事例実験」，『心理学研究法入門―調査・実験から実践まで』（南風原朝和・市川伸一・下山晴彦 編，東京大学出版会），第 5 章（123–152）

[12] 村井潤一郎（2012）．「実験法」，『Progress & Application 心理学研究法』（村井潤一郎 編著，サイエンス社），第 2 章（15–48）

[13] Williams, R. H., & Zimmerman, D. W.（1996）．Are simple gain scores obsolete? *Applied Psychological Measurement*, 20(1), 59–69.

http://www.phys.lsu.edu/faculty/browne/MNS_Seminar/JournalArticles/Gain_Scores.pdf

[14] Dimitrov, D. M., & Rumrill, Jr, P. D.（2003）．Pretest-posttest designs and measurement of change. *Work: A Journal of Prevention, Assessment and Rehabilitation*, 20(2), 159–165.

http://phys.lsu.edu/graceland/faculty/browne/MNS_Seminar/JournalArticles/Pretest-posttest_design.pdf

[15] Dörnyei, Z.（2007）．*Research methods in applied linguistics: Quantitative, qualitative, and mixed methodologies.* Oxford: Oxford University Press.

[16] 吉田寿夫（2006）．「研究法についての学習と教育のあり方について思うこと，あれこれ」，『心理学研究法の新しいかたち』（吉田寿夫 編著，誠信書房），第 IV 部 10（244–270）

[17] Cribbie, R. A., & Jamieson, J.（2004）．Decreases in posttest variance and the measurement of change. *Methods of Psychological Research Online*, 9(1), 37–55.

http://www.dgps.de/fachgruppen/methoden/mpr-online/issue22/mpr124_10.pdf

[18] 印南洋（2012）．「テスト得点解釈の留意点」，『英語リーディングテストの考え方と作り方』（卯城祐司 編著，研究社），第 5 章（78–87）

[19] Singer, J. D., & Willett, J. B.（2003）．*Applied longitudinal data analysis: Modeling change and event occurrence.* Oxford: Oxford University Press.

[20] 水本篤（2012）．「階層線形モデル／マルチレベルモデル／線形混合モデル」
http://mizumot.com/lablog/archives/179

[21] 小杉考司・清水裕士 編著（2014）．『M-plus と R による構造方程式モデリング入門』，北大路書房

[22] 徳岡大（2014）．「潜在曲線モデル」，『M-plus と R による構造方程式モデリング入門』（小杉考司・清水裕士 編著，北大路書房），188–207．
[23] Byrne, B. M., Lam, W. W., & Fielding, R.（2008）. Measuring patterns of change in personality assessments: an annotated application of latent growth curve modeling. *Journal of Personality Assessment*, 90(6), 536–546.
[24] 水本篤（2014）．「量的データの分析・報告で気をつけたいこと」，外国語教育メディア学会 中部支部 外国語教育基礎研究部会 第1回年次例会 講演資料 http://www.slideshare.net/AtsushiMizumoto/let20140222
[25] 水本篤・竹内理（2008）．研究論文における効果量の報告のために —基礎的概念と注意点—，「英語教育研究」（関西英語教育学会紀要），31，57–66. http://www.mizumot.com/files/EffectSize_KELES31.pdf
[26] Grgurović, M., Chapelle, C. A., & Shelley, M. C.（2013）. A meta-analysis of effectiveness studies on computer technology-supported language learning. *ReCALL*, 25(2), 165–198.
[27] Farnsworth, T.（2013）. Effects of targeted test preparation on scores of two tests of oral English as a second language. *TESOL Quarterly*, 47(1), 148–155.
[28] Yamada, H., & Ross, S.（2006）. Meta-validation of institutional TOEIC research in Japan. *Paper presented at the 10th JLTA Annual Conference*. Kyoto, Japan.
[29] Geisinger, K. F.(2012). Norm- and criterion-referenced testing. In Cooper, H., Camic, P. M., Long, D. L., Panter, A. T., Rindskopf, D., & Sher, K. J.(Eds.), *APA handbook of research methods in psychology: Vol.1: Foundations, planning, measures, and psychometrics* (pp.371–393). Washington, D.C.: American Psychological Association.
[30] Brown, J. D.（2005）. *Testing in language programs: A comprehensive guide to English language assessment* (New ed.). New York: McGraw-Hill.
[31] Brown, J. D., & Hudson, T.（2002）. *Criterion-referenced language testing*. Cambridge: Cambridge University Press.
[32] Kumazawa, T.（2007）. Criterion-referenced test administration designs and analyses. *Second Language Acquisition - Theory and Pedagogy: Proceedings of the 6th Annual JALT Pan-SIG Conference*, 65–74. Retrieved from https://jalt.org/pansig/2007/HTML/Kumazawa.htm
[33] 大友賢二・中村洋一・小泉利恵 編著（2009）．『言語テスト：目標の到達と未

到達』, 英語運用能力評価協会 (ELPA)

[34] 前田啓朗 (2007). WBT の利用による個別学習と一斉指導の連携, 「広島外国語教育研究」, 10, 159–168.

[35] 前田啓朗 (2008). WBT を援用した授業で成功した学習者・成功しなかった学習者, *ARELE (Annual Review of English Language Education in Japan)*, 19, 253–262,

[36] 前田啓朗 (2009). 大人数指導において WBT を援用した英語教育, 「広島外国語教育研究」, 12, 169–185.

[37] 並木博 (1997). 『個性と教育環境の交互作用 ―教育心理学の課題』, 培風館

[38] 糟谷咲子 (2010). Moodle の利用による学習効果の評価, 「岐阜聖徳学園大学短期大学部紀要」, 42, 107–116.

[39] 土橋喜 (2011). Moodle 上の社会データ分析入門におけるアクセスログ分析と小テスト効果の検証, 「愛知大学情報メディアセンター紀要 COM」, 21(1), 12–23.

[40] Mogus, A. M., Djurdjevic, I., & Suvak, N. (2012). The impact of student activity in a virtual learning environment on their final mark. *Active Learning in Higher Education*, 13(3), 177–189.

[41] U.S. Department of Education (2010). *Evaluation of evidence-based practices in online learning: A meta-analysis and review of online learning studies.* https://www2.ed.gov/rschstat/eval/tech/evidence-based-practices/finalreport.pdf

索引

【A】
ALC NetAcademy　*55, 91*
alternative assessment　*169*
Apache　*201*
assessment　*169*
Assessment for learning　*169*
Assessment of learning　*169*
Audacity　*97*

【B】
Blackboard Classic　*5*
Blackboard Learn　*5*
Blackboard Learning System　*5*

【C】
CALL　*93, 141*
Can-do 調査　*27*
CANVAS　*38*
CANVAS LMS　*5*
CBT　*1*
CEAS　*5, 33*
CFIVE　*5, 37*
CloudCore VPS　*193*
Cloze　*60*
CMS　*3*
Computer-Based Training　*1*
Course Management System　*3*
criterion-referenced test　*178*
cron　*207*
CRT　*178*
CSV　*224*
Culture Swap　*9, 26*

【D】
dotCampus　*5*
Dropbox　*219*

【E】
e-learning 2.0　*3*
e ポートフォリオ　*30*
e 問つく朗　*9, 11*
e ラーニング　*1*
Excel　*102, 166*

【F】
Facebook　*22*
FaceTime　*73*
Flash　*101*
Flickr　*233*
flip　*82*

【G】

GIFT 形式　108
Google Scholar　170
Google カレンダー　22

【H】

hierarchical linear model　177
HLM　177
HTML5　101

【I】

ICT　3
Internet Navigware　5
iPad　101
IP アドレス　196

【J】

Java　101
JMOOC　7

【K】

Keynote　127

【L】

LAMS　5, 41
latent growth curve modeling　177
LDAP 認証　236
LEAP2A　239
Learning Management System　3
LINE　241
linear mixed model　177
LMS　3, 4

【M】

Mahara　9, 30
Mahara オープンフォーラム　30
Mahara ユーザコミュニティ　30
Mahoodle　31
manaba　5
Marginalia　62
Massive Open Online Course　7
measurement　169
MOOC　7
Moodle　5
Moodle Moot　53
Moodle 2 のテストとアンケートの
　　質問の一括作成　18
Moodle 事始めマニュアル　11
Movable Type　125
MP3　60
MP3 Voice Recorder　97
multilevel model　177
MyPortfolio　30
MySQL　201
MySQL 5　200

【N】

NanoGong　92
norm-referenced test　178
NRT　178

【O】

Online Audio Recording　92
Online PoodLL　97
OSS　120

【P】

PDF　*127, 138*
Pearsonの積率相関（r）　*144*
PHP　*201*
Picasa　*233*
PoodLL　*92, 96*
PoodLL Anywhere plugin for TinyMCE　*97*
PoodLL Assignment　*97*
PoodLL Filter プラグイン　*97*
POP 認証　*236*
PostgreSQL　*201*

【Q】

QuEdit　*18*

【R】

R　*128, 166*
root　*198*

【S】

Sakai　*5*
SEM　*177*
Skype　*73*
SLA　*166*
SNS　*241*
Spearmanの順位相関（ρ）　*144*
SPSS　*166*
standards-based assessment　*178*
Survey Monkey　*86*

【T】

t 検定　*174*
TAM　*56*
Technology Acceptance Model　*56*
technology-enhanced learning　*3*
TED　*93*
TED-Ed　*76*
TIES　*5, 32*
TOEFL　*178*
TOEIC　*44, 103, 178, 187*
TOEIC Bridge　*44*
Twitter　*22*

【U】

URL　*72*

【V】

VeRSION2　*113*
vi エディタ　*231*
Video Recorder　*98*
Virtual Private Server　*193*
VLEtools　*19*
VOD　*33*
Voice Shadow　*92*
VPS　*193*

【W】

WBT　*1*
Web-Based Training　*1*
WebClass　*5*
WebCT　*5*
Wiki　*72, 88*

WordPress　*125*

【X】
XML 形式　*108*

【Y】
YouTube　*22*

【あ】
アクセス　*76*
アクセスログ　*136*
アセスメント　*169*
新しい評価　*169*
穴埋め問題　*51*
アンケート　*72*

【い】
一次元性　*172*
一般ユーザ　*198*
一筆柿右衛門　*9, 19*
インポート　*119*

【う】
ウィークリーアウトライン　*90*

【お】
お名前.com　*194*
オフライン活動　*62*
オープンソース　*33*
オープンソースソフトウエア　*120*
オンライン学習　*1*
オンライン学習の5段階モデル　*85*

オンラインテキスト　*62, 138*

【か】
回帰効果　*176*
階層線形モデル　*177*
学習のための評価　*169*
学習の評価　*169*
課題　*72, 129*
活動　*72*

【き】
技術受容モデル　*56*
記述統計　*173*
記述問題　*60*
ぎゅっとe　*43, 186*
教育効果　*161*
共分散構造分析　*176*
共分散分析　*176*

【け】
形成的評価　*179*

【こ】
効果量　*166, 177*
交互作用　*174*
構成概念　*167, 170*
構造構成主義　*168*
構造方程式モデリング　*177*
項目応答理論　*172, 182*
古典的テスト理論　*171*
コマンド　*197*
混合研究法　*168*

【さ】
サンプルサイズ　177

【し】
シェル　231
事後テスト　175
4肢選択式短文穴埋め問題データ
　　ベースと問題作成ソフト　18
事前テスト　175
実験群　155
質的研究　166
質問紙　167
自動バックアップ　219
社会構築主義　10
シャドーイング　66
集団基準準拠テスト　178
小テスト　50, 116
処置群　172
診断的評価　179
信頼性　170

【す】
スーパーユーザ　198
スマートフォン　127

【せ】
正規分布　144
線形混合モデル　177
潜在曲線モデル　177

【そ】
総括的評価　179

相関　152
測定　169

【た】
対照群　172
第二言語習得　166
多肢選択　60
妥当性　170
タブレット　127
ターミナル　197
単一ファイルのアップロード　82

【ち】
チャット　88, 91

【て】
ディレクトリ　209
テスト・アイテム　182
天井効果　176

【と】
動機づけ　167
統計　128
統制群　155
トピックアウトライン　90
トピックフォーマット　60
ドメイン　194
ドラッグ＆ドロップ　24

【な】
ナイーブベイズ　113

索引　259

【に】
二元配置分散分析　174
日本オープンオンライン教育推進
　協議会　7
ニュースフォーラム　125

【は】
ハイブリッド・ラーニング　2
バックアップ　119
反転授業　135

【ひ】
ヒストグラム　143
評定　64

【ふ】
ファイアウォール　200
ファイル　61
フォーラム　62, 88, 94, 99, 128
プレイスメント・テスト　109
ブレンデッド・ラーニング　2
プロプライエタリ・ソフトウエア
　120

【へ】
平均への回帰　176

【ほ】
ホスティング　236
ポート　200

【ま】
マルチレベルモデル　177

【む】
無作為割当　155
無相関検定　153

【め】
メタ分析　166, 189
目の輝き　158

【も】
目標規準準拠テスト　178
モジュール　88

【ゆ】
床面効果　176

【ら】
ラッシュモデル　110
ラベル　61, 128

【り】
リストア　119
リソース　72
リッカートスケール　162
リメディアル教育　109
量的分析　165

【編者紹介】

大澤 真也（おおざわ しんや）
広島修道大学教授
研究分野は英語教育。近年はeラーニングを活用した英語教育の可能性を探る研究やシステム開発に携わっている。研究業績には，日本初のMaharaに関する翻訳本『Maharaでつくるeポートフォリオ入門』（海文堂出版，2012）等がある。

中西 大輔（なかにし だいすけ）
広島修道大学教授
研究分野は進化／社会心理学。個人や集団の意思決定に関する理論研究やMoodleを使った教育実践に関する研究に携わっている。主著『あなたの知らない心理学―大学で学ぶ心理学入門』（ナカニシヤ出版，2015）。

ISBN978-4-303-73478-7

eラーニングは教育を変えるか　　広島修道大学学術選書64

2015年9月10日　初版発行　　Ⓒ S. OZAWA／D. NAKANISHI 2015

編　者	大澤真也・中西大輔	検印省略
発行者	岡田節夫	
発行所	海文堂出版株式会社	

本　社　東京都文京区水道2-5-4（〒112-0005）
　　　　電話 03（3815）3291㈹　FAX 03（3815）3953
　　　　http://www.kaibundo.jp/
支　社　神戸市中央区元町通3-5-10（〒650-0022）

日本書籍出版協会会員・工学書協会会員・自然科学書協会会員

PRINTED IN JAPAN　　印刷　田口整版／製本　ブロケード

JCOPY ＜（社）出版者著作権管理機構 委託出版物＞
本書の無断複写は著作権法上での例外を除き禁じられています。複写される場合は，そのつど事前に，（社）出版者著作権管理機構（電話 03-3513-6969，FAX 03-3513-6979, e-mail: info@jcopy.or.jp）の許諾を得てください。